1908
漫行巴尔干

MOTORING IN THE BALKANS

【美】弗兰西丝·金斯利·哈钦森 ◎ 作者

李浚帆 冯信 郭昊 ◎ 译者

中国青年出版社

目录

走进巴尔干

——读《漫行巴尔干》有感

呈现在读者面前的这本书于 1909 年问世,作者是一位美国女作家弗兰西丝·金斯利·哈钦森。从严格意义上讲,这是一本纸页发黄的旧书,或者说是早已被人们遗忘的书。

但是,当我有幸读到它的中译本时,感慨良多,饱尝了一顿文化大餐。同时,我的巴尔干情结油然而生,很想跟读者共享我的感受,说几句话。热情的出版社编辑甚至给我这些不伦不类的议论冠上了"导读"的美名,实在不敢当。

我是 1960 年第一次走进巴尔干地区的。那时候作为官派留学生,在保加利亚索非亚大学学习了一年语言,研读了 5 年历史专业。我被这片"神秘"的土地深深吸引,一有机会就到处看看。1962 年我参加了为期一个月的"沿着历史的足迹"教学旅游,从多瑙河往东南下黑海,又由东向西顺巴尔干山脉访古,游历了巴尔干半岛中部和东部的诸多名胜古迹。正如作者在书中所说,那里到处是"奔腾咆哮的瀑布、群鸟和野花,还有广袤的森林"。

1982 年至 1985 年,在南斯拉夫进修期间,因撰写历史科学博士论文的关系,我又一次从南(马其顿)向北(斯洛文尼亚)、自东(波斯尼亚)迄西

（克罗地亚），在寻找档案和学术座谈的同时，探访了巴尔干半岛西部的自然风光和人文景观，历时一个月。

2013年7月，克罗地亚正式加入欧盟的前夕，我们一行从的里雅斯特沿亚得里亚海南下，经扎达尔、杜布罗夫尼克到萨格勒布，还穿越了波斯尼亚和黑塞哥维那（波黑）和黑山海岸。时而坐船，时而乘车，非常惬意。我们忘不了亚得里亚海蔚蓝色海面上空的成群海鸥，忘不了波黑境内亚伊策、比哈奇等"革命圣地和摇篮"，新南斯拉夫正是从这里出生。我们也亲身体会到作者的愉悦感，"从这里眺望蔚蓝的大海，看几眼这人间天堂的美景，让自己的灵魂得到净化"。

这就是说，游历巴尔干地区有两条主要的线路：陆路以巴尔干中部和东部为主；水路则非巴尔干西部亚得里亚海莫属。美国女作家选择的是西路。她和她的伙伴耗时48天，行程2200多公里，造访了至少35个城镇。一个世纪前，在交通工具和科技手段还比较落后的背景下，他们靠乘坐汽车和手中的柯达相机，写下了这部十多万字的游记，拍摄了几十张照片，向我们描述了那里美丽迷人的自然风光，记录了丰富多彩的风土人情和民族服饰。他们跋山涉水，克服重重困难，甚至冒着生命危险，完成了使命。今天，当我们"带着最大的满足回想（书中）有趣的经历、美妙的场景、特别的人们"时，当我们品味这顿精神美餐时，应该对作者及其伙伴表示感谢，表示敬畏。

这是一部游记。但作者用眼睛发现，用相机记录，用心灵感受，一路旅游，一路享受，一路抒情。无论是自然景观还是人文建筑，抑或风土人情，都充满了巴尔干风情，独特而美丽。读后总是令人回味无穷，激励人们去"漫行巴尔干"，来关注巴尔干的昨天、今天和明天。

我们在书中已经领略了百年前的巴尔干。同样，现实的巴尔干更需要我们去接触、去认识、去解读。笔者试图以自己的所见、所闻和所思，班门弄斧，聊表一隅之见，以飨读者。

一、关于巴尔干半岛。翻开欧洲地图,我们可以看到欧洲东南部的亚得里亚海、爱琴海和黑海之间,有一片呈葡萄串状的土地,这就是巴尔干半岛。这里群山叠起,纵横交错,资源丰富。在风云变幻的历史岁月里,巴尔干地区作为世界文明的中心之一,自然成了历来兵家必争之地。

一般认为,巴尔干半岛(Balkan)是一个地理和政治概念。它的面积约55万平方公里,人口近5500万。三面环水:西邻亚得里亚海,南面是地中海(包括爱奥尼亚海和爱琴海)和马尔马拉海,东边是黑海。半岛地处欧、亚、非3个大陆之间,是联系欧、亚的陆桥,地理位置极为重要。

巴尔干半岛包括哪些国家至今没有明确的定义。塞尔维亚、黑山、科索沃、波黑、保加利亚、罗马尼亚、阿尔巴尼亚、马其顿、希腊和土耳其的欧洲部分属于巴尔干半岛,这一般是没有争论的。但克罗地亚和斯洛文尼亚是否属于巴尔干国家的一部分则存在争论。后两国认为把它们列入巴尔干半岛是政治含义,而非地域概念。罗马尼亚有时也不认为它属于巴尔干地区。巴尔干国家自身对于"巴尔干"一词并不怎么喜欢,似乎"巴尔干"一词代表落后、消极、不光彩。这些国家主要是受到西欧国家政界及其舆论工具的影响,把巴尔干地区看作战乱、种族冲突、兄弟自相残杀的舞台。

二、巴尔干半岛的一个最大特点是在相对较小的面积上,居住着众多的人口。世世代代以来,这里居住着希腊人、塞尔维亚人、保加利亚人、马其顿人、克罗地亚人、斯洛文尼亚人、黑山人、罗马尼亚人、阿尔巴尼亚人、土耳其人,以及穆斯林族和吉卜赛人,等等。他们有的先来,有的后到,但在漫长的历史长河中,不断同化当地的和外来的部族,逐渐形成了今天的民族和国家。

这里的民族混居情况非常严重。例如,在前南斯拉夫,塞尔维亚人相对多些,但在克罗地亚、科索沃,他们属于少数民族。在塞尔维亚共和国,塞族作为主体民族,其人数也不超过共和国总人口的70%,有1/3的塞族人居住在南联邦其他共和国。同样,在塞尔维亚共和国内也居住着大量少数民族。其他共和国的情况大同小异,其主体民族除居住在本共和国外,还或多或少居住在其他共和国。又例如,在波黑这张"斑豹皮"般人种分布图上,居住着 3 个主要民族。他们是穆斯林族、塞尔维亚族和克罗地亚族。20 世纪 90 年代初波黑内战时,他们各有自己的宗教、自己的政党和武装力量,还有各自的后台老板,形成了三分天下的局面。同时,3 个民族的分布又不是按各自的民族聚居,而是严重混居,呈现"你中有我,我中有你"的局面。

三、世界三大宗教在巴尔干共生存,同命运。在半岛上,不同历史时期存在着不同的宗教流派。1054 年该半岛上的罗马基督教会分裂后,西半部受罗马天主教会影响,而东半部属于拜占庭东正教会的势力范围。此后,自 15 世纪以来,奥斯曼帝国征服巴尔干半岛后,它带来了新的宗教——伊斯兰教。从此,天主教、东正教和伊斯兰教都在激烈争夺信徒,扩张势力范围。在每个国家,宗教和教会又各有特色:有的国家以天主教为主,有的国家主要信奉东正教,有的国家则伊斯兰教占主导地位。

我们看到,尽管在历史上,由于帝国更迭,巴尔干的伊斯兰教信徒和东正教居民不断发生历史易位,有时是居统治地位的"优等民族",有时又变成遭受歧视的"二等公民"。但属于不同种族和宗教文化的普通百姓却世代友好相处,患难与共。可以说,在达尔马提亚的每一座城市和大的村庄,清真寺和东正教堂同时存在,相安无事。据 18 世纪末法国旅行家在巴尔干地区的游历记载,这些地区的穆斯林和基督徒共同生活在一起,彼此互不歧视。他们探亲访友,相聚娱乐,没有隔阂。人们经常可以看到,在同一屋檐下,既挂着缠头巾(伊斯兰教男人用的)和圣像画(东正教的),又摆放着《可兰经》和《圣经》。应该说,这种景象为后世不同宗教和不同文化的和谐相处做出了榜样。

四、巴尔干是一个多元文化的地区,且文明程度差异较大。提起巴尔干国家,我们立即想到创造了灿烂文明的古希腊,想到继承了光辉历史的拜占庭帝国,想到建立了横跨欧亚非三大洲的奥斯曼国家,还想到产生了斯拉夫文明的中世纪保加利亚、塞尔维亚、克罗地亚等国家。巴尔干地区国家的历史是欧洲历史最宝贵的一部分,是世界历史值得骄傲而又珍惜的一部分。巴尔干各国长期处于奥斯曼帝国、奥匈帝国和沙皇俄国的统治和影响之下,所以各国的政治、经济、文化传统、语言文字、宗教信仰都属于不同的范畴,存在明显的差别。这虽是多民族国家的普遍现象,但在巴尔干地区尤为突出。前南斯拉夫就有两种文字:基里尔字母书写的文字和拉丁字母书写的文字;3 种宗教:东正教、天主教和伊斯兰教;4 种语言:塞尔维亚—克罗地亚语或克罗地亚—塞尔维亚语、斯洛文尼亚语、马其顿语和阿尔巴尼亚语。西部的斯洛文尼亚人和克罗地亚人受到西方的影响,信奉罗马天主教,使用拉丁字母书写的文字;东部地区的塞尔维亚人、马其顿人和黑山人则从拜占庭接受了东正教,使用基里尔字母书写的文字;而中部地区的波斯尼亚和黑塞哥维那除受到上述两种宗教影响外,主要信仰伊斯兰教,他们采用两种文字书写。有时报纸的一面是基里尔字母,而另一面则是拉丁字母。因此,他们在文化上的差异一直延续下来,并得到相关法律的保护。

这样,读者就不难理解,为什么作者说:"房间里的各种提示都用德语、匈牙利语、斯拉夫语和土耳其语注明。不光是火车站的名字,还包括各种大大小小的时间表,用古老的斯拉夫字母和现代的罗马字母两种文字印制。"

作者还在书中对那些宗教建筑、文化古迹遗址和建筑物,以及修道院、东正教堂、天主教堂、清真寺、旧市场、塔楼、雕像、会址、博物馆等做了淋漓尽致的描述,对它们的故事娓娓道来。它们都是古代和中世纪的古迹,极为珍贵。它们是巴尔干文明的见证,是巴尔干历史和文化的一部分。这一切说明,从古至今,生活在巴尔干地区的各民族经历了共同的历史与

坎坷,留下了共同的文化遗产和美好的记忆。这里记述的正是作者强调的
"东方和西方"文化圈和文明的分界线。

五、巴尔干国家历史发展具有自己的特点。1000 多年来,巴尔干国家
历史发展的主要特点是:(一) 文明和地缘政治的重心基本位于半岛的东
部地区,先是拜占庭文明,后是奥斯曼文明,始终处于欧亚大陆的接壤地
带。同时,半岛中西部的多个中世纪巴尔干国家,如保加利亚、塞尔维亚和
克罗地亚也创造了历史的辉煌。(二)在拜占庭帝国、奥斯曼帝国和奥匈帝
国终结的过程中,欧洲列强开始主宰巴尔干国家事务,在巴尔干国家中制
造分裂,造成该地区冲突不断和战乱频发。(三)巴尔干国家多、面积小、民
族成分复杂、边界领土争端不止,给这些国家的社会发展和国家关系带来
严重后果。(四)当代巴尔干国家希望实现"回归"欧洲、融入欧洲一体化进
程,历史发展进入一个新的阶段。

六、巴尔干的前途在于同欧洲一体化。在历史上,巴尔干地区以"欧洲
的火药桶"著称,存在严重的"巴尔干化"现象,是经常引发冲突和战乱的
地方,是落后的代名词。长期以来,外界对巴尔干地区产生了一种扭曲的
印象:暴力、领土纠纷、种族冲突与战争、分裂、强制同化少数民族、大量移
民……这些都是成见和偏见,似乎这就是"巴尔干病",命中注定巴尔干地
区就是"仇恨与分裂"的代名词,似乎巴尔干不是欧洲的一部分,而是另一
个欧洲。

七、今日巴尔干仍是通往中欧和西欧的桥梁和跳板。北约在北非和中
东的"阿拉伯之春"运动和反恐行动致使这两个地区产生了大量流离失所
的难民。他们忍饥挨饿,走投无路,被迫涌向"民主自由的天堂"——欧洲,
寻找"人权卫士"的保护。曾经协助美国在上述地区采取行动的欧盟,有苦
难言,不得不咽下难民潮苦果。巴尔干国家则首当其冲。

20 世纪上半期,在作者的书稿刚刚问世后,巴尔干地区就发生了 4
场战争,即第一次和第二次巴尔干战争、第一次和第二次世界大战。20 世

纪下半期,巴尔干半岛处于"冷战"之中,分别属于不同的阵营。而近25年东欧剧变以来,巴尔干地区又成为欧洲最不稳定、最动荡的地区,备受关注和重视。1989年12月罗马尼亚发生蒂米什瓦拉流血事件;1991年南斯拉夫联邦解体伴随着爆发塞尔维亚与斯洛文尼亚、克罗地亚战争以及波黑内战;1999年以美国为首的北约发动对南联盟战争;2008年科索沃单方面宣布独立;2010年希腊陷入主权债务危机,殃及整个欧洲。这个多事之端的西巴尔干国家一旦加入欧盟,今后还可能是欧盟的软肋。当然,这么说不是在责怪巴尔干国家,而是说明欧洲大国在该地区推行双重标准和两面政策遭到了失败。

今日巴尔干地区已经不再是"欧洲的火药桶",但也远非"和平区"。第一,巴尔干国家的出路或者说大势所趋是参加北约和欧盟。该地区的一部分国家希腊、斯洛文尼亚、保加利亚、罗马尼亚和克罗地亚已经加入了欧盟;一部分国家希腊、土耳其、斯洛文尼亚、保加利亚、罗马尼亚、阿尔巴尼亚、克罗地亚已经进入北约。这些国家捷足先登,开始融入欧洲一体化进程。第二,大部分西巴尔干国家阿尔巴尼亚、马其顿、塞尔维亚、黑山、波黑,特别是土耳其尚未进入欧盟,它们入盟愿望强烈,社会经济改革还需要做出重大努力。第三,还有一些巴尔干国家如波黑、马其顿,尤其是科索沃,政权脆弱,政治局势尚不稳定,国家独立主权还受到外来因素影响。第四,民族主义势力和分裂主义活动在巴尔干地区时生时灭,难以绝迹。这里已经不是"火药桶",但掩埋着"定时炸弹"。第五,巴尔干国家仍然是美欧大国扩张势力和争夺的地区,使得这些国家的内政外交受到外部的干扰。

凡是进入巴尔干地区,或者接触巴尔干国家历史的人都会发现,同属欧洲的东南欧地区(巴尔干地区),为什么该地区的政治、经济和文化,甚至地理环境和社会面貌都与中欧和西欧有那么大的差别?或者说,巴尔干国家早就是古老欧洲大陆不可分割的一部分,而且历史上为欧洲文明做出过重要的贡献，为什么至今仍处于欧洲的边缘，成为多事之端？不管是什么原因，巴尔干各国人民今天面临的任务十分明确：他们需要抛弃前嫌，终止历史恩怨，面对现实，奋起直追，争取早日融入欧洲大家庭。

　　时过境迁，物换星移。斯人故世，巴尔干永存。欢迎亲爱的读者茶余饭后"漫行巴尔干"，更欢迎闲空之时"走进巴尔干"！

中国社会科学院世界史所　马细谱 *

2015 年 6 月于北京

---

* 马细谱，湖南岳阳人，中国社会科学院世界史所研究员。主要学术专长是巴尔干近现代史，现从事东欧现代史研究。主要熟悉语言为：保加利亚语、俄语、塞尔维亚语、马其顿语。主要代表作有：《战后东欧——改革与危机》《吉拉斯思想剖析》《南斯拉夫解体和民族问题》《巴尔干人民反法西斯战争史》等。

译者序

　　一位百年前的自由女性，一片百年前的神秘土地，这两者的浪漫邂逅，会给我们带来怎样的惊喜与感悟？

　　本书出版于1909年，作者是一位美国女作家弗兰西丝·金斯利·哈钦森。

　　在那个汽车刚刚问世不久的时代，在那个中国女性还被封建礼教牢牢禁锢的时代，女作家乘坐汽车，手持柯达相机，游历整个巴尔干半岛，探访了达尔马提亚、的里雅斯特、拉古萨（杜布罗夫尼克的旧称）、莫斯塔尔、萨拉热窝等许多著名的地方。她以女性特有的细腻笔触，写下了这部数十万字的游记，详尽地记述了一路上的所见、所闻、所想；还配上了近百张当时她亲手拍摄的照片，直观地反映了那里美丽迷人的自然风光、丰富多彩的风土人情、形式各异的特色服饰。

　　巴尔干半岛，一片悠远厚重、充满传奇的土地。与中华大地一样，那片土地也命运多舛，在步入现代社会的进程中，饱受战争的创痛与苦难。在100多年前，那里还未曾响彻最最震天的炮声，还未曾燃烧最最猛烈的战火。辉煌了几个世纪的奥斯曼帝国走向衰落，但几百年的烙印已深深渗入巴尔干的土地；年轻的奥匈帝国正把古老的巴尔干引向现代文明；天主教、伊斯兰教、东正教、新教、犹太教……斯拉夫人、土耳其人、塞尔维亚人、克罗地亚人、黑塞哥维那人……多种宗教、多个民族，共存共生于一个半岛之上。那样一个时代，那里的天与地、山与水，还有那里的人们，究竟是什么模样？

回首百年，沧桑巨变。百年前的宁静或喧嚣、纯朴或华美、蒙昧或文明、平和或纷乱，都已在漫漫岁月中随风而逝，永不再返。有的毁于战乱，彻底灰飞烟灭；有的瓦断垣残，只剩些许遗痕；有的被所谓文明进步的车轮无情地碾碎，再也难觅踪迹；有的只是因为敌不过时间的脚步，悄然沉入历史长河。所幸，还留下了这样一本书，能让我们在文字笔墨间、在模糊不清的图片中，饱览那里的美景，领略那时的风情，追忆那些逝去的昔日繁华。

现在，就让我们一起开始这场穿越百年的心灵之旅吧！

李浚帆

2015 年 11 月

巴尔干地区年代表

1908年　奥匈帝国吞并波黑

1912—1913年　第一次巴尔干战争

1913年　第二次巴尔干战争

1914—1918年　第一次世界大战

1918年　塞尔维亚－克罗地亚－斯洛文尼亚王国成立

1939—1945年　第二次世界大战

1945年　南斯拉夫联邦人民共和国成立

1991—1992年　南斯拉夫联邦解体

1992年　南斯拉夫联盟共和国成立

1992—1995年　波黑战争

1998年　科索沃危机爆发

1999年　科索沃和谈破裂

1999年　北约空袭南联盟

1999年　美国空军轰炸我国驻南联盟使馆

1999年　科索沃危机的解决

2003—2006年　南斯拉夫联盟共和国解体

2008年　科索沃单方面宣布独立

原书出版时所附的巴尔干地区的地图

1908年作者漫行巴尔干的路线及行程表

日期（1908年）		行驶公里数	行驶英里数	城镇	当地人口	入住旅店
4月	9日			的里雅斯特	183000	维勒酒店
	11日	74.2	46.3	阿巴泽亚	16000	斯特凡尼大酒店
	15日			克拉列维察*		特拉匹亚宫酒店
	15日	83.6	52.4	塞尼		萨格勒布酒店
	16日			戈斯皮奇*		斯瓦蒂西缇丽卡
	16日	206.3	129.0	扎拉	13000	布里斯托尔酒店
	20日			斯卡多纳*		布尔连酒店
	20日	101.5	63.5	塞贝尼科	10000	德拉威利酒店
	21日			特拉维	3500	
	21日	72.3	45.2	斯帕拉托	20000	比列维大酒店
	22日			萨罗纳	1700	
	23日			克里萨	1200	
	25日			梅特科维奇*	1700	奥地利饭店
	25日	239.6	149.7	拉古萨	8400	帝国饭店

（续表）

日期（1908年）		行驶公里数	行驶英里数	城镇	当地人口	入住旅店
5月	1日	51.3	32.0	泽莱尼卡		绿色海滩家庭式旅馆
	2日	67.9	42.4	采蒂涅	3000	格兰德
	4日	119.2	74.5	拉古萨	8400	
	7日			特雷比涅*	5000	纳戈利奇酒店
	7日	107.0	67	加茨科		梅赫匹亚酒店
	8日	91.3	57	莫斯塔尔	14400	内雷特酒店
	11日			亚布拉尼察*		亚布拉尼察酒店
	11日	125.0	78.0	伊利扎		匈牙利饭店
	12日	12.0	7.5	萨拉热窝	41000	欧洲饭店
	14日			特拉夫尼克*	6300	特拉夫尼克酒店
	14日	149.0	93.6	亚伊采	4000	格兰德
	18日	72.8	45.5	巴尼亚卢卡	15000	波斯纳
	19日			诺维*	3500	诺维
	19日	157.9	98.6	比哈奇	6000	森特阿勒
	20日	38.9	24.3	普利特维采湖群		弗瑞恩斯酒店
	22日			卡尔施塔特*	6000	施塔特河酒店
	22日	149.1	93.2	阿格拉姆	61000	格兰德
	24日			齐里*	6700	厄尔泽佐格·约翰酒店
	24日	175.1	109.4	马堡	26000	厄尔泽佐格·约翰酒店
	25日			格拉茨*	138000	大象旅馆
	25日	176.8	110.9	塞默灵		潘汉斯酒店
	26日	101.5	63.5	维也纳	1675000	格兰德
48天，行程2372.6公里、1483.5英里，途经36座城镇						

注：*表示午餐地点。

第一章
出行准备

初秋的一个雨夜,正当我们计划着冬日旅行时,头儿轻声问道:"今年你们想去达尔马提亚(Dalmatia)吗?"他嘴上念叨着,可脑子里想的却是周边的黑山、波斯尼亚、黑塞哥维那和克罗地亚,显然没有注意到我们惊愕的表情和激烈的争论。

"达尔马提亚?"

"开车去?"

"就我们几个?"

3 个人异口同声地问道。

回答却是:"为什么不行? 路途并不太遥远,也没那么艰难。"

可对我来说那地方简直就是另一个星球。达尔马提亚!名字里透着一股奇怪的魔力! 听着这么遥远,像是在亚洲! 我兴奋地想象着旅途上的景象,高山要塞、天然港口、奇形怪状的建筑,还有原始人!

"要知道,在意大利对面,亚得里亚海另一侧的狭长地带,"我回过神,听到头儿正仔细讲道,"这一片在 20 世纪就是驾驶快艇的好地方。其最北部的城市扎拉(Zara)[1]到意大利的里雅斯特(Trieste)[2]的距离与里米尼至的里雅斯特的差不多。"

"没错,海上的确如此,"谨慎派插了句话,"但从公路走,能行吗? 以前有人试过吗?"我们这个小团队比较缺乏开拓精神,所以旅行生活的安逸是必需的。

"有公路地图吗?"热情妹带着质疑的语气,迫不及待地问道。

"我觉得咱们可以拿到官方地图,而且意大利旅游俱乐部也出版过达尔马提亚北部地区的地图。我会写信向他们寻求帮助。公路的信息有点难找,但既然铁路很少,那么公路的路况应该不错。沿途我们必须多打听,到哪儿都得多问问;若是出于某种原因,我们被堵在路上了,我们可以折返。我听说,四五月是最理想的月份,因为早些时候山口的积雪还很厚,晚些时候又太热。"

旅行中的不确定性激发了我们的兴趣。

"但我们怎么进入达尔马提亚呢? 从哪儿开始呢?"热情妹问道,她总是想知道一些细节。

"嗯。"头儿回答道,"我们可以从巴黎(Paris)出发,途经尼斯(Nice)、拉帕洛(Rapallo)和斯佩齐亚(Spezia);比萨(Pisa)、锡耶纳(Siena)和罗马(Rome);再到特尔尼(Terni)、福利尼奥(Foligno)、乌尔比诺(Urbino)和里米尼(Rimini);拉韦纳(Ravenna)、帕多瓦(Padua)、特雷维索(Treviso)、乌迪内(Udnie);最后到的里雅斯特。但我觉得这条路不是最短的。"

热情妹用手指在一张很大的欧洲地图上寻觅着。她没有发表评论,但表情却很复杂。

"我们肯定得从的里雅斯特出发,"不知疲倦的头儿继续说道,"但如果1月经过那里,我们肯定能在2月至3月遇到好天气。沿海岸线……"众人一致反对:"哦,天哪,不能那么走,那儿太挤、太多灰尘、太没秩序了!"

"如果你能在青碧的山坡上看到一处静谧之地,"头儿沉着地说道,"在美丽的花园中发现一个小旅馆,房间里终日洒满阳光,还有品种繁多、令人垂涎的美食,我们就忍心因为它在海岸线附近而不去走访一番吗?"

尽管我们表达了疑虑，但还是服从了头儿，同意冒险一试。于是，按照日程，我们来到了尼斯的希米耶大道，在山上俯瞰尼斯著名的冬季旅游胜地，然后在蜿蜒流淌的小河畔度过了令人难忘的 3 周，进入几乎已成废墟而被人遗忘的修道院寻觅历史的印记，探访壮丽的峡谷和许多坐落于山顶的城镇。我们所行驶的公路地势平坦、绿树成荫，这也使得法国成为汽车爱好者钟情的地方。如今，任谁也难以说服我们放弃此次旅行了，就像当初劝说我们尝试这天堂之旅一样难。时光飞逝，达尔马提亚近在眼前。

直到那时，我们还在认真地查着大地图，看着上面奇怪又陌生的地名。"克拉列维察（Crkvenica）、奥托查茨（Otocac）、马里哈兰（Mali Halan）、本科瓦茨（Benkovac）、梅特科维奇（Metkovic）、克尔卡（Krka）。"这么发音对吗？这些地名会变得耳熟易记吗？我们一直在读一本关于达尔马提亚的书，该书作者是霍尔巴赫女士，写得非常有趣。同时我们还在阅读由德国作家彼得曼撰写的《达尔马提亚旅游指南》的法文版。后一本书介绍了一些塞尔维亚 – 克罗地亚语的发音规则，同时还列出了旅行者最有可能用到的词汇表。当了解到在念斯拉夫语的姓名时只需记住 4 条规则时，我们就不再感到那么无助了：j 的发音像 y；c 没有像 ts 的重音；c 的重音像 tch；元音与意大利语中的相同。我们还得知，在大城市里用意大利语或德语沟通没有问题，在大多数旅馆中可以使用英语，但在内陆的小村子里和公路上只能使用塞尔维亚语。

在一路欢声笑语中，我们沿着阳光明媚的海岸线翻过高山来到斯佩齐亚，又穿过平原来到比萨。我们在恩波利（Empoli）看到许多著名的文艺复兴时期的雕像，并在锡耶纳和维泰博（Viterbo）短暂停留。这一路还经过了很多地方。即使是罗马，也只不过犹如众多一日游的歇脚点，我不敢妄加评论。对于科里（Cori）、宁法（Ninfa）和塞尼（Segni）[3]，以及帕莱斯特里纳（Palestrina）和圣科斯玛托（San Cosimato），以及稍近些的蒂沃利（Tivoli）和阿尔邦（Alban）丘陵的介绍暂且放一放。达尔马提亚越来越近，我们得赶快出发啦。

我们登上奇维塔卡斯泰拉纳（Civita Castellana）的堡垒俯瞰特尔尼的大瀑布,而后经过诺切拉（Nocera）、瓜尔多塔迪诺（Gualdo Tadino）和卡戈（Cagh）,穿越亚平宁山脉,在乌尔比诺、佩萨罗（Pesaro）、里米尼稍作停留,然后沿着艾米利亚（Emilia）古道前行了很远的距离（差不多与到罗马的距离一样）。而后经过拉韦纳、罗维戈（Rovigo）、帕多瓦;特雷维索、乌迪内和阿奎莱亚（Aquileia）,最终在 4 月 9 日由奥布奇纳（Obcina）到达的里雅斯特宏伟的海港。

传统与现代的交融,使这个奥匈帝国的城市吸引了大批旅游者。《贝德克尔旅游指南》中提过,我们的旅馆位于码头上,但当我们一踏进房间,望向窗外,那迷人的景色却是任何旅游指南都不曾描绘过的。碧波闪闪的海面上,来自巴勒莫、达尔马提亚、法国、英格兰,甚至美国的黑色轮船下锚停泊,亮绿色的越南船正在附近的堤岸卸载奇怪的货物。我倚在窗台上望着窗外变换的场景,满眼陶醉。窗台上还贴心地铺着垫子,可以让疲惫的胳膊肘放松一下。货物到港,客船还在打扫,船上的桅杆和帆桁远比现代化汽轮上高大的烟囱更具诗情画意。从科佩尔开来的渡船顺利到岸,旅客们从船上下来,他们像是生意人,行色匆匆,一脸美国式的机警,显然并不在意他们眼前难得一见的美景:群山环绕的城市在早春和煦的阳光下熠熠生辉。远处,一艘大型客轮正向引导其入港的小拖船发送旗语信号。

没有一艘汽轮,无论大小,像来自基奥贾（Chioggia）的货船一般色彩斑斓、富有画趣。那些橘色、棕色的船帆交错重叠,绿、红、蓝色的布条缠绕在笨拙的船身周围,粗粗的缆绳绕成了很多圈,帆桁倾斜,起伏的船帆或随着柔和的南风摆动,或软塌塌地悬靠在桅杆上,或者被挂在石头上晾晒,甚是壮观。

清晨的阳光并不强烈,为我们增添了愉悦之感。从邻近码头的商船上走下来一大群头顶篮子的妇人。远处浮现出一艘启航出海的轮船,风帆在阳光的照射下闪着银光。从我这边望去，一排排桅杆和烟囱竖立在两侧。但让我最感兴趣的是封闭的圣卡罗码头（或者更平淡地称为 4 号码头）上人们紧张忙碌的场景。一艘船上装载的是电线杆，另一艘是大石板，其他几艘装的是砖头，甚至还有沙子。有两个人用手推车将沙子从船上运到 20 英尺外堆成一堆。我想知道他们为什么不随手将沙子倒进旁边准备好的形状怪异的柳条筐中。也许它们是属于另一队工人的吧！在这忙碌的场景中，一旁屈膝安静等待的公牛让我想到了耶稣在马厩旁诞生的情景。这就是意大利人所想象的耶稣降生时的情景。

拥挤的水面上，一艘灰色汽轮在大船之间先灵巧地探出船头，而后迅速驶过码头，画出一道美丽的绿色水纹，船上成群的旅客引起了我的注意。"今天一定是赶集的日子。"我这样念叨着，同时抓起柯达相机，聚焦这群忙碌的身影。今天的确有集市，而且集市就位于运河岸边，那里停满了五颜六色的船只。成堆的橘子和柠檬，映衬着船帆的颜色，与穿着短袖、披着披肩和针织围巾的当地人共同构成了这幅画卷。这时 3 个服装抢眼的男人由码头那边走来，从我眼前快步经过。

"达尔马提亚人！"当我转身向他们望去时，听到有人这样喊道。他们看起来非常高大威猛，我可不敢公然"挑衅"他们。他们腰上系着的宽大皮带似乎塞满了武器之类的东西，我说的是"似乎"，因为之后我了解到这些能装很多东西的袋子不允许携带比烟具更危险的东西。当然，对于目光敏锐的观察者来说，这些人不具备什么威胁性。一位步入集市的老妇人装束古雅，仿佛是画中人从画里出来了。她那深蓝色的宽松缩褶裙上没有一条裥幅，紫黑色披肩缀着精心编织的流苏，披肩之下还能看到绣着绿色花朵的黑色围巾，她头戴的黑色方巾上，鲜红色的芍药如此夺目，胜过所有摊贩售卖的鲜花。我开始注视着她，这时——

"你记得这是早饭时间吗？"在我的胳膊肘旁边一个熟悉的声音这样问道，"而且我们今天要去的里雅斯特和米拉马尔（Miramar）城堡哦！"

当然。我们沿着这座古城陡峭且味道一点也不好的街道一路攀爬，来到"理查之门"，那里的巨大石砖彰显着古罗马时代建筑的特征。

"为什么是'理查之门'？"求知若渴、孜孜不倦的那个人问道。

"这是为了纪念'狮心王'理查一世。根据传说，他从巴勒斯坦回来后就被关在这里。"

我总是会欣然接受传说——它会让历史变得更有意思，让人物更贴近真实生活。所以，很容易想象那位中世纪的英雄人物站在装有铁栏的小窗后的憔悴身影，他时常能瞥见蓝色的亚得里亚海，这海在一天夜里半开玩笑地将他扔到了拉克罗玛的岩石上。他的人格魅力一定对此地居民产生了巨大的影响，所以将这座半掩于尘土之中的古罗马时代凯旋门遗迹以他的名字命名。

的里雅斯特建有很多博物馆，收藏着许多古代文物和现代珍宝，但这个城市最吸引人的还是户外风景。我们漫步穿过小巷和石板铺路的庭院，经过繁忙的街道和阳光灿烂的广场，看到正在工作和休闲的当地人。之后，我们沿陡峭的石板路来到城堡外墙下的大教堂。这里曾经是一座古罗马教堂的遗址，6世纪时被改造成3幢复杂建筑，14世纪又合建为现在这座大教堂。建筑物正面的墓碑，以及低矮钟楼内的铭文看起来都十分古怪。从平台上眺望城市和大海，视线穿过鲜花绽放的桃园，无论是色彩还是轮廓都令人陶醉。

距离的里雅斯特西北方向约5英里处，靠近大海的一侧，就是皇家米拉马尔城堡。它位于一座美丽的公园之中，免费向公众开放。想象一座公园到处是花朵藤蔓和灌木，还有喷泉、池塘和绿廊、树木矮篱、石凳塑像，只是没有草地。真是太美了。当我们探访之时，紫藤即将开花，紫穗从环绕周围的棚架格栅中垂下，那感觉非常奇妙。荚蒾点缀着矮树丛，金雀花开始绽放出黄色的绚丽花朵。在这座四周竖着围墙的名副其实的花园里，风信子和勿忘我、郁金香、长寿花和蒲包花争奇斗艳，耀眼夺目。池塘中，黑天鹅闲散地游在水面上,向我们讨要食物。

半山腰的一小块空地上,四五架袖珍加农炮指向海面。在松树下举目四顾,无论是仰望城堡还是俯瞰蓝色的亚得里亚海,映入眼帘的都是迷人的美景。我想到了奥地利大公马克西米利安[4],他当时在这片坚硬的山坡上建造如此宏伟的建筑一定非常高兴吧! 当他在墨西哥那个新环境下受到挫折时,对家中这份静谧的渴望是否能帮助他缓解内心的伤痛呢?与此同时,我的脑海中猛然闪现他在墨西哥荒芜的克雷塔罗州被处决的画面。

转过身,我几乎触摸到了一只小鸟,它无所畏惧地抬头看着,并没有因我们的到来和行动而受到干扰。带着对人类的信任,它漫不经心地跳跃着,似乎在讲述常到这片皇家花园漫步的游人的故事。与意大利的鸟儿相比,这种闲庭信步的感觉更引人注目。意大利的鸟儿不论大小,都像富有激情的运动员一样疯狂地追逐"猎物"。

注释:

[1]即现在的克罗地亚第五大城市——扎达尔。(译注)

[2]Trieste,现为意大利著名港口城市,中文一般翻译为:的里雅斯特。(译注)

[3]这是意大利的塞尼,罗马近郊的一个小镇。(译注)

[4]马克西米利安(Maximilian)(1932—1967),奥地利皇帝弗朗西斯·约瑟夫的兄弟,1864—1867年曾做过墨西哥皇帝,是欧洲国家占有北美,对北美施加影响计划的牺牲品。(译注)

来自基奥贾的货船

的里雅斯特的重要航道

的里雅斯特附近的米拉马尔皇家公园

第二章

从的里雅斯特到阿巴泽亚

　　我们很期待的里雅斯特,在这里肯定能获得一些信息,帮助我们了解达尔马提亚开车旅行的便捷程度,以及可能出现的道路情况。此时马上就要进入这座城市了,我们应该能得到更有用的地图、更具指导性的旅游书籍,也许还能遇到具有这方面经验的热心人。我们已经得知,城里有25辆汽车,而且上两周有4辆在我们之前抵达达尔马提亚。这真是令人振奋的消息啊! 然而,在漫游途中我们并没有见到具有冒险精神的游客,而且也只是听说有一人曾南行至泽莱尼卡(Zelenika)。当时他无意间瞥见了卡塔罗(Cattaro)[1]海湾的"摆渡船",然后就用汽轮将车运回的里雅斯特,自己乘下一班船返回。

　　的里亚斯特真是一座纯粹的港口城市,它似乎在嘲笑任何熟悉内陆交通方式的人,在这里找不到任何有关伊斯特拉半岛(Istria)或克罗地亚、达尔马提亚或黑山、黑塞哥维那或波斯尼亚的公路地图。毫无疑问,这种情况肯定会随着需求量的增加而逐渐好转,因为在不久的将来,巴尔干地区的西部省份必定会吸引很多驾车旅行者。然而这一次,在书店、银行和旅馆,我们被当成了一群半疯癫之人,竟然不采用众所周知又久经考验的旅行方式——坐汽轮,而是开车到达尔马提亚旅游。

"假设我们在阿巴泽亚(Abbazia)停留些日子,然后直奔达尔马提亚如何?"头儿带着一丝玩味问道。得知这片高山与大海之间有一个舒服的旅馆,他的伴侣很开心。"虽然有点绕路,但还不算太绕。"

"还有个花园,旅游指南这么写的。"她兴奋地补充道。

所以在离开灰色的的里雅斯特之后,我们驶上附近的高山,高兴地俯视着穆贾(Muggia)和伊斯特拉半岛,还有亚得里亚海的深蓝色海湾。虽然在高地上颠簸摇晃,但我们依然快速行驶,每看到一片山峦都问:"是达尔马提亚吗?"前排那个忙着查看路线和周围景观的人摇摇头。妇女们沿着公路结队快走,每人头上都稳稳当当地顶着一个大篮子,肩上挎着大牛奶罐。当她们的视线慢慢转向我们时,她们原本疲惫的脸上明显露出和谐愉悦的笑容。

"她们手里拿的是什么?"康坦特女士问道,"每个人拿的都一样。"

"那是橄榄枝,"热情妹平静地回答道,"明天是圣枝主日。"

真是个沉闷的国家啊!只有零星出现的农场或随处可见的矮松林可以暂时打破这片平原的单调。道路左侧,克罗地亚的喀山(Kapella)山脉被白雪覆盖,但看不到水的影子,没有河流、小溪,也没有水井,在路旁偶见的蓄水池也浑浊不堪。岩石周围还不规则地散布着大大小小的凹坑,看起来像陨石坑,里面还蓄积着雨水带下来的淤泥。凡是有水坑的地方,草儿都长得格外青翠,也能为这片让人压抑的灰色带来慰藉。这些荒芜之地里的绿洲是唯一能长庄稼的地方。

随后,我们向山上行驶,蜿蜒穿过很多小村落,这些村落的名字都是用两种语言书写的。在新堡(Castelnuovo),有个名为"纳罗德尼唐"的小旅社。我们小心地辨认了一番,生怕出错。在这里我们第一次见识了当地的服饰。天蓝色齐膝的短裙镶着宽大的白边,白衬衫和白袜子、高跟鞋、红帽子、三角薄围巾,这就是当地男性特有的服饰。赫卢司克(Hrusica)、拉茨西(Racice)、帕斯亚克(Pasjak),这些村名变得更有斯拉夫特色。在到达帕斯亚克之前,我们站在山的绝顶,高山、岛屿和海洋一览无余。公元489年,当东哥特族领袖狄奥多里克(Did Theodoric)率领着200多部众,扶老携幼从默西亚(Moesia)向意大利的占领区行进时,他是否也在此处俯瞰这一切呢?公元6世纪,当伦巴底人在阿尔博因(Alboin)的带领下是否正是横扫这片区域,奋勇杀敌,翻越高山后才来到的里雅斯特呢?公元7世纪,斯拉夫人和阿瓦尔人在那次史无前例的部落迁移时所翻越的绝对也是这片白雪皑皑的山峦。

然而我的思绪突然被拽回了现实世界,因为急转弯时我们遇到了一驾邮差马车。他的马儿看到我们的车突然一惊,呼哧呼哧喷着气。我们立即停车,那位邮差则冲下来营救,然而就在这时,那匹马跳过石头护栏,又被停在公路上的马车拖住了后腿。幸运的是,邮差用尽全力抓住缰绳,受惊的马儿也及时平静下来。我们几个则面面相觑,心想达尔马提亚的马儿是不是都这样啊?

翻过山的最高处,我们快速行驶,在萨普亚尼(Sapjane)向下滑行了一小段之后又来到另一座山。公元5世纪,当威尼斯人和戈里齐亚的公爵们试着将内陆的商业活动开展至自己所管辖的穆贾和皮兰(Pirano)时,的里雅斯特人被激怒了,他们奋起反击,加强所有山隘的军事防御能力,来维护他们的商业优势。现在,这条路路况很好,能运送大炮,并且一直通向克罗地亚那边的橡树林。

一个背着篮子的少女从我们身边走过。紧接着是一群身穿当地特色服饰的妇女。这一次,她们的黑裙子镶着红边,而且裙子很短,露出里面的白衬裙;无袖黑夹克镶着红边,前襟敞开,露出里面的白色长袖衬衫。这身装束十分惹人注目。

在距离的里雅斯特68公里处的斯皮因季奇(Spincici)附近,我们再次停下来欣赏风景。正下方是布满岩石的狭长岛屿茨雷斯(Cherso),右侧是阿巴泽亚境内临海而建的白色房屋,还有马焦雷山(Maggiore),那儿的山顶覆盖着积雪，绵延的山脉勾勒出优雅的线条——似乎张开手臂保卫着那个小村落。远处，海岸线上有几处尖岬突入海中，座座小岛在逐渐消散的雾气中若隐若现；在法拉斯纳运河上，一艘扬帆行驶的轮船在波光粼粼的海面上闪着夺目的光泽。

在卡斯塔夫（Castua），我们驶离通往阜姆（Fiume）的公路，向阿巴泽亚进发。穿过普利卢卡（Preluka）的采石场，克尔克岛（Veglia，意大利语）浮现在眼前。我们艰难地沿着蜿蜒曲折、狭窄陡峭的石子路一圈又一圈地向下行驶。不远处，出现了用来输送水流的条条斜沟。后来我们得知，克罗地亚人最喜欢修建这种既不明智又不便捷的公路。山坡上种满了松树，在一些隐蔽的角落里桃花盛开。正当我们拐入通往阿巴泽亚的街道时，七叶树的铃铛花枝在我们头顶摇曳，港口处的渔船也满张船帆迎接我们的到来。这一切可真美啊！如此丰富的色彩，每一处转角都显现出美景，这就是阿巴泽亚！

海边有条沿着悬崖修建的步道，通向伊季奇（Icici）和伊卡（Ika），路旁种着虬曲盘旋的松树，树荫茂密，景色迷人。阵雨过后，我们禁不住诱惑来到这里。晨雾中，阿尔卑斯山赫然耸立。远处那团灰色中，达尔马提亚海岸旁的岩石小岛若隐若现。我在罗马附近见过的那种欧椋鸟唱着甜美的歌儿向我们飞了过来，而后又在一片嘈杂中拍拍翅膀飞出，衔起路上的一只虫儿。

第二天，我们沿着步道上山，这里所有的道路都被涂上了不同的颜色，一些令人困惑的角落里还竖立着指示牌，上面标着与某地的距离和所需时间，例如"Zuden Kaiser Franz Josef's Anlagen，5分钟"。在尤拉塞沃乌里卡（Jurasevo Ulica），浓密的红叶小檗丛中蓝色半边莲和浅粉色薄荷正在努力吐露着芬芳，常绿的月桂丛中有几棵栗树威武地挺立着，山麓南坡被漫山的榆树染成了绿色，细长的菝葜看似纤弱，但若稍稍碰一下，便会被叶子上锋利的倒钩刺扎到。顺便提一句，这种植物可以制成最别具一格的扫帚，扫起来与通常所用的扫把一样。制作方法也很简单。把一丛菝葜系在一根棍子的一头，看，这样就可以用啦！

"这些小路修得不错，"热情妹这样评论着，"即使昨晚下过大雨，路面依然是干的。"这些用沙砾铺成的小路有5英尺宽，沿着鲜花盛开的山坡蜿蜒而上。每一处观景点还设有长凳，供游人休息。

过了一会儿，热情妹喊道："快看那些上山的农民。""他们是盛装出行啊！你觉得他们会允许我拍照吗？"

"可怜的人！"康坦特女士叫道，"他们背的是煤吗？"他们背上系着扁木桶，里面装满了煤，沉甸甸的！那些妇人撩起裙子，背弯得极低，却还能有说有笑地向山上爬去。习惯竟然能让人如此吃苦耐劳！

在这个现代化的取水点，一位发福的农妇引起了我们的注意，她那深蓝色齐膝的裙子之下赫然露出橘色的长筒袜。淡蓝色的巴斯克紧身胸衣从腰部延伸6英寸，臀部周围都打起了褶——这使得本就比例不佳的身材更为显眼。她的衣领有一圈白色网状宽褶，头上包着大红头巾，又宽又扁的饰带从头巾一端一直垂到腰间。这身打扮真是绚丽夺目，以至于周遭的美景也黯然失色。

阿巴泽亚约5英里外是冬季度假胜地洛夫兰（Lovrana）。那儿的游人虽然没有阿巴泽亚的那么多，但在海边和迷人的山间小径旁有很多漂亮的别墅。那儿的码头虽小，但充满活力。船帆在微风中摇曳，渔民们坐在沙滩上一边修补渔网一边胡侃闲聊。怡然自得。我们跟在一队游走的乐手后面，看到孩子们在街上随着长号低沉的乐声尽情地跳着欢快的舞蹈。至少在这些娱乐活动中，所有民族是和谐共处的，此时此刻民族矛盾被忘却了。

我想，有一天清晨我们绝对遇到过一个拉布岛（Arbe，意大利语）居民，那时她快步走在阿巴泽亚的主干道上，随身带着为某人精心准备的食物。她腰间系着绣有红色花纹、镶有白色蕾丝花边的围裙，长长地垂到膝盖以下,几乎遮住了下面的黑裙子。黑色的鞋袜显出几分保守的韵味,而亮蓝色的巴斯克修身长袖内衣为整套衣裙增添了不少色彩。她头上包着缀有流苏的黑紫色方巾,而方巾四周用金银线绣着的艳丽花朵最能体现这位山民的内心。她那双乌黑的大眼睛多么温柔明亮!她走起路来多么无拘无束!一个人要想变成所谓的文明人,确实得牺牲掉某些东西!

也许正是受到这种观点的启发,某天早晨,温柔姐突然感慨道:"我现在已经讨厌跟别人打招呼了!"众人一阵哄笑,但深有同感。因为从西方的观点而言,这么做有些过于礼貌。无论我们一天坐电梯上下楼多少次,只要一到自己所住楼层,电梯男孩都会脱帽深鞠躬,来一句"你好"。正隐入走廊某个角落的女仆,也不忘冒出一声"你好",余音回荡。路过的侍者、忙碌的搬运工、来去匆匆的信差,都不忘说一句"你好"。如果我们能接受这种问候而不去管它,倒也很好,可这根本不可能。不做回应是最不文明的行为。幸运的是,简单的一声"好"就能满足礼仪上的要求。倘若进出商铺时,我忘记说了,康坦特女士也会及时替我补上。

"那把椅子下面的部分看起来可真怪!"某天,热情妹懒洋洋地躺在沙发上凝视着忙于整理日记的温柔姐时,随口喊道。

"是吗?"后者心不在焉地回答。

"你觉得它像什么?"执着的人追问道。"看,梳妆台旁边那个跟它很像!为什么它俩这么像呢?它们设计成这样,也许是为了做礼拜时跪在上面。"热情妹大声地分析着。

"这不太可能!"温柔姐回应道,接着开始思索自己的答案。

"嗯,也许它们是地板干燥时用来搁脚的地方。看起来不怎么漂亮,还很像脱靴器。"

"脱靴器!没错!"温柔姐完全兴奋起来,"就是它,我还记得在德国时我就曾在屋子里找到过那些奇怪的旧玩意儿。"

"没错,它们一定是为部队的军官准备的,因为他们整天穿着靴子。每把椅子下都放置一个脱靴器,这也很合理啊!"

"你觉得在斯拉夫吃早餐时我们是不是总得点餐呢?"热情妹焦急地问道,"这得说很长的一句话。"

"说来听听?"头儿饶有兴致地问道。

"说起来很怪的。当然,我会让它尽可能简单些。'Kafa sa miljeko, hljeb i maslo, jedan jaje rovita cetiri niinut.'"(塞尔维亚语:牛奶咖啡、面包和黄油,一个只煮了4分钟的鸡蛋。)我在众人的哄笑声和同情的目光之中说完了。

"我真心希望你能有机会用到这个精心准备的句子,"头儿在一旁鼓励着我,"但我不想再花时间学啦!"

"还有一句,"热情妹坚持着,"我觉得有可能会问个村名或花名,问题很简洁。'Kako se zove ova selo?'(塞尔维亚语:这个村庄叫什么名字?)说得快一点,除了第一个词,其他词听起来很像意大利语。"

现在,一想到这一路精心的准备,诸多不祥的预感、担忧和害怕,我们都觉得好笑。我承认这些问题只会存在于娘子军队伍中——疑虑担心都是再正常不过的事情,但我们对达尔马提亚的荒原之行仍充满了期待。

注释:

[1]科托尔(Kotor)的意大利语名。(译注)

邮差的马车（帕斯亚克附近）

阿尔泽亚拉布岛居民

斯拉夫乡村的水桶

第三章
从阿巴泽亚到塞尼

抵达阿巴泽亚后,我们重新整理了一下行李,大衣箱被运回维也纳,这样剩下的少量行李才得以塞进汽车。我们的车是 28/32 H. P.,双排座敞篷车,配有顶篷,可携带 90 升汽油,侧面还有两个小罐各自能装 12 升汽油。在的里雅斯特,头儿已将备胎邮寄到前方每一个能接收电报的地方,所以我们随身只带了 3 个备胎。车后塞了两个大箱子,手提包放在备胎中间,洗漱用品被打包放在汽车后座。

大雨过后,尽管听说路况欠佳,但我们还是穿上套装和雨衣,雄心勃勃地出发了。这是达尔马提亚之旅的第一程,清晨萧风瑟瑟,我们爬上山坡回望阿巴泽亚,海湾与座座岛屿如珠串般相连,在阳光下熠熠生辉,多么美丽啊!空气是柔和的,但雨后的道路是泥泞的,在阜姆路面上还有很多深坑。一路颠簸前行,泥水四溅,有时还会遇到满载煤炭、石料或酒桶的大车。我们在码头附近吃力地行进,而后又沿着平整的石板路开到了政府大楼和公园。阜姆城外的一处高地上有座废弃的城堡,风景独好,可我们寻找的却是指路牌。哦,远处可以看见一个。我们赶快过去,看到上面写着"U Dragu 4 K"(克罗地亚语:进入 4 号路)。

我们在地图上寻找"Dragu"或类似的字样,但一无所获。也许那地方太小,地图上没有标注,或者它还有一个匈牙利语名字。要知道没有哪两个词能像阜姆和里耶卡(Rjeka)差别这么大的,可是它们指的却是同一城市,前者为匈牙利语名,后者为克罗地亚语名。很快我们就发现,同一个城市拥有两个以上截然不同的名字,这在巴尔干地区非常普遍。然而,唯一的解决办法就是把这些名字都记住。

"现在,我们能看到匈牙利的一个海港,"头儿说道,"很快就能到克罗地亚了。"他正说着,我们驶过一条沟壑,而脚下的这条溪流是克罗地亚的边界线。

从连接阜姆和阿格拉姆(Agram)[1]的铁路下经过后,我们开始爬坡。坡道陡峭,但路面较为干燥。丁香刚刚出芽,这个 4 月的清晨让我们感觉到了家乡春天的气息。又看到一个路牌 "U Sasak 2 K"(进入萨萨克 2 号路),但这次没有手指指引!

这里是阜姆的郊区,显然"U"是指"至"。我们先爬上陡坡,而后几乎垂直下行抵达德尔加(Draga)。山楂花盛开,峡谷中的葡萄藤蔓朝向阳面的山坡努力生长。山路陡峭,几乎直上直下,就像过山车的轨道,当初修路时完全没有考虑要减缓坡度。路面也磨损得相当严重。果树都开花了,有李树、杏树、樱桃树和桃树。路边牧羊的小羊倌看到我们,一时害怕,竟然扔下手中的活儿,冲进山洞藏起来,直到我们驶过才出来。临近标有"U Bakar 3 K"(进入巴卡尔 3 号路)的路牌,我们停下脚步,欣赏巴卡尔(Bakar)海湾的美景。这片海湾宛如内海,周围高山环绕,抬头仰望山顶,能看到梯田,隐隐约约还能瞧见梅亚(Meja)和多尔马里(Dolmali)的建筑群。汽轮无声地驶向巴卡尔镇,水面泛起阵阵涟漪。城中教堂那色调柔和的玫瑰色塔尖逐渐从水边显现。长长陡坡的尽头就是约德兰酒店,它位于码头旁边,看起来整洁干净,于是我们停下来歇歇脚。整座小城确实得到了精心的保护,我们一次又一次回头眺望对岸那片静谧山坡的美景。

下一个路牌写着"克拉列维察(Kraljevica,Crkvenica)",可在地图上却找不到这么气派的地名。我们打着手势向路边的一个小男孩问路,他指向前方说应当直行。可是,途中遇到的一位卡车司机意见却不一样,坚持让我们走另一条岔路。他们都讲克罗地亚语,都没说错,因为后来我们发现这两条路最终合二为一了。

在巴卡尔海湾之滨的最高峰上,耸立着一座布满缅栀花的正方形中世纪城堡。这一带叫克拉列维察,它的港口保存得尤为完好,以至于拿破仑当年想在这里建一座军火库。如今这座城堡经过翻新,外面涂成黄色,供耶稣会使用。登上城堡,巍巍青山、悠悠碧水,尽收眼底。之后,我们行驶在干燥坚硬的路面上,按时抵达克拉列维察。

我们的旅程还在继续。很快,马尔特姆波(Maltempo)运河出现在我们脚下,它将克尔克岛遍布岩石的灰色高地与大陆分隔开来。远处,峡湾状的内港闪闪发光,船只看起来就像水面上的玩具。此时路牌上开始标成"Crkvenica"了。经过苏瑞基(Suriki)、斯莫克沃(Smokovo)和科兰法里(Klanfari),我们一路下坡,穿过果园、农场、牧场和橄榄树丛,最终看到了碧波荡漾的大海。中午时分,我们来到茨里克韦尼察教区宏伟的特拉匹亚宫酒店门前。这儿多么温暖啊!阳光毫不吝啬地照耀着长码头、浴室、海滩旁的泡桐树大道、音乐厅以及酒店新近修建的花园。

虽然这里是克罗地亚有名的度假区,但宾馆里游客并不多。我们享用了美味的午餐,又开始关注此地与其他地方在风俗上的差异。比如,也许我们的观念过于狭隘,但看到一位外表端庄、打扮得体的老年妇人饭后在吸烟,我们多少有些奇怪;而且牧师的夫人完全不顾她在我们心中的形象,也抽起烟来。透过遮阳篷下檐,我们看到一条条小渔船懒散地游弋在宽阔的莫拉卡河(Morlacca)上,岸边有一个布局零散的小村落,还有一艘汽轮正驶向克尔克岛,一片祥和宁静。经过 3 个小时的休息,原本疲惫不堪的我们变得精神百倍,满怀热情再次启程了。

"汽油?当然啦——沿维诺多尔(Vinodol)向北,我会跟你们一起去。"

搬运工坚持说道,"应该走这条路。"

路上,我们经过维诺多尔一个十分迷人的小山谷。潺潺的溪流、乡间的小桥、悬垂着的橡树枝,榆树嫩芽吐绿、鲜花盛开,人们也很友好。试想一下,妇人们背着盛满岩石的篮筐从采石场走到马车旁!试想一下,光景好时一天能赚32分钱!试想一下,女人谁会真的喜欢干修路这种活儿!一个女人头上还顶着一张桌子!身旁5岁的小不点模仿她的长辈,将包袱绑在背上。在磨坊,我们不仅买到了汽油,还发现那儿的工头曾去过美国。据他所言,他曾在美国西弗吉尼亚州和宾夕法尼亚州的矿山干过活儿。现在他回家了,俨然成了一位见多识广的人士。

回到克拉列维察的村落,眼前如诗如画的海滨景色让我们不由得停了下来。石堤上有很多铁环,供船只停泊,看起来很有趣。划艇、帆船、渔船、渡船,甚至偶尔出现的汽轮,构成了丰富多彩的景象。

我们穿过一座古老的五拱桥,又经过弗兰吉帕尼(Frangipani)城堡,此时,夕阳的余晖仿佛纤长的手指快速抚过海面、山谷和峰峦,带来奇妙的光影效果。我们沿河前进,俯视水面时,只见渔民们在小舟和岸边忙着用木质的浮标拉渔网。难道是捕捞金枪鱼吗?我们经过时,他们抬起头,露出灿烂的笑容。翻过狭长地带的一个陡坡后,远远地就能看到小港口诺维了。这段令人头晕目眩的行驶轨迹,多么像那种著名飞檐的线条啊!乳白色的山脉映衬着飘逸的云朵。山脚下便是诺维镇,隐藏于浓厚的棕色山影之中,屋顶和墙壁错落有致。偶尔会出现蓝色或绿色的门,非常显眼,但只起到突出总体效果的作用。河堤旁修筑着长长的台阶,再往上就是城市的街道。我们从一群妇女身边飞驰而过,惹得她们惊奇地眨眨眼睛。城里的道路结实干燥,只是有点窄,值得注意的是,今天我们没有遇到一辆马车。但仔细想想,若是妇女们像牲口一样奋力苦干,谁还会需要马车或动物呢?我们遇到了"幸福的一对",女人背着一大捆柴,蹒跚地走着,而男人只拿着斧头。

我们沿着曲曲折折的海岸线,又一次爬上了喀斯特高原。喀斯特地区"覆盖着松散的石块,石块'长出来'的速度要快于人们清理它们的速度,这一个个的大石堆所占面积比耕地面积还大"。美国大草原上,随便一处砂石坑就是金矿,而且修路时唯一的材料是从河流和湖泊的堤岸上挖的。若是这片荒芜之地能有一平方英里运到那儿,那将是多么珍贵啊!

然而,在克罗地亚,喀斯特地貌可不是件好事,因为太多了。羊群在贫瘠的巨石之间搜索觅食;小金雀花从峭壁的突起处垂下黄色的花朵。这里看不到一棵树,只有艾蒿和无尽的嶙峋怪石。突然,脚下露出一个小海湾。穿越海岬时,我们停在山脊上欣赏身后的景色。只见乌云密布,像波涛翻滚的海面和碉堡一般的岛屿投下诡异的阴影。我们即将沿着眼前这条蜿蜒于荒芜山坡上的狭窄灰线继续前进。

越过最后一道屏障,我们终于感受到了人烟。南面的梯田上种着绿色的杏仁树,牛犊在我们的汽车周围埋头吃草,不见丝毫畏惧。路边的一处平台两侧围着高高的石墙,风从墙头吹过,带来了东方的气息,那中间是一口清凉的深井。我们正在接近塞尼(Zengg)[2],穿过这片落雾很快就能一窥它的真容啦!

"还有海盗?"热情妹喊道,因为周围环境非常适宜,而且早前的居民名声不太好,"你看见没有?"

"哦!这儿没危险,"头儿答道,"海港那边戴着红帽子的是渔民,终日辛苦劳作。"

我们急速穿过中世纪的通道,经广场来到萨格勒布(Zagreb)酒店。这时,我们焦急地从车里凝视着这幢外表非常整洁的建筑。

"我们订的酒店是阿格拉姆啊!"积极分子如此质疑。

"嗯,萨格勒布在克罗地亚语中就是阿格拉姆。"我真是急切地想知道,早期的地理学家是如何将原先的地名记录成如今的地名的。

老板娘高兴地从屋子中心的小厨房里走了过来,带领我们爬了两段光线充足但有些陡的楼梯。她自信满满地推开一扇房门,向我们展示她最好的豪华客房,里面一尘不染,她走到我们前面打开两层大窗户中的一小扇,并观察我们的表情,此时我们已经摘下面纱。我们没说一句话,但很显然,她希望我们能说点什么。床上的被罩掀开了一半,露出白色的床单以及簇绒缎面的被褥。绣花枕套虽有些褶皱,但光洁如新;花瓶里装着鲜艳的人造花卉,装饰着角落里的柱状炉子;德累斯顿牧羊女害羞地俯视着陈设架上的小玩意儿。洗脸架上放着陶瓷衬里的锡盆,另有一个造型优雅的玻璃罐以及干净的毛巾。只有老板娘懂点德语,所以我们把需要的东西都告诉了她。与大眼睛的克罗地亚女仆交流时,打手势就行。毕竟,我们的需求非常少——食物和干净的床。这么说似乎不太确切。

我们从酒店出来,穿过蜿蜒狭窄的街道信步走向码头,从码头突入海中的一端回头遥望山顶上纳哈耶(Nahaj)城堡的仓库——那儿有可能驻扎着一伙海盗;但海滩明媚寂静,没有任何海盗的踪迹,即使在小镇曲折的街道上也是如此。一切都显得宁静祥和,我们一路快步前行,随处都能听见问候声"吻您的手[3]"。

注释:

　　[1]萨格勒布的旧称。(译注)

　　[2]这是克罗地亚的塞尼。(译注)

　　[3]Küss die Hand. 吻手(德语)。(译注)

克拉列维察的酒店

在克拉列维察附近的采石场工作的年轻女孩

第四章

从塞尼，经弗兰尼克关口，到达戈斯皮奇

第二天一大早，阳光明媚。没有百叶窗和窗帘的遮掩，太阳肆意地照射到房间里，逼着我们必须起床。此时我们才发现，城里已经很热闹了。一个女孩在公共广场上的喷泉边用木桶接水。她打算怎样带走木桶呢？出乎我的意料，她竟然将桶轻轻举到头顶上，灵巧地调整了一下平衡，向山上走去，而且未洒一滴水。我们吃早餐之前，她再次来打水，一路欢快轻盈地走着，水桶里激起小小的水花。男孩们不论大小，大都戴着克罗地亚帽，他们围在汽车旁叽叽喳喳地讨论着每个零部件，虽然很兴奋但举止文雅。

今天，我们对每一种新事物都很敏感，而且大家都异乎寻常的兴奋，因为今天我们将进入梦寐以求之地。今天我们要尝试陌生的路线，穿越弗兰尼克（Vratnik）山口和马里哈兰山口。尽管能够获取的信息微乎其微，但我们对未来的征程依然充满激情。离开舒适的萨格勒布酒店，我们启程前往达尔马提亚。

沿海岸线有条公路通往卡罗帕戈（Carlopago），从那儿可以到达戈斯皮奇（Gospic）。然而经确认，直接从内陆走会更好，于是我们驶离海滨，向峰峦叠嶂的山谷进发。南面山坡的树木大都染上了新绿，阳光普照，微风习习。

这一天确实适合冒险。如果此时突然冒出一位弗兰吉帕尼家族人士[1]，在保镖的陪护下收过路费，我们一点也不会感到意外。如果有人想在此伏击，用尤斯科克（Uscoc）飞镖袭击我们，也算是选对了地方。早前的尤斯科克人非常本分，土耳其人的铁骑淫威迫使他们逃离保加利亚、塞尔维亚和波斯尼亚，先是到克里萨（Clissa）避难，而后在奥斯曼帝国斐迪南大公的庇佑下来到塞尼。他们在这里修筑了抵御土耳其人的完美防线。正是这条海防线，使他们把注意力转向了大海，而后沦为无法无天的强盗。各个国家的冒险家和不法分子不断涌入，最终这一带变为"基督教和穆斯林"世界的恐怖之地。威尼斯和奥匈帝国3年战争期间，无辜百姓惨遭蹂躏，1618年尤斯科克人四散逃难，塞尼被德国占领。但海盗野蛮血腥的劫掠和骇人听闻的罪行，还是使塞尼码头和周围高耸的群山笼罩着一层阴影。

在山上，我们的前进速度异常缓慢，这是因为出现了意想不到的状况——路面上尖锐的石块被彻底磨平，只留下两道还算平整的车辙。如果不是为了防止车上装的黑醋栗甜酒碰洒，我们爬这陡坡时可能还可以略微轻松些，差不多每隔40英尺我们就得慢下来，要不然就会剧烈颠簸。我们几乎是在干涸的河床上行驶。纵然道路百转千回，我们还是坚持了下来。路旁有一座粉刷成白色的小教堂，小小的钟楼脚下立着许多木头十字架。我们沿着又长又弯的山路不断向上，直到最后看见头顶上方的悬崖有一处裂缝。

"快看，"头儿指向那里说道，"我们必须从那里经过。周围散放的那一堆堆白色的石头，可能是用来修路的。"

脚下的出海口像是群山之间的火山口湖。虽然最后一片零落的松树和冷杉林已经远离我们，但我们仍能听到鸟儿在车外鸣唱，偶尔还能瞥见快乐的歌手。指示牌上写着"布兰瑟维纳（Bransevina）"，2000英尺之下，象牙色的岛屿从蓝色海面上凸现，甚至还能看清遥远的茨雷斯岛。

突然，两匹马拉着一车的货物出现在前方。小可怜，它们都被吓坏了！

马车夫也吓得瑟瑟发抖——他的牙齿直打战！这种境况对双方都不太妙，要知道路边没有防护栏，而且周围的悬崖有几百英尺高。我们立即在道路外侧停下，司机下车安抚马儿，轻声跟它们说话，揉揉它们的鼻子，直到它们愿意让这个没有恶意但很吓人的怪物走在前面。重新踏上下山之路时，马车夫笑逐颜开，对我们表示感激；而我们则虔诚地祈盼在这狭窄的道路上不会遇到太多车辆。

不久，我们在路边的一处山泉旁停了下来，俯瞰周围的景致。维戈利亚（Veglia）高山的另一侧，拉布岛好像是从绿松石大海上跃出的一块猫眼石，闪闪发光。悬崖上闪烁的色彩随着天空中的云卷云舒而变化。这景象如梦似幻，仿佛海市蜃楼，我预感如此美景必定转瞬即逝。耳边猛地传来一声刺耳的咔嗒声，汽车继续向山上驶去。

"这是弗兰尼克山的最高处（2326英尺），"正当我们迅速穿过悬崖的裂缝，向内陆进发时，头儿说道，"我们爬了15公里，花了59分钟。照这个速度走下去，我们必须得安排一下夜间的行程啦！"

公路经过雨水的冲刷变得越发泥泞，因为海拔很高，所以更加颠簸。眼前是一片开阔的田野，两侧的山坡树木茂盛。牛儿像山羊一般爬上陡峭的斜坡，逐渐远离我们的视线，栅栏似的篱笆取代了石头墙，路边堆积了一些雪。看到路牌上"Vratniku25 K. Otocac"的字样，我们顿时又打起了精神。看来奥托查茨会是我们的第一处落脚点。

一口砌有井沿的水井，几座零散分布的土坯小屋，这就是弗兰尼克村的居民区。木屋由五六排长长的"盖屋板"修筑而成，屋顶没有烟囱，取而代之的是在屋顶的一个洞口旁略微倾斜地竖起一块尖板。白桦木整齐堆放在每户家门口。很快，我们发现这种简易的住房就是典型的克罗地亚农舍，只是比例有所差别。

路牌上写着"22 U Otocac"，这时，前面3匹马看到眼前逐渐逼近的怪物，吓得一下子呆住了。我们只好又一次停下来，司机努力安慰着这些受惊的小可怜。虽然它们听不懂我们在说什么,但抚慰之后它们还是平静了许多,愿意让我们走在前头。这次的情形不是很严峻,因为我们没有停在悬崖边。石堆中藜芦疯狂地生长着,一只猎鹰在我们头顶盘旋,几只颜色艳丽的小鸟从山茱萸的黄花丛中飞出,报春花从一堆干枯凌乱的铁线莲下面小心翼翼地窥探着。

"扎塔洛瓦卡(Zatalowka)",我们很快经过了这个小村庄。韦莱比特(Velebit)广袤的高地上,路面更加干燥。男人们从我们身边走过,他们的服饰别具一格,身穿蓝色无袖上衣,白色羊毛袜一直往上拽到了膝盖,还扎着绑腿,脚上是细绳凉鞋(当地人称为 opanka);头上戴的都是红色的克罗地亚帽,随身携带一种用马毛编织的缀有红色流苏的布袋。

一辆四轮马车跌跌撞撞地出现,马儿们奋力摆出一副要向我们冲过来的架势,想把我们吓走,但这些并没有发生。今天我再也不会提及任何与马儿有关的经历了。一路总在说马的事,似乎有些单调,但事实并非如此!那时候,总会遇到这样那样的危险,但我们总能化险为夷。经过西萨斯奇(Cisasitch),这儿有条路通向达巴尔(Dabar),不会有错,因为弗兰尼克关口最高处的路牌上清楚地标着呢。

到了科姆珀里耶(Kompolje)附近,车上溅的泥浆太多,导致排气管阻塞,必须要清理一下。我多么希望能停久一点,因为这里有很多值得欣赏的景致。这一带的房子很像瑞士小屋。山民们站在四周用栏杆高高围起的阳台上凝视着我们,虽然拘谨但还算友好,而且比海边的居民更可靠些。

真想试探一下他们是否热情好客,我们选了一栋民居走了过去。当我们走近时,阳台上的人不知是讨厌我手中的相机还是害怕我们这群人,一下子都消失了。然而谜团很快就解开了,所有人都冲了下来,打开门,欢迎我们。他们挤在一起,好奇地盯着我们,但不知该做些什么。我们向他们寻求帮助,以恳切的语气说了"沃达"(水)这个词,同时做了个喝水的动作。他们立刻笑了起来,不再那么害羞。老人家招呼着让我们进屋,小孩子们则到处跑来跑去。半开的门口透出洋葱和羹汤的味道。

"我们就这样被'挟持'了，"温柔姐说道，"如果不接受他们的邀请，他们会原谅我们吗？"我惊讶地看着她做出变化多端又明白易懂的手势。当她端着两杯水回来时，所有的拘束一扫而空。这些水非常甘甜！看到我们高兴，他们也很开心。他们直率地指着我们奇怪的衣着议论起来，尤其是我的茧绸雨衣。有人对橡胶衬里非常感兴趣，非要让所有人都瞧瞧。他们这边说着，我们这边聊着，尽管所用语言不同，但语气、表情和声调的起伏能传递出更多的信息。当头儿叫我们时，我们与他们已经成了好朋友，尽管最终只能带着遗憾向这群善良的人们道一声"再见"。

我们又一次翻越森林密布的山脊，从最高处可以看到远方的奥托查茨。快到 11 点时，我们在"Oest 汽车俱乐部加油站"停下来做了补给，然后立即被盛装出行的人群围住。

"快拿上相机，跑到街对面！"我向头儿喊道。他还在忙着加油，听到这话有点恼火地抬起头。但一看到这情景他即刻明白了，马上抓起相机，穿过宽阔的街道。

"真希望能拍彩色照片！"当他回去时，我大声喊道，"瞧瞧我旁边那个美男子。"这时候，我们可以直率地大声说出自己的想法，因为在克罗地亚内陆没人懂英语。而此刻那个"美男子"正睁大眼睛聚精会神地瞧着满是泥浆的汽车。

"这不就是白色针织外套做的吗？你看，每一件的襟边和袖口都不同。黄铜镶嵌腰带的效果难道不好吗？你见过这么长的烟斗吗？"女人们系着镶有白色蕾丝的黑色丝绸围裙，身背色彩艳丽、垂着流苏的大布袋，这些袋子大得足以装下驴背上的篓子。

这时，从街对面整洁的客栈、饲料铺和低矮的房屋那边，慢慢地走来了一群人。经加油站老板翻译，他们问了我们头儿很多问题，比如我们属于哪个民族、今天走了多远距离、我们的目的地是哪里。一提到"美国"，大部分人都知道。是不是很多男孩子日后都想探访这个奇妙的国度，然后衣锦还乡呢？这个村庄真的太小了，竟然没有人去过那片新大陆。离开奥托查茨时，村民们都出来热情地为我们送行。

"这条路通往普利特维采（Plitvica）湖群，"当我们经过一处写有"去往普里博伊（Priboj）"的路牌时，头儿回过头说道，"若是晚些日子，就可以从这儿走。这里海拔 2000 英尺，现在走的话还有点冷。"

经过一条小溪时，我们遇到一辆马车，驾车人不敢从我们身边经过，所以紧急转向后快马加鞭寻找避难所，不巧一时慌乱没留意丢了一个车轮。这就是在崎岖山路上行驶的真实写照！我们拾起遗落的车轮放在汽车上。随后，在一户农家找到了他。收到车轮后，他既惊讶又感动。

经过莱斯采（Lesce）和通往兰弗热尼（Ravljane）的岔路口，我们驶进了一座迷人的山谷，贾茨卡河（Gacka）从其中静静流过。磨坊半掩在低矮的瀑布之后，一群男人很有礼貌地向我们鞠躬。路面变得更加干燥，此时我们正沿着漫长而平缓的盘山路向上行驶，回头望去，整个山谷覆满绿草，一条山涧在绿野之间蜿蜒流淌，真是美不胜收。我们有充足的时间欣赏这些美景，因为可怜的发动机不能正常工作，散热器也被泥糊住了。重新启程，我们穿过松树林，翻过长满云杉和雪松的山丘，然后，周围就只剩下路边的积雪和遍地的花岗岩巨石。

我们四处寻找水源，想要补充发动机由于过热所流失的水分。可惜周围没有任何溪流或池塘！终于，在前方的一个转弯处，我们发现了一座印有欢迎标记"Gostiona"（旅店）的房子，一位热情的农民根据我们的手势，拿来一个壶和一个玻璃杯。我们将他杯壶里的水倒入发动机。看到自己猜对了眼前外国人的意图，这位农民笑了起来，接着一个箭步冲到墙那边，拿来了一个煤油缸，里面盛满了水。这个容器装上一个木质把手，就可以在这一带随意取水啦！

"戈斯皮奇？"我们问道——因为大家越来越饿了。"25 K.。"他在一张纸条上写着。大多数语言中的数字表示法是相似的,这可真是太幸运啦!

向他道过谢后,我们继续上路,穿过低矮的"马基斯"灌木丛和一大片的岩石。"马基斯"是一大类灰绿色植物的统称,常见于地中海地区的砾质土壤中,包括芳香类植物,如迷迭香、百里香、薰衣草、香桃木、乳香和蜡菊,以及各种岩蔷薇、沙枣和香草,其间夹杂着沙棘、野橄榄和杜松。据说,它们的香味可以保护其不被动物吃掉。这些植物耐受盛夏时的干旱,这也是此地通常的气候。右侧的山上覆盖着皑皑白雪,我们可以看到前方的道路蜿蜒通向山谷的另一侧。洼地上长着绿油油的植物,羊群在石头缝边吃着草。我们又驶上一座山峰——2080英尺,在云雾缭绕之下尽享顶峰的雪景。

经过卡瓦提(Kvarte)和佩鲁西奇(Perusic)之后,我们在路边一家客栈门口遇到4辆满载的货车。幸运的是,驾车人都在屋内,没等他们感到惊恐,我们就已经驶离。马儿身上披着绚丽的羊绒毯,与灰色的路面形成鲜明的对比。一群群麦鹟在道路前方左右飞舞。多么可爱的小生灵啊!

下山后,我们进入一大片平原,这里的耕地已经犁过了。横过利卡河之后,沿着一条宽敞笔直的公路,我们来到了峰顶积雪的韦莱比特山脚下的戈斯皮奇。

看情形,今天是个赶集的日子,因为道路两旁挤满了服饰抢眼的农民。无袖羊皮大衣、条纹背心,还有男人们头顶红色的帽子、妇女亮黄色的头巾,在牛群、羊群、驴群、鸡群中构成了一道道跃动的色彩——那些猪真是叫人无可奈何,得循循善诱才能让它们按指定方向行进。我们一面小心前进,一面欣赏,生怕引起任何不愉快的纠葛。

一点半,我们到达戈斯皮奇的斯瓦蒂西缇丽卡旅馆的门口。5小时只走了54英里。考虑到复杂的路况,我们对这种速度表示满意,当然肚子也很饿。然而,让我安安静静地坐在这种简朴的餐厅里吃饭真是太困难了,因为服饰艳丽的农民成群结队地在窗外走来走去。他们停下来天南海北或家长里短地闲聊，在长长的街道上游逛。附近教堂洋葱形的尖塔上传来一阵刺耳的喧闹声，就像有人用力敲打铜器一般。男孩们拿着木质的拨浪鼓在街上使劲摇晃着。

"这是？"不等我问完，头儿就开始解释了。

"因为今天是神圣的星期四，他们在举行庆祝活动。"他如此回答。

午餐后，对于是留在此地休整一晚还是直接去扎拉，我们展开了激烈的讨论。

"我们距离那儿有多远？"康坦特女士问道。

"还剩 75 英里，但我对道路一无所知。除非路况比今天上午的要好，否则我们肯定很晚才能到达目的地。"

"从这儿到扎拉路上有没有可以休息的地方？"

"据我所知，没有，"他回答，"有谁累得不想动了？"

我们谁也没说话。头儿担负起所有的责任，他做出的决定总是最好的，我们都会执行。酒店没有了吸引力，天空看起来更加晴朗，我们的目的地愈来愈近。我们一定要坚持下去。

注释：

[1]该家族在公元 13 世纪掌管这一地区。（译注）

第五章

进入达尔马提亚——从戈斯皮奇到扎拉

"这儿离达尔马提亚有多远？"积极分子问道。此时我们已离开戈斯皮奇，平原上的路况不错，我们快速向下滑行。路旁就是连绵的雪峰。

"30 英里，"头儿回答，"但我们必须先经过一处 4000 英尺高的隘口。"公路上挤满了赶集回来的乡民，他们的马车队伍绵延 15 公里，穿行其中非常困难。马儿看到我们鸣笛靠近，都很害怕；因为这里没有通铁路，这些可怜的动物还不习惯蒸汽发动机或其他机械交通工具的出现。所以在这里行驶时，司机不仅要照顾发动机，还得安抚路上的每匹马、每头驴或牛。他从车上用力喊一声"吁——"，就能神奇地让受惊的马儿平静下来。难道人类在这种怪机器里喊一声就能让这些动物消除疑虑？要知道，司机说的可不是当地语言啊！

翻过缓坡就是平原地带，我们飞驰而过，吓坏了在田间劳作的耕牛。然后来到一个十字路口，那儿的路牌已经损毁，但根据电线杆和地图上的指示，我们决定向右转，翻越一座山包进入地势起伏的山谷。眼前就是白雪覆盖的瓦坎斯基峰（Vakanski）（5843 英尺），脚下是一大片茂密的树林，树枝上挂着亮晶晶的冰条。我们睁大眼睛仔细观察，希望能在这片寂静的荒原上找到路牌、马匹或车辆之类的东西。离开瓦坎斯基，我们又进入山区,巍巍青山笼罩在低沉的乌云之下。在写着"Sv. Rok"的路标处我们驶离通往克宁(Knin)的公路,向右转,4分钟后第一次看到了与达尔马提亚有关的路牌,"Obrovac 36"。

很快我们就开始向山顶挺进,这一路不是此起彼伏地缓慢爬升,而是沿着山坡一路匀速向上。途中我们还穿过成片的山毛榉树林,树梢上的枝条刚刚发出新芽,远远望去一片暗红色。路旁散落着片片雪花,随风飘散,逐渐在山上堆积起来。与此同时,路上的雪越积越厚,一定程度上妨碍了我们的行驶。但从两侧三四英尺高的路堤来看,这条经韦莱比特山口连接克罗地亚与达尔马提亚的内陆最佳通道,在整个冬天都是畅行无阻的。

随着汽车的爬升,里奇采(Ričice)空旷的山谷展现在我们脚下。湖泊和涓涓细流、星罗棋布的村庄,远处的山峦延绵起伏,直至消失在地平线的尽头。我们沿陡峭的山路继续前进,车轮碾过时溅起很多小石块。这条路很狭窄,我们非常担心会有人或马车迎面而来。在路旁的雪地上小心翼翼地试着开了一下,还是可行的。看来要是出现意外,我们可以用这种方法应对一下!

发动机因过度工作,终于被溅起的泥浆堵住不能工作。我们将大把大把的雪塞进发热的散热器后,继续前进。此刻我们仿佛置身云雾之中,时不时按按喇叭小心行进。猎鹰一直在我们头顶盘旋,一间小屋被积雪掩埋了一半。这是马里哈兰政府办公点。我们目前还在克罗地亚境内,3483英尺的山口最高点近在咫尺。急转弯后,我们沿着悬崖曲折前行,经过边境附近的一个邮局。这就是达尔马提亚了。

也许老天爷被我们旅行的激情所感染,一下子云开雾散,大片的峭壁悬崖显露出来。这是个灰色的世界,没有一丝绿意,也没有发芽的山毛榉树。事实上,这里根本就没有树,没有灌木,也不长茅草,阴沉沉的天空下只有突兀的山峰。从山顶下来,我们蜿蜒行驶,曲折的道路修筑得很宽敞,也没有黑醋栗阻挡我们的视线,积雪很快就消失了。我们停下车收起顶篷。"快看,悬崖上刻着什么?"积极分子喊道,"我觉得这不是斯拉夫语。"

头儿前去查看,回来时他的笔记本上记了几行字,他声情并茂地读道:

"谨此纪念伟大的战士弗朗西斯科·弗拉卡索(Francisco Fracasso),于1851年5月27日为保卫家园抵御22名暗杀者而英勇捐躯。"

此时此刻,在这不毛之地,万千感慨油然而生。这是视死如归的孤军奋战,这是为了责任至死不渝的精神!

我们继续上路。穿过渐起的薄雾,眼前逐渐显露出无比壮观的景象:公路如缎带般缠绕在山间,绕了12圈后,又如箭羽一般直穿平原,平原很快变为成片的梯田,诺维格勒(Novigrad)和卡里因(Karin)的蓝色湖泊宛如镶嵌于平原之上的珍珠。

西边流淌着蒙塔格纳(Montagna)运河。午后的阳光尽情地照耀着斯塔利格勒(Starigrad)和特雷比涅(Tribanje)、诺纳(Nona)以及帕戈(Pago)岛上的村落。远离卢西恩(Lussin)的奥塞尔洛山(Ossero)影影绰绰,如梦似幻。依稀闪烁的海面布满了大小不等的珊瑚礁和岛屿,一直延伸至塞贝尼科(Sebenico)[1]的南面。

克尔卡河的东南侧耸立着斯维拉亚(Svilaja)雪山,再远处就是位于波斯尼亚境内的迪纳拉(Dinara)山脉。西北方向广阔的达尔马提亚半岛像一幅展开的地图呈现在我们面前,这里距离扎拉白色的城墙只有70公里。达尔马提亚是一片神奇的土地,脚下便是前往那里的最佳路径——这路仿佛是从云端延伸而下——在下山去探究每个细节之前先好好欣赏这令人震撼的全景吧!

我们在悬崖边迂回,之后穿过深谷,沿盘山公路向山下滑行。突然,远远地只见一群人像蚂蚁似的正向山上进发。驶近一看,这些人赶着至少15辆大篷马车,从山区公路的外侧鱼贯而行,没有护栏的保护它们很容易会坠下深达几百英尺的山谷！显然，他们采用自创的方法前行，因为车上满载货物，所以他们也不担心马匹会跑太远。但他们还是采取了一切可能的预防措施，每个车轮前都放了块大石头，自己则骑在马上，等待我们的车通过。尽管我们的速度很慢，而且发动机也关闭了，但迎面而来的马儿一瞥见我们立刻胆怯起来，整个车队顿时一片慌乱。我们是令人心惊胆战的怪兽！有什么方法能防止它们越过路堤呢？为什么它们不是只走在路的内侧呢？赶车人一边安慰这群可怜的马儿，一边向我们表示歉意。

在达尔马提亚的旅途中，这种感觉一直存在。这些农民似乎在说："你们一定要原谅我们，原谅这些无知的动物。我们知道自己的生活较为落后，但我们也很想外出见见世面。我们欢迎每一位陌生人和陌生的新式车。别生气……我们会逐渐调整，及时适应这些噪声和气味，因为我们希望变成文明人。"

当然，我们立即停车，司机赶忙上前帮忙解开破损的马具，安抚受惊的动物。过了一会儿，它们似乎明白了我们并无恶意，我们得以缓慢滑行。形势没有恶化，真是万幸！

对面高地的西南边是韦莱比特山，我们兴奋地加速前进。一路上只有偶然出现的牧羊人、小茅屋陪伴着我们，路边一座小教堂正在安装十字架。经过梅克多拉茨（Mekdolac）村，接近奥布罗瓦茨（Obrovac），最终就能抵达韦莱比特山口。

1829年至1832年修筑的这条从卡尔施塔特（Karlstadt）经扎拉至克宁的公路是一项庞大的工程。路面21英尺宽，误差不超过5%，从奥布罗瓦茨到山口处的达尔马提亚边境最高处共计23公里（即14.375英里）。

从奥布罗瓦茨到扎拉可以走水路，从兹尔马尼亚河（Zrmanja），经诺维格勒港和蒙塔格纳运河，到达帕戈达（Pagodah）后，再走内陆通道，共计约九个半小时航程。奥布罗瓦茨坐落在一个狭窄的山沟底部，兹尔马尼亚河从其间流过。顺着河流望去，山上的城堡已经荒废，山脚下一艘小型汽轮安静地停泊在码头旁。

果树花朵盛开，天气温和。当地居民冲出来看我们，但我们并没有停车休息。白天的时光转瞬即逝。我们径直爬上这座宽阔的峡谷与卡里因湖之间的高地，村民们从码头上可以看到我们似乎在向上飞行。红日西沉，耀眼的余晖洒向诺维格勒港；水面反射的万丈光芒直入天际，崎岖荒丘上的岩石和艾草被染成了彩虹的颜色。卡里因湖周围受保护的斜坡上种植着谷物和葡萄，与先前经过的灰色大地相比，这是个可喜的变化。在连接两个湖泊的地方正在修建一座坚固的桥梁，临时桥梁看起来不太坚固，所以我们放慢车速小心观察。然而，从一群服装艳丽的农民中走出一位友善的方济会[2]修士，他上前一步做出确认的手势让我们大胆通过。向这位修士表达感谢之后，我们爬上盘山路的最后一段陡坡，还能瞥见隐蔽在湖边幽静之处的修道院。

出乎我们的意料，到达山顶后，所见道路笔直平整，而且非常空旷。只有真正的汽车迷才能体会到这种场景所产生的绝妙感受。司机一言不发，俯身紧握方向盘，每个人都蜷伏在各自的行囊旁，我们与渐浓的薄雾进行了一场疯狂的赛跑。

途中我们时不时能看到散布着岩石的牧场，衣着鲜艳的年轻女孩在那儿放牧，有些人还一边在纺纱；经过了隐蔽在无花果树和橄榄树林中的小村落；经过了一处土耳其式防御要塞，它修筑在一片多石的草地上，周围是茂密的杜松木；又经过了斯米尔季奇（Smilčic）和泽莫尼科（Zemoni-co），尽管上下颠簸，但我们依然全速前进，因为天逐渐黑了下来。

我们很难想象这片桑树林毗连巴宾达布（Babindub）附近的路线！临近大海，我们几乎不能分辨出哪里是它的边际；远处，一个恍若仙境的城市闪烁着灯火。它们愈来愈近了：一个小港口，中世纪的城墙，宏伟的城门——特拉菲尔玛（Terraferma）之门。进入城门之后，头儿自信地发出指令："向左转两个街区，然后向右。"我们到达扎拉的布里斯托尔酒店。今天我们只走了 129 英里,但翻过了两个山口,一个 2326 英尺高,另一个 3483 英尺高。我们从海边启程,又回到了海边。

注释:

[1]希贝尼克的旧称。(译注)

[2]方济会,或法兰西斯会,是天主教托钵修会派别之一。其会士着灰色会服,故亦称"灰衣修士"。(译注)

第六章
扎拉

耶稣受难日！

难忘的扎拉清晨！

我打开百叶窗，一幅美妙的风景画卷展现在眼前。天空湛蓝，座座海岛形似山丘，山麓闪着珍珠般的光泽；海水清澈，低矮的堤岸边停泊着几艘小渔船；阳光明媚，黑红相间的汽轮缓缓靠近码头；一切都是那么精致美丽。一位奥匈帝国军官微笑着松了松身后蓝色的披肩，昂首阔步，披肩也自然而然打起了褶。一位身着黑色长袍配红腰带、头戴宽边帽子的罗马教廷牧师，正与一位执拗的教友辩论。一对俊俏的恋人正在下面的露天阳台上品味着早晨的咖啡。

一个妇人身穿蓝色长袍、红裤子，包着白色头巾悠闲地走过，时不时还要调整头顶盛满牛奶的3加仑罐子的平衡，背着一个很沉的锡桶，这样手上还能做些编织活儿。一艘小渔船在水面上悠闲地荡漾，船帆松散地耷拉着。两名男子站在船桨边，头顶红色的帽子齐刷刷地晃动着。色彩暗淡的黑船在眨眼之间飞速驶过，此时那个位置换成了一艘蓝色的船。桨手白色的衬衫在阳光的照射下闪闪发亮，他们不停地在说些什么，可我在楼上的窗户旁听不清楚。这艘船运送的是松树枝，所以空气中弥散着阵阵刺鼻的香味。不知道这些东西是不是用来做复活节装饰品的？码头所在的位置原本筑有古代城墙，此处水位很深，船只紧挨着码头驶过，水手们可以跟路人打招呼。当讨论变得越发激烈时，那艘小船停在沿途的石柱旁，船主则上岸去实践他的理论。

究竟是这些颜色确实非常鲜艳，还是在这种气氛烘托之下显得格外耀眼？看看那个到处闲逛的小伙儿身上穿的金黄色平绒衫！还有那艘褐色的船扬帆驶向对面的小岛！一艘浅绿色的船在水面上漂着，上面还有个妇人斜靠在长桨旁。她头戴雪白的头巾，身穿灰蓝色的长袍，她只是画中的一个角色，还是说单单她自己就足以构成一幅雅致的图画？另一艘船上，一家人显然都外出散步了，只有一个包着头巾的小孩蹲在船头，还有一个婴儿在母亲怀里叫嚷着。成群的燕鸥在海面上盘旋，追逐着翻滚的波涛。多么闲适宁静！方圆60英里内没有铁路或电车！没有蒸汽拖船，也没有起重机或口哨声！货船和渔船无声地移动着。即使偶尔出现的汽轮，也会止住鸣笛悄然划过这片迷人的水域。我的思绪追随着这艘汽轮，浮想联翩。

"你打算一整天都向窗外张望吗？"邻近的阳台上传来一阵讥笑声。

"哦，不是！当然不是。我想在这儿到处逛逛的，可还有比这儿更有意思的地方吗？"说着，我的手下意识地指向窗外不断变换的景致。

"我们先去哪儿？"当我们漫步走向码头时，我问道。

"我想你应该知道，这里的大教堂非常有名。"头儿这么说。

"那些女人拿着什么？"我打断了他的话，"是火鸡吗？快看，她们都穿着短裙，系着鲜艳的围裙，还有紧身裤！哦，我必须得把她们拍下来。"这时，我凝视着对面的方向，因为一群不知情的照片模特正朝这儿走来。

"看到她的绣花头巾了吗？"当她经过时，我喊道，"噢！邮局旁边也有很多。"

我故作镇定地走着，虽没有定睛凝视，但还是将这热闹的场景一览无余。这是我们第一次看到莫拉基（Morlacchi）的服饰，此时扎拉的天空万里无云，为这些灰色石头和灰泥墙壁提供了绝美的背景。公元 14 世纪，这些来自拉什卡（Rascia）、皮肤黝黑的斯拉夫人在伊斯特拉以及沿达尔马提亚北部的运河沿岸定居下来。莫拉基这个名字是从斯拉夫语"Mauro Vlach"演变而来的，意思是"黝黑的瓦拉基人"。

集市里热闹非凡。耀眼的阳光下，摊贩们在大红色的遮阳篷下兜售着橘子和洋葱、柠檬、野生芦笋，还有菊苣，这些果蔬的颜色比来来往往的人群所穿的衣服还要鲜艳。多么绚烂的色彩！多么华丽的衣裳！多么迷人的帽子和头巾！多么漂亮的挎包、皮带和篮子！

要知道，克瓦内尔湾（Quarnero）附近的每座岛屿，大陆上的每个村庄，甚至村庄里的每个宗教派别，无论是希腊教廷或罗马教廷，都有自己独特的服饰。男人们衣着的鲜艳程度毫不逊于女人：头戴红帽子，腰系红带子，蓝色裤子在脚踝处开口，露出绣花绑腿，背心上银色的纽扣闪闪发光，白色的羊绒大衣随意搭在肩膀上，既舒适又好看。大部分人，无论男女，都穿着用绳子精心束成的皮凉鞋。然而，太遗憾了！即使在这里，文明社会的生活方式也已经开始侵蚀朴实纯美的风貌。成排的篮子里装满了粗制、低档的鞋子，看得出都是最近进口的款式，而且吸引了很多人前来购买。

角落里站着一位年轻漂亮的姑娘，她斜倚着一根柱子，神似希腊女神，手里紧紧攥着一篮子白鸡蛋。若是有人想要购买，自然好。但她不屑于吆喝叫卖。

不远处，一位引人注目的妇人在出售橄榄油。她旁边摆着一个擦拭得发亮的油罐，还有一个装满油的玻璃瓶作为样品展示。只见她盘着腿席地而坐，这时一位顾客走了过来，从动作来看也许是日本人。他闻了闻小玻璃瓶，又尝了尝油。接着，二人讨论起了质量和价格的问题，一切都进展得很顺利。几分钟后，经过讨价还价，那位顾客从马鞍袋中拿出一个小瓶，盛满油，而后潇洒地寻觅下一宗好买卖。

我们一路信步游逛。这里的服饰款式各异，没有哪两件是完全一样的。妇女们的衣着不尽相同，有的身穿短夹克，有的穿了件无袖大衣，还有的披着当地的流苏大披肩。但她们都佩戴了各式各样较为古朴的首饰、戒指和项链、胸针，以及一种被称为"玛利亚·特蕾西亚"[1]的有趣牌子。这是一种达尔马提亚本地的银色五冠制品，四周采用同一掐丝工艺装饰，整体镀金。

突然，远处的两个身影吸引了我们的目光，她们身上笔挺的锦缎围裙在阳光下闪闪发亮，系起的披巾下露出精致的"玛利亚·特蕾西亚"。

"我想给她们拍张照。"我小声低语。

众人还没来得及反应，我就已走上去，打着手势向她们说明来意。她们说的是斯拉夫语，搞不清我想要做什么。对于这种她们闻所未闻的请求，需要由当地公务人员来进行翻译。在滨海城门外，我们恰好发现了一位热情的官员，他向这些迷惑不解的农妇大声地解释了我们的意图，然后又同样大声地将她们的肯定答复翻译成意大利语。要是我能拍到那群有意思的围观者，那头俯视城门的圣马尔谷狮子就好了！只可惜，光线不太好，我只模糊地拍到了这些漂亮的村妇。

"大教堂。"头儿又说道。我们转了个弯，看到了乳白色大理石砌成的外墙面。

"这让我回想起比萨主教堂，"我不得不承认，"它很精美，拱门和旁边的柱子造型多样，而且光影效果发挥到了极致。"

"杰克逊认为，这两扇玫瑰窗是后来修建的，"头儿继续说道，"但就整体而言，它可以算得上达尔马提亚最精美的墙面啦！"

"这个钟楼可真美啊！"积极分子惊呼。

"没错，这座钟楼体现了当时的建筑风格，不过直到近几年才在这里举行加冕仪式。它是由著名的英国建筑师杰克逊先生设计的。"

达尔马提亚人笃信基督教。一整天都没有听到钟响，也没听到报时。

俱乐部、邮局和所有政府部门前，以及过往船只，都下半旗志哀。今天怎能不是耶稣受难日呢？

信徒们不仅挤满了大教堂，还有圣西蒙教堂，我们随慕名而来的人流爬上神殿后边狭窄的楼梯。那位曾在圣烛节帮助包过婴儿耶稣的圣徒就躺在一个巨大的方舟内，这个银色的方舟是匈牙利王后伊丽莎白于1377年敬献的。这不仅是一件巧夺天工的艺术品，还具有考古价值，其嵌板上有很多反映当时历史的雕刻。早前，它"是由4个银制天使支撑着。在威尼斯与塞浦路斯爆发战争期间它们被熔化，而后被换成两尊石像和两尊铜像，铜像由土耳其的大炮铸成，1647年从威尼斯运送至扎拉"（F. H. 杰克逊）。

在圣弗朗西斯，看完被称为"达尔马提亚最美的"哥特式唱诗班座席后，我们走进圣器间。里面悬挂着一幅漂亮的古画，其蓝金色的哥特式画框特别精致。这一点出乎我们的意料。

"这是谁画的？"我们向一位年轻的方济会修士询问。

"我不知道，"他回答，"它来自乌格连（Ugljan）岛，送往维也纳进行修复，放在这里才五六年的时间。"

"这可是公元15世纪的古董。"头儿低声说。

"可能吧！"这位年轻的修士淡然地答道，并带领我们在周围努力寻找其他珍品。然而，可不是每天都能新发现一幅古代名画。我们在圣母玛利亚像前凝神思考。圣母微笑着将婴儿耶稣放在膝上，站在她两侧的是圣彼得殉难者、圣安布罗焦、圣方济、圣哲罗姆和一位包着头巾的圣人，上方和下方是其他圣人的圆形头像，背景涂成了灿烂的金色。

"有照片吗？"积极分子问道。

"没有，它还没被拍过照呢！"修道士回答。我们变得越来越惊讶。

"这幅画的确很美。"他好奇地看着那画儿，仿佛第一次见到似的。

我们在这座中世纪古城的狭窄街道上漫步，又来到一座轮廓优美的拱顶建筑前,停下来欣赏它的拱形长廊。

"那一定是圣安布罗焦。"头儿大胆猜测。

入口处有两三个小孩子,年纪稍长的拉着弟弟妹妹的手,抬起沉重的门帘不停地进进出出。

"圣安布罗焦是扎拉的守护神,"头儿读道,"他的遗体于 649 年从阿奎莱亚运至此处。教堂现已装修完毕。"

"为什么只有孩子来这儿?"好奇的人问道,"我们为何不进去看看呢?"

教堂内幽暗寂静。远处,几盏小油灯照亮了祭坛,燃烧的灯芯漂浮在油面上,火光照亮了羊皮纸上的《圣经》文句。这些简单的语句孩子们都可以理解。祭坛下方,许多奶白色的植物盆栽摆成一个巨大的白色十字架,每一盆似乎都透着一丝神秘。在这个虔诚的节日里,这是多么圣洁和适宜的象征!这样的衬托使受难耶稣的圣像多么鲜明突出!尽管各地的具体仪式有所不同,但人们都对他顶礼膜拜。

扎拉,达尔马提亚的首都,是一个颇具吸引力的城市。它坐落在狭长的半岛上,周围除临海的一侧外,其余早在公元 16 世纪就筑有防御工事。当然,其中一些经过改造后已作他用。滨海城门上方有一条树影婆娑的步道,在阳光明媚的春天,榆树花争相盛开。我们屈身翻过矮墙,找到了通往港口的狭窄入口。过去,海边有铁链围挡,以抵抗敌人舰队的袭击。现在,这个港口宁静安详,想当年罗马人、达尔马提亚人、早期伊利里亚人的后裔、法兰克人和拜占庭人、威尼斯人和克罗地亚人、匈牙利人、波斯尼亚人、土耳其人、法国人,还有奥匈帝国的军队都曾在此叱咤风云、称雄一时。

游艇和汽轮安静地浮在水面上,一切是如此静谧!轮船在此抛锚,多么安然地与蜂拥而至的小船做着买卖啊!来自克罗地亚海滨、基奥贾岛、莱西纳岛以及周边岛屿的渔船停靠在码头。船上升起风帆用来遮阳,有几个衣着艳丽的人懒洋洋地躺在甲板的阴凉处。当地的渔民从滨海城门进进出出忙碌着,而我们则在上面欣赏这热闹的景象。

旧堤岸的另一头是条宽敞的马路，这条路穿过古老的城墙，显然是用来向城里运送物资的。宏伟的罗马凯旋门地基第二次被发掘出来。也许大家都希望以这种形式将拱门保护起来吧！

古堡遗迹上建有公共花园，花园门前是一个开阔的广场，里面有 5 口水井，每口井都配了一个大型蓄水池。这里的水经过滤净化后，供扎拉人免费使用。当我们在岗亭旁的阴凉处徘徊时，一位穿着短裙的壮实姑娘冒着毒辣的阳光快步穿过广场，把木桶放在井栏上，从井里打水。我不禁觉得自己有点向往舞台生涯。眼前这布景最恰当不过——整个广场除了她之外空无一人。我们静静地看着她提起盛满水的木桶，沿着长长的林荫道悠然远去。

"我觉得现在该吃午饭了。"康坦特女士突然喊道。于是我们回到旅馆，美滋滋地享用各类海鲜。食物很新鲜，放在餐盘时它们还不停扭动，有地中海鲈鱼，还有很多我叫不上名字的东西。食物非常美味，烹饪技术也很精湛。事实上，这儿的饭菜让人赞不绝口，只不过饭店老板不太喜欢开窗户。双层的窗户不仅被封得严严实实，而且屋内每个缝隙似乎都用棉花堵死了。大门一整天都紧闭着，竟然还可以吸烟。然而，即便如此，这也比我们想象中的达尔马提亚要好很多。我们的房间还算干净，枕头里填满了羽毛，松松软软。旅馆里还有浴室，可以在里边享受一个半小时的热水澡！我们住在 3 楼，尽管没有电梯，但大家都乐意爬楼，因为这是理想的锻炼方式之一。虽然出行略有不便，但我们有一个朝西的临海小阳台。乌格连岛裸露的石灰岩峭壁似乎近在咫尺，清晨旭日的光辉照耀在崖壁上又被反射出去。到了晚上，壮观的云霞映衬着波光粼粼的水面，别有一番韵味！

到了星期六，当地开始下雨。之前整天绑着浮标的小划艇上来了很多客人，大家十分享受这种适宜的天气。一艘小船张开橘色与深棕色的风帆从平静的水面上轻轻划过。在柔和南风的推动下，船儿渐渐地消失在圣尤菲米娅村的方向。透过薄雾，远处耸立在乌格连岛最高峰上的圣米歇尔要塞若隐若现。

"我们还没有去博物馆呢!"头儿说着。

事实证明,博物馆让我们不虚此行。建于公元 9 世纪的圣多纳托教堂陈列着罗马时代的残片和珠宝,希腊花瓶和来自阿奎莱亚的其他古董,大批硬币和雕刻,伦巴族和中世纪的浮雕、历史文物,以及大量建筑装饰品。要知道,这座教堂本身对于考古学者来说就是一笔宝藏。经过那位管事女士的允许,我们在馆内漫步,在各类展品前驻足。她的注意力没有被其他游客干扰。她睿智地回答我们的问题,临别前还祝我们一路顺风,仿佛这儿就是她自己的领地。

有人说,初到达尔马提亚的游客会有惊喜,也会产生无数困惑。"他将见识到社会发展的各个阶段,上至高雅文化,下到半开化的野蛮状态。最重要的是,他会对一些社会现象感到困惑,他搞不懂为什么有些人不了解达尔马提亚的历史,不研究拉丁语文化和斯拉夫语文化对这里的影响。在过去 12 个世纪中,这两种文化并行存在,但互不干扰(杰克逊)。"商铺内大家说的是意大利语,各类招牌广告用的也是意大利语。意大利语的《短笛邮报》每天从的里雅斯特运到这里,《达尔马提亚报》在扎拉每周出版两次。

扎拉是达尔马提亚唯一使用意大利语的城市,仅有的意大利语学校也在这里。40 年前,全国的学校都用意大利语进行教学,接着德语又被短期采用。最近根据权威报道,学校现在已普及使用斯拉夫语支系的塞尔维亚 – 克罗地亚语。在这儿,我就遵循现代作家的表达方式,将这些斯拉夫人的语言统称为斯拉夫语。

扎拉南面的海边坐落着阿尔巴尼亚小村博尔戈·艾利索(Borgo Erizzo),它有一段非常有趣的历史。1726 年,文森索·亚马耶维奇(Vincenzo Zmajevich)成为扎拉的大主教时,从家乡帕斯利特(Perasto)带来了 27 户阿尔巴尼亚家庭,这些人家此前刚刚摆脱了阿尔巴尼亚统治者穆罕默德·贝戈维奇(Mehmed Begovich)的暴政,来到这里寻求大主教的庇佑。负责扎拉防御工事的艾立佐伯爵在附近为他们分配了土地。因为勤劳简朴,所以他们很快就过上了好日子,人口逐年增加,现在大约有3000人。妇女可以在工厂里做事,直到结婚。婚后,她们则留在家里。男人拥有葡萄园和田地,土地半径达七八英里。

我们对一艘匈牙利劳埃德轮船产生了兴趣,它是那天下午五点半抵达的,从巴黎带来了大量信件包裹。这艘船很漂亮,白色的烟囱上涂了一圈红色,上面还有颗白星。舷窗和宽敞的甲板说明这是艘客轮。迎接它的人打着黑色雨伞簇拥在一起,因为这儿经常下雨,就是有时下不大。6点汽轮就再次起航,但之后分发这些珍贵的邮件花了整整两个小时。

帕拉维公共图书馆坐落于西格诺里广场上,它是由一位扎拉慈善家捐资修建的。它是古代法院的所在地,有一座15世纪的长廊。连接广场和大教堂的是一条繁华的大道。复活节的下午,这里会吸引很多时尚人士。人们会有种置身于罗马、格拉斯哥、波士顿或慕尼黑的感觉。

"所有的文明社会竟然都是一样的!"积极分子失望地惊呼,"我们去对面的滨海城门看看吧!"于是我们又回到港口上方古城墙内阴凉的步道。唉!韦基亚河(Vecchia)上没有渔船!来自基奥贾、克罗地亚、阿拉伯国家和附近岛屿的船只都走了!集市空无一人!莫拉基人和服饰艳丽的乡民都回自己的村落去了! 如果我们错过耶稣受难日上午那热闹的赶集场景,那么扎拉留给我们的将会是截然不同的印象。

注释:

[1]玛利亚·特蕾西亚(1717—1780),奥地利女大公,匈牙利和波西米亚女王,神圣罗马帝国皇帝查理六世之女,皇帝弗郎茨一世的妻子,皇帝约瑟夫二世的生母,哈布斯堡王朝最杰出的女政治家,在任期间与其子约瑟夫二世皇帝实行"开明专制",奠定了奥地利成为现代国家的基础。(译注)

扎拉的集市

漂亮的篮子

扎拉的韦基亚河

第七章

斯卡多纳—克尔卡瀑布—塞贝尼科

　　我们离开扎拉前往塞贝尼科的那天早上，天空阴沉沉的，太阳穿过厚重的云层洒下点点光影。由于沿海公路只能抵达帕科斯卡纳（Pakoscane），我们只得驶离亚得里亚海，转向内陆，林荫道旁种着栗树和披上新绿的杏树、榆树和缀满花朵的樱桃树。在这片布满砾石的土地上，橄榄、葡萄和各类蔬菜竟然能够苗壮成长。路况很好，道路两旁的绿色荆棘形成了天然的护栏。途中时常能看到松树林、牧场和良田。远处，山楂树与粉色的银莲和日光兰争相绽放。站在山顶回望，只见美丽的扎拉静静地伫立在海边，仿佛在为威尼斯站岗放哨。

　　泽莫尼科有很多骑兵营地的废墟残垣，它们原本是威尼斯人修筑用来抵抗土耳其人的。1346 年，匈牙利的拉迪斯拉斯（Ladislas）带领 10 万人马驻扎在此，表面上像是协助被威尼斯人围困的扎拉人，可正像民谣中的法国国王一样，他——

　　"带着两万人爬上山顶；法国国王下山后再也没上来。"

　　拉迪斯拉斯似乎什么也没做，几周后便率领部队回国。现在，这里一片祥和宁静，当我们快速穿过村子时最不友善的遭遇就是狗儿冲着我们猛吠。我们担心轧到它们，温柔姐极不情愿地举起鞭子狠狠吓唬了它一下,结果还把鞭子搞丢了。

"喂,等等!我的鞭子掉了!"她喊道,但我们直到半英里开外才停下。当我们重新出发时,一位热情的小伙子跑过来送还了那件宝贵的武器,并且拒绝任何酬谢。

现在我们再次横穿通往扎拉的公路,从泽莫尼科南行四公里多,最终找到了通往比列亚尼(Biljane)的路。传说公元 13 世纪鞑靼军队曾在戈罗布尼察(Grobnica)平原惨败。这片丰饶的土地上种植着绿柳、各类庄稼、漫山的葡萄和橄榄,即使是荫蔽的角落里也有无花果树阵阵飘香。

这片石灰岩地区有一种独特的地质现象,即冬季雨水形成的季节性湖泊。这类湖泊并不深,春季湖水退去时能留下肥沃的土壤,非常适宜种植农作物,所以到了盛夏,这里就成了一片绿色的海洋。远处出现了一个名为纳丁(Nadin)的季节性湖泊。然而,喀斯特地貌越来越多,身穿羊绒外套、头戴深红色帽子的牧羊少女再次成为一道亮丽的风景。

比列亚尼只有五六户人家,很多人可能分散住在田间。公路从这里折向东南方向,左侧是富饶的山谷,右侧是岩砾碎石,对比鲜明。虽然行驶在碎石路上,但好在我们没遇到什么车辆,所以一路较为顺利。南面山坡上座座低矮的房屋守护着田里的庄稼。看起来令人奇怪,公路并未避开田地,而是一路直上高处,可能是出于军事考虑在两地之间取捷径而修筑的。

我们所走的公路与卡里因—诺维格勒—弗拉纳(Vrana)公路在本科瓦茨交会。那儿有座残破的城堡,很有历史价值。头儿极力向我们推荐,可我们的注意力却集中在服装绚烂的人群身上,他们聚在门口有些害怕的样子,却又从非常安全的角落里热切地向我们这边张望。今天是复活节后的星期一,我们抵达时小教堂刚刚举办完相关的宗教仪式。

"喂,开慢点!"我们在后排央求着,这样就可以边爬山边欣赏周围如画的景色了。

"在这些沼泽地里,"头儿指着弗拉纳说道,"发现了很多古代的石管道。据说，这些管道是罗马帝国皇帝图拉真为扎拉的罗马殖民区所修输水管线的一部分，因为类似管线在博尔戈村和扎拉河附近的岸边，以及卡斯特里耶（Kastelj）山顶弗拉纳湖上方的废墟中都曾发现过。比巴（Biba）附近有一眼泉水，可以为那里提供部分水源。"

在 39 公里标识处，我们小心地窥探山顶那座规模宏大的城堡，当然也是一座要塞。我下意识地翻出《贝德克尔游记》，不禁感叹：作者对达尔马提亚内陆地区的了解真是不够啊！

"这肯定是佩鲁西奇城堡，"头儿解释，"我觉得从这里看不到阿西里亚著名的废墟，虽然它们就在附近。普林尼说过，它是里布尔尼亚（Liburnia）重要的城市之一。"

"佩鲁西奇城堡是一座非常宏伟的中世纪堡垒，16 世纪土耳其与威尼斯的战争史经常涉及此处。我觉得这栋建筑的某些地方至今还是可以居住的。整个建筑群包括一座城堡式的建筑，外加一个广场，广场四周筑有幕墙和塔楼。"（F.H.杰克逊，1885 年）

路边的喷泉旁，一位妇人出神地站定，一边快速转着纺锤。一只喜鹊被汽车的噪声惊扰，慢悠悠地飞过。由本克瓦卡开往克宁的浅灰色公共马车从我们面前驶过，突然间我们意识到山顶的喀斯特地貌已然远去，眼前尽是大片耕地、果树和开花的榆树。右侧，莫珀拉察河（Morpolaca）的涓涓细流汇入清浅的普罗克连（Prokljan）湖。当我们沿着沼泽地的东北边缘向山上进发时，奥斯特洛维察山（Ostrovica）从左侧逐渐浮现出来。

这时，我们被一处凸起的岩石挡住了去路。正当我们迅速放慢速度时，岩石后方出现了一辆马车！这辆锈迹斑斑的棕色古董级马车不仅挤满了头戴红帽的乡民，车顶上还堆满了土豆之类的东西，由一只不停吠叫的小狗把守着。马儿大概是太疲倦了，以至于看到我们后没有一丝惊恐，径直离开了。

我们继续在山丘之间行驶，一路上还能看到成群的牛羊。当我们轰隆隆地经过查维克(Zavic)村时,女人们出于礼貌站在屋门口,男人们则脱下帽子向我们致意。刚驶出松树林,隐约之间就能看到远处布里比尔(Bribir)城堡的废墟。在城堡下,左边的路通往克宁,右边的通往斯卡多纳(Scardona),而后者是我们的目的地。这里在中世纪曾是一处要地,而现在除了一家破败的客栈外加三两个闲逛的乡民之外,什么也没有。

这里难道不是于 1247 年创建斯洛沃尼亚与达尔马提亚属地的布里比尔伯爵——著名的斯蒂芬(Stephen)总督的家乡吗?在后来的几百年间,他的后人虽头衔不一,但实际上都是该地区的统治者。事实上,当 1308 年查尔斯·罗伯特(Charles Robert)成为匈牙利国王时,当时的布里比尔伯爵保罗不仅是克罗地亚的总督,而且"成功地当上了特罗吉尔(意大利语,Trau)、斯帕拉托(Spalato)[1]以及塞贝尼科等海边城镇的伯爵"。如此一来他便获得特权,依靠军事力量使其免受仇家的报复。只有扎拉依然效忠于威尼斯。但经过不断的游说,3 年后扎拉终于冲破束缚,选举保罗的儿子姆拉丁(Mladin)为其统治者。姆拉丁是一个非常有魅力的英雄人物,而布里比尔伯爵的家族史本身就值得一读。

时代变迁,如今站在布里比尔,我们尽情饱览峰峦叠嶂的雄伟景观。路况也不错。在科尔克玛(Krcma)附近——那儿与众不同的组合口音听起来让人很开心!——我们被两辆满载着大葡萄酒桶的马车挡住了去路。司机正在旅馆内休息,在未得到他们的许可之前我们不敢通过。听到我们的鸣笛声后,他们急忙冲了出来,朝我们直嚷嚷,又猛地拽住马儿的头,自己颇有点恐惧的样子。可面对阵阵的喧闹,马儿表现得却非常安静。我们在荒芜的土地上行驶了五公里多,而后过了一条小河,进入斯卡多纳,并在一幢写有红色的"布尔连饭店"字样的建筑前停了下来。

我们坐在汽车后排面面相觑。大家都饿了,可在这儿能填饱肚子吗?在这儿真能找到可以吃的东西吗?对这一点我们深表怀疑。但现在 12 点多了。头儿下了车,穿过黑漆漆的走廊消失了。这时,一群男人向我们这边涌了过来,很多人衣服有些旧但样式不错。这群人很有礼貌但十分好奇,他们的对话我们一点都听不懂。客栈里会不会也是如此,除了斯拉夫语其他什么都不说? 在等头儿回来的这段时间,我们对这个问题越来越关切。没想到,当头儿回来时,他笑着安慰我们并解释说,他已经订了德意式午餐。这个地方不算太坏,他觉得我们会满意的。

"车能停在什么地方?"他通过手势和语言问道。

"噢,在这里。"热心人打开墙边的一个工棚门,快速移走牛车,为我们的庞然大物腾出了空间。司机为避免意外,仔细丈量门口的宽度,接着在一片敬畏的眼神之下将车倒入这个临时车库。

这时候,昏暗之中,我们跌跌撞撞爬上了干净的楼梯,走进一个整洁的房间。放下行李后,我们在角落里安静地享用午餐。饭菜有些奇特,但很可口,特别是汤,还有一种叫"多尔斯格林"的甜点。

但我还是禁不住盯着那些造型奇特、像个盒子似的双层窗户。窗口下方,戴着红帽子的当地人四处闲逛,他们衣服上银色的纽扣在阳光的照射下一闪一闪,为鲜亮的皮大衣和丝绸腰带又增添了些许色彩。最终,我还是鼓起勇气,请他们做我的摄影模特。这些人真是热情、懂礼貌!虽然在他们的眼中,我们绝对是异类,但当我们在小镇的街道上散步时,没有人尾随我们看这看那。然而如果需要,却能随时获得指点和帮助。

历史上,斯卡多纳一度十分重要,它与萨罗纳(Salona)和纳尔罗那(Narona)都曾被定为首府,这一点现在想来有些难以置信。确切地说这一切发生在公元 9 年伊利里亚时期。首先,阿瓦尔人横扫此地。在 639 年后的几个世纪中,拉丁人与斯拉夫人不断争夺该地的控制权。一次次重建,又一次次被洗劫、烧毁,昔日的恢宏荡然无存。1607 年,被可怕的尤斯科克人劫掠之后,斯卡多纳再次复苏,然而最终于 1809 年被拿破仑摧毁。这座小城的居民具备坚韧不拔的精神。他们通过支付巨额钱款确保自身的安全,还逐渐发展了丝绸业,而且利润颇佳。相信总有一天,斯卡多纳能利用堪比克拉克国家公园水资源的巨大水能,重新成为经济重镇。

我们已经打听到可以从这儿的一个渡口渡过克尔卡河,但摆渡船是否能运送汽车还是个问题。从布尔连饭店行驶 4 分钟,我们便抵达这条宽阔河流的岸边,检视了一番停靠在码头旁、带有护栏的平底驳船。这船看起来很小,但我们还是小心翼翼驶了上去。出乎我们的意料,至少它没有下沉的趋势。一位身披棕色雨衣的领航员来到船上,另有 3 个船夫从不同方向操作船桨。船慢慢地驶向茫茫水面,对于女性乘客来说却没有一丝愉悦之感。岸边绵延着绳索或链条之类的东西,这让我们的不安有所缓解。船儿在急流之间嘎吱嘎吱地艰难前行。或许是想转移我们的注意力,头儿说起尽管斯卡多纳就在松林覆盖的悬崖之后,但在这儿是看不到的。船夫对我的照相机非常感兴趣,以至于面对我的镜头时他们总忘记划船。无论走到哪里,人们面对镜头时全身都会不由自主地僵硬,这是为什么呢?

从登上驳船到抵达对岸,只用了 15 分钟,不过我们感觉时间没这么短。驶上陡坡,在一个转弯处,我们惊奇地瞥见了迷人的斯卡多纳和普罗克连湖。政府部门在通往塞贝尼科的公路两侧栽种了成排的小树,不然这一带就会荒芜下去。这是一项明智的举措,有利于未来的发展,而且乘坐汽车在这条路上行驶时也会非常惬意。

然而,我们迫切地想要欣赏著名的克尔卡瀑布,所以在第一个路口向左转,沿着一条崎岖的小径向北驶去。突然,平坦的高地消失了,峡谷下方出现一条湍急的溪流!我们沿着山路向下绕了 4 圈,才来到与瀑布上方的河流同一高度的地方。下车后,我们兴奋地站在不同角度欣赏飞流奔涌的瀑布。多么美妙啊!两岸白杨茂密,漆树或臭椿之类的灌木密布,枝头间显露出红色的花蕾。

"现在的水位是 50 年以来的最高位。"有人说道。

这一小片花草灌木竟然经受住了咆哮飞泻的水流冲击,真让人感到惊奇。从迪纳拉山上的源头,到克宁,再到塞贝尼科附近的海域,克尔卡河

流经不同海拔的湖泊和壮观的瀑布。这里已是第八处,也是最后一处。因此,杰克逊先生在其关于达尔马提亚的著作中这样写道:

"此处的瀑布气势磅礴、飞流直下、势不可挡。瀑布由银链化为银丝,正是'大弦嘈嘈如急雨,小弦切切如私语。嘈嘈切切错杂弹,大珠小珠落玉盘'。溅起的水雾大大增加了周遭的湿度,有利于植物生长,所以这一带植被茂盛。与美国尼亚加拉大瀑布不同,倾泻而下的克尔卡河并不像是一片完整的银帘,而是分为大小不等的几个瀑布,最大的也不超过 200 或 250 英尺宽。据说,瀑布高 170 英尺,被凸出的岩石分成几个部分。上方的瀑布由两个飞溅的小瀑布交汇而成,非常壮观。最下方的瀑布雷鸣般嘶吼着一冲而下,最有气势。溅起的水花在阳光下形成一道美丽的彩虹。"

我们自己家乡也有的蓝背燕子在湍流的水面上优雅地盘旋着,这时我们离开岩石遍布的河床,再次驶上高地。10 分钟后,我们拐了个弯,径直驶向塞贝尼科的旅馆。之所以选这条路是因为沿途的风景最好。经过一处现代的防御工事后,我们看到宽阔的克尔卡河汇入浩瀚的大海,还有远处的岛屿,以及因中世纪城堡而久负盛名的塞贝尼科。我们沿着又长又直的石板路下坡,在公共花园旁转了个急弯,经过游艇码头,最终停在德拉威利酒店门前。

我们按了一阵门铃,无人应答,所以头儿决定走进冷清的门廊侦察一下。现在是午睡时间,怎么可能会有客人出现?昏昏欲睡的看门人终于醒来,将我们的行李搬到一间面朝大海的房间内。我们想要点饮用水,所以拜托他帮我们问一下。一会儿,门外传来一阵微弱的声响,胖胖的老板娘没有敲门便轻轻走进房间,手上还拎着一大瓶泉水。"请慢用!"她说。这时风砰的一声将门关上,门把手震掉了。她没有丝毫慌张,转身去找工具,很快就拿着铜丝和切刀回来,麻利地拧紧了把手。

在老板娘、厨师、搬运工,乃至女佣的帮助下,我们终于点好了晚餐。门前就是市场,那儿的豌豆色泽新鲜、十分诱人。其余的就让他们自行决定吧!

现在才4点多,大家都不太累,所以我们决定四处看看。塞贝尼科的景色与扎拉相比,真是截然不同。扎拉位于平坦的半岛上,城墙环绕,钟楼高耸。相比之下,塞贝尼科是个建在山上的小镇,镇内矗立着圆顶大教堂和堡垒。在大型内陆码头上停泊着一艘训练船,一艘军舰缓缓驶入曲折的航道。码头附近有一艘汽轮半沉入水下,这艘船上周便已沉入水中,工人们正在进行打捞作业。一位站在高处的摄影师俯瞰着这一场景,他利用自身位置的优势,对整个打捞过程进行拍摄,非常敬业。在这片东方土地上看到如此西方化的工作精神,真是令人惊讶。

很多当地人在周围兴致勃勃地围观。这里女人的服装较为暗淡,身穿粗糙的棕色哔叽衬裙,下方露出红色条纹,头戴橙色头巾,外面套了件宽松的褐色无袖麻制衣服,为里面的白色长袖紧身上衣略微增添了几分色彩。男人们头顶的红色帽子是我们所见过的最小的,棕色夹克的接缝处用红线缝合,多排皱巴巴的红色流苏盖着前襟,大衣敞开,里面的绣花马甲上配着双排掐丝银扣。

公共花园中有一尊为尼科洛·托马塞奥(Nicolo Tommaseo)而立的塑像。他于1874年去世,享年72岁。

"他是什么人呢?"积极分子低喃。这时有人声情并茂地诵读了这位名人的功绩,积极分子听后顿时为自己的无知而脸红。——"一位语言学家、哲学家、历史学家、诗人、小说家、评论家、心理学家、中央集权论者、政治家和演说家。他留下了近200部作品。"显然,为表达对这位逝者的敬意,当地人特意在其家乡立了这塑像。

我们从码头出发,费力地登上层层台阶,还没走近教堂,就瞥见它的拱顶下面有一排可爱的头像雕刻,之后才进入独具特色的广场,主教堂就矗立其中。那些头像雕刻很有意思,因为它们刻画出当代各类人物的形象,王孙贵族、学者、臣子和农民,斯拉夫人与意大利人都有。穿过广场沿开放的凉廊直走，便到了一处赌场，两侧各有多条石头铺成的小路，通往陡峭梯田上方的那片农舍，而后小路在拱门下消失。偏僻角落中的一扇威尼斯式窗户或门楣不由得让人感慨历史的沧桑。从广场的另一侧俯瞰，我们再次欣赏即将汇入浩瀚大海的克尔卡河。

一场突如其来的降雨把我们赶回了"家"——也就是我们解开行囊休息的旅馆。借着昏暗的灯光，我环顾这个大房间。显然，它曾是这家酒店的高级套房，房内除了单人床和盥洗台外，还有红色天鹅绒窗帘和三角钢琴，非常雅致。随后，我又有了发现。颤颤巍巍的楼板下方是餐厅，因为下雨，从梯田那边来了很多人在这里嬉戏，好似节日一般热闹。他们通常会唱些欢快的曲子，在这个温暖舒适的地方寻求慰藉。我困倦的耳畔萦绕着不太协调的声音，觥筹交错的叮当声和亲切交谈的低语声。"夜半时分"逐渐临近，嬉戏声逐渐淡去，最后只剩下一个人在喝酒。虽然他极力控制着自己的情绪，但独自饮酒终究是件苦闷的事，借酒浇愁愁更愁啊！

第二天早上，天空依然下着雨，我们有点担心前方的路况。然而，窗前广场上的那个集市还是按时开张，摊贩们大多为妇女，她们就站在滴水的檐篷内。这里的生意不算兴隆，但每个顾客拎着空篮子过来时都会使劲讨价还价，就好像衣服不会被雨水打湿似的。

"今天我们还要冒雨前进吗？"

"为何不等到下午再说？"这时我引用自己最喜欢的名言，"清早一场雨，近午必放晴。"

我的决定非常明智，10点时雨就停了，我们继续踏上新的旅途。现在我们要感谢这些石砌的楼梯，因为在雨水的冲刷下楼梯变得非常干净。我们缓慢前行，最终来到圣乔瓦尼古代碉堡旁的墓地。我们在紧锁的大门前稍作休息，这时十几个衣衫褴褛的小乞丐围着我们要钱。

"钥匙？"

两个脏兮兮的孩子从陡坡上飞奔而下去找看门人，快速返回后向我们伸手要钱。不,必须要先拿到钥匙。明白了这一点后,他们便又去寻找钥匙。过了一会儿,一位年轻的姑娘费力地爬上山,随身带了把一英尺多长的铁钥匙。

"这里!"这帮小坏蛋喊道,伸出脏兮兮的手掌。

"耐心点! 我们得先换些零钱!"头儿说。

"没问题。"他们做起了游戏慢慢等待。当我们进入墓地时,那个看门人将身后的大门锁好,又回到古老的要塞脚下。站在这里,我们可以饱览整座城市壮丽的景色,还有那繁忙的港口和周围的群山。这是一个宁静的地方,我们最喜爱的紫丁香吐纳着芬芳,报春花点缀着岸边的草地。

"塞贝尼科这个名字有什么含义?"积极分子好奇地问道,"它与扎拉一样,也是罗马殖民区吗?"

"不是,"头儿回答,接着半背诵半发挥地说道,"塞贝尼科最早并非由罗马人统治,而是一个克罗地亚小镇。传说一些强盗在这里建起了堡垒俯瞰大海,并用尖木条将四周围住。尖木条也叫 Sibué,所以这里便称为塞贝尼科(斯拉夫语为 Sibenik,意大利语为 Sebenico)。直到 1127 年,它才成为一处要地,当时克罗地亚的埃皮达鲁斯(Zara Vecchia)被威尼斯人破坏后,那儿的居民来此避难,1298 年成为主教辖区。尽管屡遭围攻,多次易主,但这座城市逐渐被拉丁化。'16 世纪时,与达尔马提亚地区的其他城市相比,这里的艺术和科学发展最为繁荣。'在此期间,大教堂建成——"

"噢,我应该再去看看那座大教堂的。"积极分子惊呼。

在犒赏了那群流浪儿之后,我们走下很多级台阶,又一次看到了大教堂乳白色的外墙,接着在其宏伟的哥特式大门前徘徊了一阵,欣赏守卫北面入口的那两尊讨人喜欢的狮子。屋顶为圆拱状,全部由石块砌成。内部的天花板和穹顶也是如此。实际上,这栋气势恢宏的建筑在修建时未使用一砖一木。随着时间的流逝,教堂内大理石制成的唱诗班席位、古老的墙壁,以及栏杆上方姿态各异的小狮子都变为象牙色,教堂天花板四周悬挂的叶状条带让整个教堂变得更为深邃。而著名的洗礼堂，其设计极尽繁杂，细节处过度雕饰，让人有些困惑和失望。

　　教堂外，阳光明媚、白云飘荡，一阵风吹过，路上的积水快干了。对司机来说，这样就别无所求啦！

注释：

　　[1]斯普利特的旧称。（译注）

横渡克尔卡河的渡口

一群服装艳丽的人（斯卡多纳）

教堂门口的石狮子（塞贝尼科）

教堂上的头像雕刻（塞贝尼科）

塞贝尼科的集市

斯卡多纳的典型服装

第八章
从塞贝尼科经由特罗吉尔到斯帕拉托

有一条铁路可以从塞贝尼科经斯帕拉托到达克宁。"火车每天两班,"知情人自豪地告诉我们,"全程56.5英里,共计3.5小时!"但是通往斯帕拉托的公路还会绕道经过兹特尼奇(Zitnic),很不方便。还有其他选择吗?当然,还有一条路,只是很少使用——到博拉亚(Boraja)后径直前往特罗吉尔,然后再驶向斯帕拉托。这条路能行驶车辆吗?对此,当地人观点不一。有些人觉得没问题,其他人则认为路况太差,但所有人都未提供细节描述。仔细斟酌之后,我们决定尝试那条稍短的路线,沿铁路行驶直到福尔珀里耶(Vrpolje)。路面干燥结实,道路两旁的小金雀花、金穗花、银莲花竞相绽放,无花果和其他果树冒出了嫩芽。

"快看铁轨旁的那些小黄花!"积极分子喊道,"这种花很新奇!我们能不能停车采一些?"

"也许我们过会儿还能看见它。"头儿安慰道。此时我们还在飞速前进,成片的农田、沟渠,还有篱笆将我们与那些娇艳的花儿隔开。奇怪的是,在接下来的一整天里,尽管我们热切期盼,但这些花儿再也没出现。后来,从亚德罗河(Jadro)源头返回时,我们在周围都是荆棘的沼泽地里找到一些这样的花儿。收集一些后,我们将其寄给美国的一位学者,以便了解它们的属种和习性。

还是回到斯帕拉托之行吧！这儿的地貌与塞贝尼科十分相似，连绵荒凉的灰色山丘、间或出现的农田。这时迎面出现一座教堂，还有很多棚子，但没有房屋，没有人烟；平整的路上不见一道车轮的印迹。时不时会有低矮的杂草为路基增添一些色彩。我们经过一座五拱石桥，桥下的山涧几乎干涸。接着驶离铁路，进入一座峡谷，在那儿只有艾蒿和毛茸茸的山羊陪伴我们。

我们沿着这条被遗忘的公路不断上行，突然间来到一片种有杏、无花果、橄榄、樱桃和葡萄的绿洲。真美啊！所见之处，虽无人烟，但一定有人在这遍布砾石的地方见缝插针地栽种了这些植物。离开绿洲后，我们又开始翻山越岭，漫无目的地沿山路行驶，时上时下。路况变差了，到处都是锋利的碎石块，这让司机如履薄冰。

突然，车子停住了。车下流水的声音一下子把我们的心揪了起来。发生了什么事？车上的男人一下子都跳了下去。是散热器！是不是裂开了？这下可完蛋了！于是，悲观的情绪弥漫开来，大家在心中各自盘算着。要是车子真的坏了，就意味着我们至少得等上一周时间。而且住宿也是问题。我们或许得在路边扎营或者干脆睡在车里。我想到了伺机觅食的狼群——当然，它们肯定会贪婪地将我们吃掉——也可能会有头熊顺着山石悄然而下，穿过这片荒凉之地！可是头儿对我们这些不祥的预感嗤之以鼻。达尔马提亚没有熊和狼，除了郊狼之外也没有其他什么野生动物。事实是，从离开福尔珀里耶，我们就再也没见到任何村落，这就说明我们必须尽快找到一个村子，让牛将车子拉回去，请那儿的牧师、教师或镇长允许我们留宿，同时司机前往的里雅斯特，或者更远的地方去找需要的零部件。

此时，车辆正在进行检修。"只断了一根橡胶带，"司机终于宣布了检查结果，"我能把它修好。用胶带将它缠上，这样坚持一下，到斯帕拉托后，再换一根橡胶带就可以了。"

坐在后座上的人们不由得松了一口气。

"可是车子没有水不能前进啊,散热器上没有一滴水。"他继续说道。

这时,众人不禁举目远眺。和之前一样,一座房子也没有。从塞贝尼科一路行驶,我们还没见到任何赶车、骑马或者步行的人!司机动作麻利地修车——可这也无济于事,我们还是无法脱离困境!

"方圆一两英里之内肯定有人,不然这个满是石头的牧场不会被这样精心地围上。但是今天不是拜访他们的时候。"头儿说。

难道是众人热切的期盼得到了回应?远处真的出现了一个漫步而来的小伙子。他缓缓走到车前好奇地打量。头儿立即从车座下面拉出帆布桶,指了指空荡荡的桶内,然后向四周望去,又摇摇头。肢体语言在全世界都是通用的。这位热情的斯拉夫青年指了指山,当看到桶时,他用力伸展双臂强调距离,不过最终还是同意帮我们这个忙。他迅速跑了下去,跃过田间的一座座围墙,最终消失在一个洞内,周围生长的树木说明那儿有一口珍贵的水井。

鸟儿愉快地歌唱,下午的气氛很轻松。司机那边的修理工作十分顺利,我们在一旁等着那位天赐的救星再次出现。如果他回来的话,桶里总会有点水。但若是他不知道先将帆布桶彻底浸湿,水很快就会漏出来。然而,与往常一样,我们的预感完全没有必要。老远我们就看到他小心翼翼地翻过石墙,沿着长长的马路从容地走了过来。看到他提了满满一桶水,我们都禁不住一阵欢呼雀跃。这种热烈欢迎,让这位救星显得既惊讶又欣喜。

当然,一小桶水并不够用。经过一阵观察思考,头儿觉得差不多再走一公里,路边就会有口井,里面有很多水。于是我们准备上路了。

看到大救星对我们的座驾若有所思的眼神,头儿提议请小伙子坐在他的位置上,并嘱咐司机开得慢些,以免把他吓到。车开得的确很慢,但不知是因为害怕,还是到了他的停歇处,这个小伙子竟然像从牛车跳下似的,从车上跳了下来!看到他在路上翻滚,我们吓得惊叫起来。所幸车子没有碾到他。当我们停车找寻他时，他已经爬了起来，揉着瘀青的肘部，坚持说自己没有受伤，可看起来脸色苍白。我们很想说些安慰的话，但显然为时已晚。他明白自己的理解有些偏差，也知道我们没有恶意。5分钟后，我们在路边的一口水井旁停了下来，身旁是一片绿洲，还有一个小村子。

人们纷纷从家里走出来，顺着陡峭的山坡而下，男女老少全是人！多么壮观的人流！他们的服饰与众不同，我们从未见过！这是怎么回事呢？这里的人们是多么喜欢这种开到家门口的马戏大篷车啊！一个服饰华丽的年轻女子，看上去像是新娘子，来不及放下手里正在缝补的斗篷也跑下山去看热闹。其他人则对我的相机产生了浓厚的兴趣，都过来帮我给这位姑娘拍照。她那无袖夹克的前襟缀满了圆形的银片，头顶的白色头巾一尘不染。与她一样吸引人的，还有将小羊羔夹在胳膊下的那位牧羊人。

"我永远也看不惯这些肩膀宽阔的男人头顶戴的丑帽子，跟煎饼似的！"康坦特女士喃喃自语，"看见了没，每顶帽子后面都有一块海绵，为了确保帽子不掉下来！"

这段愉快的插曲过后，我们继续在荒凉的山间疾驰，两侧的山峰越来越高，路况越来越好。一路上只见到两三个牧羊人，还有他们的羊群。我们行驶在一条又长又直的路上，尽头是陡峭的悬崖，此时大家心中一阵欣喜，因为脚下便是海滨城市特罗吉尔。中世纪的城墙和塔楼矗立在水边，风景如画，远处迪纳拉山脉云雾缭绕。两艘小船驶向一个童话般的港口——这里便是希恩图（Seghetto），有尖顶的教堂和聚集的民居。我们穿过松树林和扁豆田向山下驶去，此时绍尔塔岛（Solta）、布拉扎岛，甚至莱西纳岛逐渐变得清晰。下山的路并非没有波折，但面对秀美的景致，任何不快都被迅速抛在脑后了。

面前"这波光粼粼的海水"挡住了"鞑靼军队的铁骑"。经过这片海域，我们在特拉菲尔玛之门前停住，下车欣赏这座城市。大门的砖石墙边，柏树尽情舒展着枝条。当地人迷信地认为，这棵柏树生长得如此繁茂，是想盖住威尼斯守护神圣马可石狮,这石狮是威尼斯曾统治此地的标志。意大利式建筑从近旁的墙头上和幽暗神秘的角落里露出边边角角。一个保存完好的美丽阳台,一排古朴的拱形窗户,小广场上修砌整齐的步道,这些就是我们在这冷清、昏暗、狭窄的街道漫步时所见到的景致。

没走多远,我们便来到城市的中心——西尼奥里广场,那里耸立着气势恢宏的大教堂、凉廊和露天法院、钟楼以及政府大楼,都是 14 世纪的建筑。这是个引人入胜的地方。大教堂西面门廊上方雅致的钟楼,似乎在向我们发出召唤,令人难以抗拒。步入圆形的拱门,"站在教堂中殿华丽的西侧入口,我们就惊呆了——这不仅仅是特罗吉尔的荣耀,全市都会以此为荣。它设计理念简单,着力刻画细节,制作工艺精湛,整体水平早已超越任何一座罗马式或哥特式的建筑"(F.H.杰克逊)。这幢建筑修建于 1240 年,其质朴的浅浮雕描绘了很多当时的生活场景和服饰。守卫在门口的巨型石狮仍保留着其原有的魅力。"狮子是中世纪人们普遍喜爱的最高贵、最威武的圣兽。"

进入大教堂,我们不由自主地向高处的天花板望去,外部的光线透过狭窄的窗户和"巨大的西式玫瑰窗",在天花板下方的灰墙上留下朦胧的光影。教堂的另一头,祭坛上竖立着精美的华盖,前方设有八角讲坛和 15 世纪的唱诗班席位,非常漂亮。

这座中世纪大教堂的唱诗班席位,设计无比精巧,制作手法细腻,艺术感极强。不仅每个礼拜堂都各具特色,而且几乎每个刻有精美雕饰的座位都独一无二。单单对这些雕刻珍品进行研究,工作量就非常大。达尔马提亚——从某种意义上说,这里似乎属于东方文明,我们总能惊讶地看到由本地建筑师设计的意大利式雄伟建筑。这些建筑师吸收并发扬了意大利的艺术风格,精湛的技艺令人惊叹。

从大教堂穿过广场就来到凉廊。因为最近进行修缮,所以其屋顶上光亮的瓦片与古老的栏杆和柱子略显不协调。法官的石桌依然放在东面讲台上原来的那个位置。无处不在的圣马克高浮雕狮子从后面的围墙向下俯视。经过古朴的钟楼便是政府大楼,修缮得不错,庭院内有一段户外楼梯,让人想起了佛罗伦萨巴杰罗宫的布局。穿过阴暗又不太干净的街道,我们信步走上通往布阿岛(Bua)的桥,在那里看到了美丽的卡梅伦戈(Camerlengo)城堡。

布阿岛(Bua、Bova、Boa,斯拉夫语为契奥沃岛,Ciovo)有近十公里长,扼守通往古老港口萨罗纳的入口。它曾是罗马的一处流放地。后来,一位名为卢卡斯的史学家在此捐资修建了一座方济会修道院。1432 年,特罗吉尔为本笃会修士修建了一座避难所,这里由此成为一处最受喜爱的朝圣地。然而现在,这座神社只剩下残垣断壁,里面只剩两个修道士。

在这些岛屿城市的码头边,色彩斑斓、动静相宜的景象总是让人赏心悦目、流连忘返,但必须在天黑前到达斯帕拉托,所以我们不得不又一次启程。路上,雪绒花盛开,龙舌兰绽放,地中海型植被生长茂盛。苹果树鲜花盛开、芬芳满树,树下木樨草恣意生长。这条路是法国人修建的,路况很好,要先沿临海的古罗马道路行驶,而后在座座葡萄园和果园之间穿过塞提堡(Sette Castelli)海滨度假胜地。15—16 世纪,当地人修筑了 7 座城堡用以抵御土耳其人的进攻,该地由此得名。这些城堡以及由此形成的村落分别称为:帕帕利(或涅哈耶)城堡、诺沃城堡、维奇奥城堡、威图里(或卢克斯奇)城堡、坎比奥(或坎比洛瓦克)城堡、阿巴德萨城堡以及苏库拉克城堡。

海边还有其他的城堡,衰败程度不一,每座城堡旁都有一个小村子,周围还有农田,各自形成独特的习俗,比如斯塔费利奥(Stafileo)、安德瑞斯(Andreis)、希加(Cega)、夸尔克(Quarco)和德拉戈索(Dragazzo)。维罗纳城堡的历史最悠久,它是卡里欧兰努斯(Cariolanus Cippico)与穆罕默德二世交战后用所缴获的战利品修建的,1476 年竣工。阿巴德萨城堡由修女兴建,女修道院院长们常来这里避暑消夏。苏库拉克城堡的名字讹传自苏特尤拉耶,圣乔治的克罗地亚语发音。"现存最古老的克罗地亚文件是把这片土地和教堂敬献给斯帕拉托大主教彼得三世的礼物清单,由特尔皮米尔(Trpimir)大公于837年花费两个金币购得(杰克逊)。""城堡的葡萄酒,绍尔塔岛的蜂蜜,还有布阿岛的牛奶。"这句古老的谚语仍然是正确的。

在城市附近,我们注意到地名和人名变得更有斯拉夫语特点,"Split"这个词出现在导览指示牌上,让我们困惑不解。马路近旁有一座罗马式陵墓,现代风格的拱顶上还能看到残破的浅浮雕,还有不知是何用途的一根柱子,或者是座古代雕塑——所有这些都表明,我们正在靠近达尔马提亚古罗马时期的首府萨罗纳。我们穿过亚德罗河,只见水流湍急,岸边柳树摇曳。在一座矮桥上向斯帕拉托城外望去,还匆匆瞥见弗兰涅奇(Vran-jic),也被称为小威尼斯(Piccola Venezia)。

我们缓缓穿过黄金之门,转过几处街角,沿着郊区行驶,最后到达海边的比列维大酒店。

通往特罗吉尔的多石道路

这么小的帽子

小羊羔

第九章
斯帕拉托

斯帕拉托,这座达尔马提亚最大的城市,早年只有戴克里先(Diocle-tian's Palace)宫那么大,如今城市规模大了很多。其港口西邻马尔让山(Marjan),四周筑有防波堤,长 530 码,一直延伸到东边的波提切利海岬(Botticelle),形成了一道避风湾,为各式各样的海轮提供了安全的停靠地。奥匈帝国海军部曾打算将这里建为重要的军港,但考虑到铁路设施的便捷,最终还是选择了珀拉(Pola)。

我们所住的酒店由前市政厅改建而成,面向码头,所以我们能透过窗户欣赏许多景致。车子就停在宏伟的凉廊内,很容易就能瞧见。车辆检修时周围挤满了看热闹的人,但要是司机不在那儿,旁人也不敢贸然上前,所以一切进展得还算顺利。我们在凉廊的另一头吃饭,天气宜人,成群的农民悠闲地走过寂静的广场或者坐在柱子旁、台阶上或路边耐心地等待着。

广场一侧是法院大楼,这是一幢现代建筑,淡黄色的外墙配有少许石质装饰,简单朴素的轮廓并不难看。屋顶的各个雕像下方是 5 个一模一样的入口,这些雕像包括正面的狮首、旗杆和王室盾牌。乞丐们裹着厚重的大衣坐在低矮的门槛上——男人们抽烟寻找着慰藉,女人们则在打量着男人。我首先想到的是,究竟是什么样的建筑能如此吸引这些人。盛装出行的农民们信步走在弗朗茨·约瑟夫喷泉附近的狭窄路边。妇人们身材凹凸有致,她们上身穿紧袖衬衫,下身是深蓝色的裙子,还系着围裙,身披不算好看的披巾,头上松散裹着的白方巾遮住了红色的脸庞。这身打扮一半土耳其风格,一半意大利风格,全身裹得严严实实,几乎盖住了嘴。这是东方风韵的再现,还是穷苦人因为寒冷所采取的措施呢?

男人们焦急地穿过法院大楼宏伟的门廊,一个个又时不时消失在黑暗之中,有时会再次出现,向人群中的某人举手示意。偶尔还会冲出两个情绪激动的人,怒气冲冲地向对方摇晃着手指。他们在吵架吗?根本不是,他们只是在争论法律问题。显然,这些可爱的人和他们在亚得里亚海对岸的兄弟们一样,都痴迷于法律。然而,作为一个美国人,当看到马儿从其中一个门里走出来时还是有些惊讶。

一个包着头巾的农民阔步穿过广场,停下来拿着烟斗在他的尖头凉鞋上磕了磕,然后从腰带中取了些东西填满烟斗,这宽大的腰带里装着他全部的宝贝。一位妇女恭敬地走在他身后,她包裹着棕色的长袍,棕色头巾下方垂着正方形的面纱。很多男人都包着头巾,颜色略偏暗红,有点波斯的风格。他们是来自山区的波斯尼亚人,还是说这一切是耶稣诞生时期生活在达尔马提亚的伊利里亚人流传下来的遗风呢?一位妇女快步穿过广场,她搬运的是什么东西?是头小牛吗?那东西不算小,因为腿垂到了地上。她停下来,靠在喷泉的栏杆上歇了一会儿,但货物在她怀中依然安静地躺着。一位打扮抢眼的年轻男子已在法院大楼门口站了一个小时。他头戴崭新的红帽——压在其卷发之上显得颇有绅士风度,身穿绣花长裤、真丝缀边的夹克,扎着红腰带,里面还穿着银扣装饰的背心和纯白的无领衬衫,一身的节日盛装。他举着一把笨重的伞,面无表情——努力地表现他的漠不关心,同时却又偷偷看了看腕上的手表。是不是"那个可能的她"迟到了,或者这只是一次业务会谈?北风呼啸,天更冷了,男人们穿上了大衣。半小时后,那个年轻高大的俊美男子仍在等待着。他依旧低头扫视每一个角落。10 点时，他瞥了瞥教堂钟楼上阵阵作响的大钟，接着打了个哈欠，精神略显萎靡。他漫步走过弗朗茨·约瑟夫喷泉，向下凝视着宽敞的码头——来来往往的众生之中，那个她究竟在哪儿呢？

突然，街上传来一阵喧闹声。先不论他们在说什么，单单这异常强烈的语调就显示了双方的怒气。不一定就是打架——虽然击打声传入了我的耳朵。不，这只是某人用更有力的说服形式劝说另一个人将毛驴借给他。"无事生非！"达尔马提亚人真容易激动啊！

奥兰多仍然在等待，但罗莎琳德一直没有出现。[1]

法院大楼与大海之间、广场的这一侧，耸立着圣弗朗西斯教堂和修道院。修士们将原本奶油色的建筑正面大胆地刷成了白色，还在顶上建了钟楼，所幸原先斑驳的屋顶被完好地保留下来，依然十分漂亮。钟楼一年四季都会敲钟报时。每小时、每刻钟，它都会响，正午时分——晚上 7:25，——尤其是下午 4:45——一直响，没有明确的理由，似乎有点多余。那钟声并不庄严肃穆，相反却像舞会的叮当声，完全失去了祭祀礼乐的功能。

毗邻修道院的码头上，工人们站在本地特有的宽头船上忙着装卸货物。天空中乌云密布，水面上漂着油渍。矗立在长长的防波石堤尽头的灯塔，映衬着阳光普照的高山。远处，一艘船正扬帆全速驶入布拉扎（Brazza）运河。真正的港口在左手方向的远处。第二天早晨，当我们沿码头向港口走去时，见到了古朴的达尔马提亚船，张张渔网优雅地挂在桅杆上晾晒，每个遮阳篷覆盖的甲板都摆满了诱人的橘子和柠檬。海滨的景色如此迷人，让人不忍离开。

港口旁边是气势恢宏的戴克里先宫，它始建于公元 305 年，尽管采用现代方法进行修缮，但依然保留着古老的魅力。这座雄伟的宫殿由戴克里先（Diocletian）这位达尔马提亚伟人修建。59 岁时，戴克里先放弃了皇冠赋予的荣耀——他是所有罗马皇帝中唯一一个放弃皇位与权力的人——然后回到自己的出生地（他生于奴隶家庭），默默无闻地过上了普通人的生活。"默默无闻",也许吧!但这种默默无闻是相当壮观的,因为这座位于海滨的皇家别墅占地 9.5 英亩,结构坚实,即使经历了 16 个世纪的风霜雨雪依然巍然而立,风采依旧。所以不难想象当初它刚刚建好时是何等的辉煌壮丽。"如此精湛的工艺,只有世界的主人,埃及法老、罗马恺撒才会拥有。罗马帝国在公元 4 世纪之后不可能建成这样的建筑,而且永远也不会。"

城市的四周筑有围墙,里面有很多街道、寺庙、钟楼、集市、广场,房屋有数百间之多。如今,城市规模比原来的老城扩大了许多,但最吸引人的仍然是那些古老的殿宇。

我们跟着忙碌的人群从阴暗的拱门下走过,穿过走廊和多条街道,最后来到一个小广场,那里搭建了一个简陋的工棚,一层层的脚手架直冲云天。

"我还以为要去大教堂呢!"康坦特女士说道。

"大教堂的正门,"头儿说,"就在工棚的后面,这个脚手架将钟楼围住了。"

这幢建筑的修缮工程已经持续二十多年,看门人这样说道。一项代价高昂又单调乏味的工程,但愿工程结束时能证明它是成功的!

不,我们没法从这里进去,我们必须从圆形大厅返回。当年,这里是宫殿的门厅,上面建有穹顶,现在却摇摇欲坠,如废墟一般。穿过几条窄巷,再爬上一段临时搭建的阶梯,我们便来到了著名的戴克里先陵墓。虽然考古学家称其为朱庇特神庙,但现在它供奉的是圣母和圣杜耶。整个陵墓呈圆形,其内部构造让人立刻想起了罗马的万神殿,尽管此处的穹顶没有中央开口。这个陵墓规模很小,柱子之间的直径只有 35 英尺 3 英寸。在长廊上,可以清楚地听到对面壁龛传来的低沉的声音。这种奇特的设计难道是为了传授神谕吗?讲坛由多彩的大理石和柱子布置而成,柱头上装饰着精美的花纹和浮雕。"在制作工艺和设计构思方面,任何罗马风格的艺术品都无法超越它们。"（F.H.杰克逊）后来的统治者将此项工作委托奎维纳（Guvina）完成。

唱诗席后面的雕刻很像开罗的雕花窗格，这有些不同寻常。但整个制作工艺和大门的风格又显示出，它们很可能出自同一人之手。据说，这些原本都是后来被毁坏的圣史蒂凡诺教堂的一部分。两端的建筑似乎是300年之后才建成的，而沉重的檐口很可能是现在的唱诗席建好后才加上的，但这种装饰并未增强任何艺术感染力。唱诗席原先是放在讲坛旁的，后来被搬了过来。

随后，我们在洗礼堂看到了大教堂的木制大门——它们已经在这里躺了二十多年，这是"现存最早也是制作最精美的中世纪木制品之一"。14块面板，通过涡卷形装饰和交错的线条分割，表现了基督的生活场景。它们是由一位名叫梅塞尔·安德里亚·奎维纳（Messer Andrea Guvina）的艺术家于1214年制成的——从名字判断，他是斯拉夫人，他定居在斯帕拉托，并吸收了该地的艺术风格，成为一名画家和著名的木材雕刻家。在洗礼堂，我们再次欣赏到了奇特的石拱屋顶结构，而塞贝尼科的建筑师也曾采用过这种非凡的设计。

若要进入洗礼堂，必须穿过一个高大的门廊，它由3块石头砌成，石头都如墙壁一般厚，上面布满了精美的雕刻。这些精美的装饰历经1600年的风吹日晒依然完好无损，真让人惊叹。除了洗礼盆之外，这座矩形小殿堂的内部结构与当年戴克里先第一次在祭坛上祭祀伊卡拉皮尤斯神时一模一样。天花板上的花格镶板工艺精湛，无与伦比。洗礼盆放在原先祭坛的位置上，呈希腊十字架状，由大主教安德烈·科尔内略（Andrea Cornelio）于1527年至1533年建成，门板等建筑材料可能是从大教堂拿过来的。它由"14块带有蓝色纹理的希腊大理石板构成。外部的石板中6块刻有早期中世纪的雕饰，一块有罗马风格的装饰，另一块的背面有罗马铭文，其余石板表面均十分光滑，还有几块已被锯断。它们的高度和厚度都差不多,只是长度不同,并且都是高坛(在圣坛周围供牧师和唱诗班用的)外周、祭坛或石棺的一部分。这些雕刻很有可能是 11 世纪的作品,而且绝对是艺术珍品。它们可能是马格奥托(Mag. Otto)的作品,尽管从图案的特点来看,更像是康曼席尼斯(Comacines)的风格"(F.H.杰克逊)。精美的石棺已被搬至博物馆,它们与众多文物混杂在一起,少了矫揉造作的布置。

穿过一道昏暗曲折的拱廊,相隔一定距离就会有门通往不规则的小广场,我们随意漫步,逛逛小商店,一路消遣。店铺的货架上各色商品琳琅满目,奶酪和腌菜、银掐丝饰品和刺绣品、面包、肉类,还有色泽鲜艳的印花棉布。我们看到黝黑的莫拉基人,他们将漂亮的挎包挂在肩上,头戴白色头巾,衣袖宽松多褶,走在大街的背光处分外显眼。

随着服饰艳丽的人流,我们来到西格诺里广场,站在广场上从每一个角度观察,都是一片令人愉快的新奇景象——中世纪的钟楼、带阳台的宫殿、庄严的正门。这些建筑中,也许最有趣的是前面的凉廊,它是 14 世纪的遗迹,1891 年进行过修缮,现为市政厅。这个广场中还有一家很棒的书店,除了书籍和大量有用的信息之外,还能买到地图、平面图和照片。

从码头望去,只见一座有飞檐的高塔耸立于低矮的房屋之间。一路寻找,我们终于在市场中发现了它的踪迹。这座塔的修建时间较近,大约在 1450 年由威尼斯人建成,当时属于戴克里先宫城墙外围的防御工事。如今的集市总是吸引人的地方——具有浓郁的当地特色,给人一种新鲜多变的感觉。除了乡民,那些货摊也值得研究一番,而售卖的货物往往更能勾起人的欲望,因为这是一个果蔬市场,一筐筐香甜美味的货物就盖在帆布之下。

这里的橘子让人无法抗拒。于是我停下脚步,从一个胖女人那里买了点。这个妇人正在用小炖锅吃着饭,锅里似乎是美味的羊肉烩饭。

"你们从哪里来?"当我等待找零钱时,她和蔼地问道。突然,一个小孩过来,将钱拿到邻近的店铺。

"美国！"我自豪地回答,但听到她问"哪一个城市"时,我又不知该怎么说。对他们而言,这个遥远国度的每个城市通常都差不多。

"芝加哥,"我回答,"你知道芝加哥吗？"

"嗯！"她答道,语调就像拉丁美洲人,十分生动。这时,我立刻意识到她从未去过那里,只不过听说过罢了。

"你喜欢这里吗？"

"非常喜欢。"我答道。

"你们来斯帕拉托多久了？"

"昨天刚到,我们在这儿待 4 天。"

这次轮到我提问了。"那些黑色的豆子是什么？"

"是角豆,非常好吃。"

"是这么做还是煮着吃？"

"像这样吃,试试吧。"这时那个小孩带着零钱回来了,她坚持让孩子掸掉 4 个豆子上的灰让我尝尝,我不得不就这么咽下它们。味道不错,核周围有层薄薄的肉,很甜,像无花果,但是有点干。这个孩子很漂亮,她害羞地站在一旁,我就为她拍了张照片。

"Marinovic K——"她写字告诉我她的名字;地址？"哦,沃卡集市——斯帕拉托。"

第二天我又去了那里,想和那个妇人聊聊天,并没有假装要买东西,她友善而优雅地接待了我。"你的项链很漂亮,"在讨论完晴朗的天气后,她问道,"这东西有些年头了,是吧？"

"没错,"我说,"印度货。"

"哦,我就知道它有些年头。"她坚持认为。

"你的呢？"我大胆地问道,因为她戴了一根精致的金链子,上面还挂着很多垂饰。

"我的项链也有年头了。这是我母亲的母亲的——可能更加古老。"说着她用粗粗的手指抚摸这心爱之物。

"我们明天就走了，"说这话时我有些遗憾，"我真希望能再多待些日子。"

"你们还会回来的，"她平静地回答，仿佛达尔马提亚距离美国很近，斯帕拉托是公路旁的一个休息站似的。

注释：

[1]莎士比亚最具代表性的喜剧之一，《皆大欢喜》(As You Like It)的男女主人公。(译注)

斯帕拉托的戴克里先宫

由走廊改造而成的街道

斯帕拉托集市上的交易

第十章

萨罗纳—克里萨—亚德罗河源头

"为什么不借此机会到萨罗纳转转呢？"在斯帕拉托的一个晴朗日子里，头儿建议。于是我们乘坐当地的马车出发了——道路破败不堪，不太适宜汽车行驶。因此，我们有充分的时间来欣赏这里流行的精美马具。经过切割、打磨的环状黄铜马饰耀眼夺目；华丽的流苏几乎垂到了地上！行程只有4英里，乡间景色迷人，山楂树篱、虎眼万年青，还有大雪花莲那宛如白色铃铛的花朵——可惜生长在如此潮湿泥泞的环境中，尽管我很想去采一些，但也不得不抑制自己的冲动。灰色的高山巍然屹立，山下波光粼粼的海面倒映着塞提堡度假区的一座座高塔和许多彩色的房屋；右边，戴克里先宫的导水管穿过绿色的农田；远处，古代金字塔形状的克里萨堡垒若隐若现。

一家客栈旁边，五叶地锦的藤蔓悬垂而下，装饰着古代的廊柱。我们在这里拐过一个急弯，继续向古城遗址进发，并在布利奇（Bulic）教授家门前停了一下，请他指点迷津。萨罗纳可看可玩的地方比我预想的要多，每座衰落的城市都应提前研究一番，以便人们根据这些残垣断壁重新构想出它们昨日的辉煌。我们早已知道萨罗纳是达尔马提亚古时候的都城，而且是"罗马帝国最值得骄傲的首府之一"。它坐落于科济亚克山（Kozjak）

下的盆地中，亚德罗河河口旁，然而，站在城中，仰望高耸的山脉，俯视波光粼粼的大海，眼前的景象是多么与众不同！真有当年罗马人的感觉！他们也常常在这里凝视那湛蓝的大海，远处驶来了他们满载的货船！夜莺是否也会在白天为他们歌唱？白色的燕鸥是否也会在他们头顶久久盘旋？

在古代城墙上，还可以寻觅到88座塔的遗迹，但只有最狂热的考古学家才会留意半掩入土的喷泉。我们对公元6世纪的基督教洗礼堂很感兴趣。洗礼堂的墙壁还剩下几英尺高，呈圆形，并建有柱廊；中间是一个下沉式的水池，内衬为大理石，呈十字架状，以前用于浸礼。几块罗马马赛克碎片原先被小心翼翼地盖了些土，免受阳光直射，现在却被一群流浪儿扫得干干净净，他们熟知旅行者的路线，所以总能走在我们的前面。

浴场的布置与庞贝的类似，而且很容易就能找到。然而，最令人好奇的是那座公元5世纪的基督教堂，它于639年被毁，当时阿瓦尔人火烧该城，迫使居民们逃往空置的戴克里先宫避难。最近在教堂地板下方挖掘的结果显示，该建筑是在一座早期基督教公墓的地基上修建而成的。显然，地面与最大的墓葬高度齐平，在此基础上又修建了这座教堂。地面上平放着大量石棺，所以很难分辨教堂的地基。这些石棺有的有棺盖，有的没有；有些有雕刻，大多有铭文，但基本上都已残缺不全。最重要的石棺已送至斯帕拉托的博物馆，不过在城外的郊区墓地，还放置着一长排石棺。我们在这处历史遗迹兴奋地游览了一下午，石块之间长满了迷迭香，我们摘了一小枝准备带回去。

一个阳光灿烂、天气温和的早晨，我们沿萨罗纳的公路向科济亚克山驶去。一路上在罗马时代的盘山路上蜿蜒环绕，途经橄榄园、无花果和石榴林，盛开的覆盆子丛和甜蔷薇，直到泥土变成砾石，只剩下杜松林，或者偶然瞥见一棵松树。山越爬越高，景色越来越壮观。萨罗纳和亚德罗河、斯帕拉托，还有远方的海岛。真是太令人振奋了！

造型奇特的莫索尔山光秃秃的山峰矗立在眼前，脚下即是万丈深渊。

由于火山喷发的作用,山体变得扭曲杂乱,岩层发生了大幅度的旋转,就像巨大的牡蛎壳。我们身旁一块孤零零的大石头就是克里萨堡垒的遗迹,它曾是通往锡尼(Sinj)与斯帕拉托的关口。在距离垂满葡萄藤蔓的山墙如此近的地方修路,需要高超的技艺。我们随后下车,沿着小路欣赏前方的美景。我们脚下是叫克里萨的小村庄,村舍的屋顶很奇怪,是由层叠的石头构成的;教堂内白色的钟楼依然耸立,仿佛是为长陡坡上忙碌的工人照明的灯塔。这里的景色引人入胜,又富有历史深意;斯拉夫人与拉丁人、波斯尼亚人与威尼斯人、土耳其人、奥地利人以及法国人都曾轮番掌控过克里萨(斯拉夫语称 Klis),这样持续了 1500 年。绿色山谷再向南,就是海滨城市斯帕拉托。萨罗纳湾的碧波映衬着小威尼斯。更远处,是绍尔塔岛和布拉扎岛上不算太高的山峰。从此处的高度看去,布阿岛几乎触碰到了斯帕拉托。

"根据地图,亚德罗河是从那个树木繁茂的山谷中流出的。"头儿指出。

"你知道通往那里的路吗?"

"嗯,在磨坊旁边,你们没看到吗?"我们沿着这条路上了克里萨公路。

这是回去的方向,但没有人讨论。我们在写有"Gostiona Kate Grubic"的路牌处转弯, 沿着一条勉强能算是路的狭缝前往亚德罗河的源头。然而,我们还未走多远,就发现近日来的降雨已使浅滩水位猛涨,我们不得不下车,踩着垫脚石穿过溪流。远处,道路低洼潮湿,但我们沿着河岸旁密集种植的柳树一路走过,最后来到维多维奇(Vidovic)磨坊。这地方真美啊!藤蔓和树木生长茂密;紫藤和紫荆树花朵绽放;石墙上山楂花盛开;配上色彩艳丽的紫罗兰和玫瑰,让人赏心悦目。但头儿从未犹豫——显然这里不是"源头",他坚定地继续前行。我们抵抗着那么多野生银莲花的诱惑,不太情愿地前进,每到一个转弯处都期待"源头"的出现。然而,亚德罗河非但没有变窄、变得更像是溪流,看起来反而变宽了,水流湍急,有时水面能宽到形成一个小湖。最后,一座悬崖出现在我们面前,只见奔腾的洪流从一个回声隆隆的山洞中倾泻而出,直落到悬崖之下!看,这就是源头!这声音真是震耳欲聋。大鸟从光秃秃的峭壁盘旋而下。布满砾石的岸边,到处是盛开的灌木、金雀花、野雏菊和金盏花,颜色异常鲜艳。在水雾持续的滋养之下,常春藤生长繁茂,将两座小磨坊压得有点倾斜。眼前的景象非常奇妙,这是我们第一次看到地下暗河,这些河流从山边涌出,水位很高,之后又消失在岩壁之下。亚德罗河其实很短,因为部分水流被导入戴克里先宫的水渠,长 6 英里,自 1879 年以来一直为斯帕拉托提供水源。

徒步从乡间返回是非常愉快的。艳阳高照,牧羊女在山坡上一边唱着"甜蜜玛利亚",一边做着编织活儿,她那低沉甜美的声音随着悠扬的节奏此起彼伏。坐在她身边的那个孩子听得那么入神,竟然忘记嚼干面包。我们也不禁停下来欣赏。

再次到达浅滩时,我们发现水位已上升,所有的垫脚石都被流水淹没。当地人平静地脱下鞋袜,蹚水过河。但我们心中那矫揉造作的文明习惯异常强烈。这回该怎么办呢?头儿对弄湿鞋毫不在意,贵夫人却并非如此。"这是我唯一的一双鞋!我肯定会感冒的。不,一定还有其他方法的。"她的呼喊声似乎有了回应,这时出现了一辆空四轮马车。车夫在我们手势的指引下,将马车可以调节的那一侧停在河中的石头上。他笑容满面地完成了这一步骤,这样我们便可以穿着干鞋过河,真开心。

在达尔马提亚,越向南,受意大利的影响就越少。我们在城市以外的地方几乎语言不通,即使在斯帕拉托,旅馆房间中的指示牌除了使用德语和意大利语,还有斯拉夫语。有些名字让人十分费解。每个新地名都很难记。当必须得记住两个地名时,大脑就不够用了。而且,一个地名似乎有很多拼法,让人反应不过来。没有哪两张地图的标注是一样的,所以最后我们决定用音标,效果还不错。

开车旅行的乐趣之一是不受时间的制约,没有乘坐铁路、住宿或酒店房间预订的干扰,所以当贵夫人恳求在斯帕拉托再待一天时,大家都同意了。

"为什么还要待一天呢？"头儿好奇地问道，"你还想参观什么呢？"

"什么都不想，"她回答，"我只想花一天时间在这儿走走，没什么特别想要去的地方。"

这天依然阳光明媚，无忧无虑的感觉真好。我们甚至坐在窗边做着针线活，就像在家里一样。头儿向我们大声朗读旅行笔记，回顾了我们这一路的所见所闻。

"我想知道这条街通往哪里。"我手指着法院大楼与修道院之间的拐角随意念叨着，"这里的居民经常消失在那个方向。"

"为什么不去看看呢？"头儿鼓动道，他总是喜欢新建议。

于是，傍晚时分，我们去了那个熟悉的街角，转弯后看到一条石板路，石板路很快又变成了浅台阶。两边尽是低矮的房屋，空气中充斥着浓重的味道，怎么也算不上好闻，因为我们此时站在著名的硫黄泉的入海口。这些泉水被引入某些精心修建的浴场中，这也是在城中可以尽情享受的去处之一。

成群的孩子在家门口干活或玩耍，与意大利的方式不同，家务活转移到户外公开进行。渐渐地，看不到房子了，取而代之的是海边的松树和杜松，山坡上新铺了道路。高处露台上的休闲长凳诱使我们向陡坡攀登，而这攀登是值得的。脚下，斯帕拉托迷人的海湾在落日的余晖下光彩夺目；戴克里先宫的墙壁清晰可辨；远处绿色的山谷中，克里萨城堡孤零零地矗立在山顶，旁边是莫索尔山——此刻我们身在马尔让山美丽的山坡上，无花果树和葡萄藤蔓环绕四周，身旁的草地上数不尽的野花向我们点头致意，具有东方韵味的绚烂夕阳让眼前的景色不断变幻。

克里萨的森林（斯帕拉托附近）

第十一章
从斯帕拉托到梅特科维奇

在斯帕拉托的最后一个清晨,被修道院 5 点的钟声唤醒了,我把身子探出窗外。一弯新月悬在西边的天际,在即将升起的朝阳映衬之下显得朦朦胧胧。货船已经在码头忙碌起来了。一艘挂着白帆的蓝色旧式货船,迎着清新的微风,在水面上全速前进。一艘渔船离港了——飞速驶向绍尔塔岛,在阳光的照射下,它斑驳、褪色的三角帆变成了一片银色。一艘漂亮的游艇进入港口。海水是最浓艳的蔚蓝色,山峦是一片绚丽的黄褐色,山脚下坐落着白色的村庄——泽尔诺维察(Zrnovnica)和马尔维尼茨(Mravince),还有圣彼得和圣卢克教堂的钟楼。

货船被缆绳费力地拴着,船主们要求工人们加快卸货速度——平静了很多天之后终于起风了,不能浪费时机——我们也一样盼望着快点上路。

头儿仅仅把汽车看作去往终点的工具。作为一种交通工具,它足够舒适和快捷,我们得以游览很多原本只能步行、骑车或坐马车到达的短途景点。但我们两个不这样认为。我们喜爱汽车本身。我们爬进它宽敞的后座,陷进它豪华的弹性椅子里,高度刚刚好,后背的支撑位置恰到好处;我们把自己紧紧地裹在羊毛内衬的皮袍子里,随着汽车缓缓开动——逐渐加速,直到匀速行驶发出平稳的嗡嗡声,这说明发动机达到最佳状态——我们对望着,绝对享受这旅途的乐趣,直到我们旅程的最后一天,我们宣布:"棒极了! 还有什么能与之相比?"在纯净气流的吹拂之下,疲倦的头脑清醒了;在美妙的新鲜空气里,紧蹙的眉头不由自主地放松了。没人觉得有必要说话——远处和近处的风景里都有太多的东西值得观察。

"Kako se zove ova selo?(波斯尼亚语:这个村子叫什么名字?)"我嘟哝着,但是我们正沿着公路行驶,离开了身后的斯帕拉托,经由梅特科维奇前往拉古萨(Ragusa)[1]。

"你在说什么?"我的同伴问道。

"我在尝试不同的发音,看哪种最好听。我希望我能听某个人说一次,那将是很大的帮助。那是音标——"

"今天一定是个节日,"贵夫人打断了我的话,"看见那些进城的农民了吗? 多么漂亮的服装! "

驴子在人群前面漫步,驮着装在宽篮子或马褡子里的各式各样的产品——有整整 5 公里我们不得不万分小心地行驶,时不时停下,以免惊吓到它们。我们最后看了一眼苍翠山谷之上的克里萨,周围的群山笼罩在薄雾之中,我们右边是蓝色的大海,岸边是布拉扎岩石密布的山丘。

但头儿的注意力完全被路上的精彩场景吸引了:女人们从驴子上跳下,把驴子拽到安全的沟里。而男人特别是小男孩们,则更加冷静地坐在他们的小坐骑上,兴奋而好奇地看着我们相对于他们"飞驰"而过。

穿过斯塔布鲁克河(Stobrec),我们回头望去,伸向海湾的一块巨石上紧密地排列着一些别致的房屋。那就是斯塔布鲁克镇了。

翻上一座小山岭,然后沿着海岸边笔直平坦的道路行驶,路边的里程标完好,种着成行的葡萄树、橄榄树和无花果树,间或有一些小松树,我们快速前进。这里的葡萄树已经长出叶子了,成排地种在砂石海滩的边缘;莫索尔山(Mosor)南面的山坡都被精耕细作,从 1235 年到 1807 年将近

600年，这里是一个小国家——波尔季察共和国（Republic of Poljica），直到被四处扩张势力的法国控制。

道路离海非常近，绕过一个个尖尖的海岬，蜿蜒地穿过一座座小村落。在多石的土地上，很多樱桃树和杏树发芽了，这里的野生樱桃被称为"马拉希卡（marasca）"，著名的马拉希诺酒（maraschino）就是用它们酿造的。在一个深深的小山坳里，葡萄园一直延伸到了崖壁顶端，一个供奉"圣斯蒂潘（Sv. Stipan）"的小附属教堂矗立在一块突出的岩石上，附近一座独立的别墅上飘扬着国旗。

绕过另一个海岬，路边粉色的玫瑰丛新叶萌发。我们注意到，每往南一英里，植被就更加茂盛。终于，奥米萨（Almissa）海湾出现在我们面前，还有它迷人的小镇——圆锥形的迪纳拉山脚下一小片狭长的海滨地带。

在博拉克山（Borak）的绝壁上，米拉贝拉（Mirabella）城堡的废墟俯瞰着海面，在很长的时间里它一直是一伙海盗的巢穴。"背后有山脉阻隔，从陆地上无法到达，而从海上进攻航道艰险，凭借这样的保护，奥米萨海盗猖獗肆虐，抢劫路过的每一艘船、每一个前往圣地的朝圣者。"

在这里我们穿过采蒂纳河（Cetina），离开海岸拐进一个狭窄的山口，两边是高耸的悬崖。下雨使河水上涨，顺着光秃秃的绝壁倾泻而下形成瀑布。在每一个转弯处我们都希望能找到被水淹没的路，它离河岸太近了。我们身后高耸的危崖上点缀着苍翠碧绿的大戟属植物；而河这边的山坡上都是淡绿色的白杨。成群的燕子在我们头顶盘旋。悬崖越来越近，峡谷越来越窄，最终道路和河流占满了所有的空间。不过后来证明，这是一个宽阔河谷的入口，穿过之后便阳光明媚、豁然开朗，河谷里的松树、橄榄树和柳树、杨树、榆树竞相吐绿，春意盎然。

靠近路边的一片树林里掩藏着一些别致的维赛奇（Vissech）磨坊[有时也被称为拉德曼（Radman）磨坊]。这里显然是鸟类的天堂，我们驶过的时候，有各种各样的鸟儿飞起，令人眼花缭乱。

我们现在离开了采蒂纳河，转而驶向峰顶积雪的群山。我们向上盘了8圈，转弯的角度都非常大，不过路况很好，让我们看到了宜人的景色，下方远处的河流碧波荡漾。继续向上绕行了几圈，山坡上的阴影不断变换，我们经过库茨采（Kucice）的营地。下山后再次来到采蒂纳河边，白雪皑皑的布雷拉山（Brela）矗立在我们面前。"这就是我所说的微笑的山谷。"贵夫人声明，她并不总是赞同旅游指南上的形容词。

遇上一个男人赶着3头驴子的时候，我们还没来得及谨慎通过，但在仓促之间我们已经尽力了。他徒劳地拖曳、鞭打，那12只小蹄子中的每一只都牢牢地扎在地上，没有一只愿意从路中央挪开。我们仗义的司机不得不再次出手相助，而头儿此时正津津乐道而又不失威严地发表评论：驴子一般都比较犟，尤其是达尔马提亚的驴子。

我们再次驶上曲曲折折的盘山路，听见远处仿佛雷声轰鸣，看到一股急流跃过层层叠叠的岩石，飞流直下100英尺，注入下方的湖泊。那是采蒂纳瀑布群，或者"Velika Gubavica（斯洛文尼亚语，大瀑布）"，指示牌上是这么写的。

最后一段上山路快要到头的时候，在一个叫作"班亚（Banja）"的山村下面，一支驮着沉重货物的队伍挡住了道路。赶牲口的人焦急地打着手势，嘴里迸发出一连串斯拉夫语音节。"路太窄了，他没法拐出去——让女士们耐心一点，很快就有一条岔路——他的马队快不起来，长时间负重爬山已经筋疲力尽了——他会尽力而为的。"于是，随着阵阵鞭声和鼓励的号令，他以蜗牛的速度带路，我们在陡峭的山路上跟着。

杜阿日（Duare）是一个被废弃的荒芜小镇，处在多石地区石化最严重的地带。它古老的城堡被威尼斯人毁坏过两次，被土耳其人重建过若干次，现在是座废墟。我们经过的时候，缠着头巾的男人懒洋洋地看着我们。小马排成长队，驮着石头，跟我们保持一定的距离。

沿着采蒂纳河来到杜阿日上方，我们差不多到了始自奥米萨的乡村道路的尽头了。这里距离扎拉 270 公里，根据指示牌，我们进入了从扎拉经由图里亚山口（Turia）到拉古萨的国道，被称为"Strada Maestra（意大利语，公路）"。很快我们就拐弯了，朝着布雷拉山向南行驶，穿过喀斯特地貌的乡间。这条公路比之前令人愉快的河畔道路破旧，起伏的巨石之间有些肥沃的洼地，为采蒂纳山口荒凉的景色提供了一丝补偿。但是司机陶醉于前方一马平川、畅通无阻的 500 英尺大路，他稳稳地坐在自己的座位上，紧紧地握着方向盘，带着我们以如此快的速度飞驰而过，景色一成不变，以至于路过一小片棚屋时我们都看不清褪色的指示牌了。

"你们看见村子的名字了吗？"头儿语带讽刺地回头问道。

"没有。"声音尖厉。

"我想那是格拉博瓦茨（Grabovac）。"头儿说，接着指示进入村子要慢一点。

我们再次上坡，阿尔卑斯山脉迪纳拉山区（Dinarian Alps）刚下过雪，银装素裹，出现在我们眼前。在扎格沃兹德（Zagvozd）我们穿过一条通往伊莫茨基（Imotski）的路，这条路越过边界进入黑塞哥维那，而我们一直靠右行驶，在一棵发育不良的橡树的树荫下，沿着陡峭的斜坡和山丘，翻越一片起伏不平的地带。

这可能是古罗马公路的一段。但是在图里亚山口的顶峰（2643 英尺）有一块碑文写道："在伟大的拿破仑皇帝和意大利欧仁总督的领导之下，博蒙（Beaumont）元帅任达尔马提亚司令官的时候，这条路于 1806 年至 1809 年修通，技术负责人为布朗卡尔（Blancard）将军、工程师格尔吉克（Grljic）和扎沃里（Zavori）协助，从克罗地亚边境到阿尔巴尼亚边境，全长 250 英里。"值得注意的是，伟大的拿破仑雇用了当地的工程师。即使没这么说明，我们也能猜到这一点，翻越山峰的最后一段路如此难走。在最近的一次整修之前，它是什么样子的？新铺的路面大约 3 英寸厚，都是粗糙的碎石，让我们的行驶更加困难。

从北面看是很高的上坡,而我们在另一个山坡上看到的却是下坡,这时我们的感觉是怎样的?"山坡"这个词肯定不对!我们从山顶一路向下滑行,伴随着刺耳的刹车声,像螺旋一样转了11圈!旋转出现的景色广袤而刺激,但瞥了一眼之后我就无暇顾及了;汽车抓住了我全部的心思——我们拐急弯的时候有多少安全保障——它会如何配合刹车时的猛然急停!在地面与汽车车轮亲密接触的时候,巨大的摩擦力会不会让车子着火?还好没有!它安全抵达下坡的终点。我们发现重新回到了相对平坦的地面上,真令人欣慰。确定无疑,我们一次又一次上坡只是为了下滑到另一侧,这也不是第一次为了减缓坡度而做出努力。但是路况太糟了,如果细砂石多一点,我们会很愉快!

"这是什么路啊?"贵夫人平静地问。我们趁这时间下车观景。

"这是个野餐的好地方!"热情妹评论道,"在这繁花似锦的田野里,在橡树和羽状山毛榉树下。我知道现在吃午餐有点早,但是我们出发到现在已经3个小时了,我饿了。"

于是我们打开三明治,在缠绕纠结的山楂树枝后面,选了一块大石头当作餐桌。我们选的地方很好,一群穿着长袍的美丽女孩聚集到车子周围。

"我真应该试着拍下她们。"我边吃边嘟哝着。

"哦,等我们吃完她们还会在那儿的。"贵夫人宣称,为受到打扰而不悦。但她们没继续待在那儿,一声突然发出的号令让整群人都走开了,我看着她们消失在前往村庄的路上。我没有说出"我说过吧",但我肯定这么想了。在达尔马提亚的整个旅途中,我再没有见过如此独特、如此绚丽、如此出众的值得拍照的一群人!

将磨损轮胎换成新的后,我们再次爬进汽车。突然出现了几个闲逛的人,我很没把握地说出我的斯拉夫语句子:"Kako se zove ova selo?(这个村子的名字是什么?)"他们中的一个灿烂地微笑着,露出一口白牙,说了一大通话——令人愉快的有启发性的一番理论,我认真听着,但是我们都在浪费时间。我徒劳地装作理解了，头儿徒劳地想引起他的注意——一边打着表示感谢的手势，一边回过头对着我绘声绘色地——我确认是绘声绘色地——讲述他所知道的故事。我优雅地让他转回去，点头附和，但是"Ova selo? Kako se zove?（这个村子？叫什么名字？）"

"罗图吉多拉茨（Rotuji dolac）。"他回答，于是我们在地图上找。头儿不太自信地提到两个村子，分别在我们现在位置的两边，而那个男人说的村子也非常远——事实上，在地平线的两头。

"Da Spalato — u Ragusa（从斯帕拉托到拉古萨）。"我回答道，想着用这来回答他的某个问题应该八九不离十。我会说的也就是这些了，"Da America（从美国来）"，无论在哪里提到这个词，总能让对方眼睛一亮。因为肯定家里有人，或者有朋友或邻居去过，或者正准备去那个埃尔多拉多（El Dorado）[2]。

我们起程朝峡谷尽头那座尖顶泛着蓝光的壮美山峰驶去，把旧轮胎留在路边，一个小男孩很高兴，他显然是想靠它发大财。我们经过圣祠和路标。山上长着红松和生机勃勃的橡树，树下是低矮的月桂丛；常春藤爬满了古老城堡的主塔，在这片废墟下，我们终于进入了弗尔戈拉茨（Vrgo-rac）。依山而建的一座座小屋就像燕子窝一样，小广场上挤满了农民和货摊，还有货物和羊群，显然这又是一个重要的赶集日。

"我真希望有一双这种漂亮的鞋子！"我大喊，当时我们正以爬行的速度缓慢通过一条排列着很多货摊的街道，货摊上的陈列品演示了这种便鞋的整个制作过程，从整张兽皮上割下来的皮条，一直到精致的成品。

"你真的想要？"头儿问道，"我们可以停也可以不停。"

"我真的想要。"车刚停下，在温柔姐以及一群好奇的围观者的陪同下，我开始了我的购物之旅。沿着狭窄的街道步行，我们仔细逛着每一个摊位，经常遇到热情的卖主邀请甚至乞求我们买东西。跟我们摩肩接踵的乡民越来越多，后面的人想到更近的地方看，就推搡前面那些几乎已经挨着我们的人，不过他们绝不是故意粗鲁的。

"这看起来像是个好地方。"我喃喃自语，在一个货摊前停下，气定神闲的摊主让我感觉很好。

"Quanto（意大利语，多少钱）？"我指着一双装饰了很多绳子的凉鞋，尝试说意大利语，但那个男人摇了摇头。"Koliko（克罗地亚语，多少钱）？"我冒险一试。

啊！让我猜对了。他快速地用手势打发走好奇的人群，摊主示意让我们走进他的小店，从一个黑暗的角落拖过来两张凳子，利落地用一块布擦了擦，对我们深深地鞠躬——一直以如此谦恭的态度说话，做出如此意味深长的举动，以至于我们基本明白了他所说的话。现在高贵的女士们是否愿意赏光坐在他寒酸的小店里。我指指我中意的那双鞋，然后指指我的脚。他马上跪下来量尺寸——我将拥有一双整个弗尔戈拉茨绝无仅有的鞋子。他以令人惊讶的敏捷身手爬上顶棚附近的一个梯子，回来时拿着一双凉鞋，他带着一种自信的表情向我们展示这双鞋，这种态度本身就令鞋子物有所值。它们确确实实是最漂亮的。他弯下腰拿它们和我脚上的现代鞋比较，我赞同他的不屑。因为别具一格，因为迷人的颜色、因为艺术的设计，它们是无与伦比的！在他灵巧的手指间，这双鞋近在咫尺，充满魅惑。

这个斯拉夫人犀利的目光从未离开我的脸，他很高兴我喜欢这鞋，但是客人愿意付多少钱呢？最终他决定向我开价 10 克朗（大约 2.5 美元）。这对我来说比较合理了，但我记得东方的风俗，装作对价格很震惊，用手指表示 8 克朗——不是建议，而是决定——因为我回头望向街道，看到头儿因我们不在车上而显得越来越烦躁。

"好吧！"他同意了，对我的讨价还价很满意，把鞋子之间的连接绳挂到我的胳膊上，我们匆匆走出店门，身后是店主良好的祝愿和愉快的微笑。

村民们为他们的品位获得赞许而非常开心，从四面八方跑到汽车旁，点着头，展示他们自己的鞋子，祝贺买到了好东西。我自豪地把鞋子拿给每一个能挤到我面前的人看,我们的车子缓缓启动,向梅特科维奇驶去,他们齐声道别。

我们驶上山坡,下方的河谷大部分被水淹没,另一边是黑塞哥维那境内顶峰积雪的山脉。在这里我们遇到了一位威风凛凛的先生——看外表是波斯尼亚人——骑着一匹矮小粗壮的马,一个少年步行跟着。一看到我们,少年就迅速地拉开马头,想要把马拽到路边陡峭的山坡上。他用尽了全身力气,粗壮的马还是不肯配合,短短的前腿纹丝不动。骑马的先生不屑于插手——只管坐在他的位置上。吆喝、驱赶、胁迫,甚至狠揍,都无济于事,少年筋疲力尽地停下来——这时倔强的小马转过身,仔细打量了我们很久,然后奋力爬上山坡,毫无怨言地给我们让出了路!

我们正行驶在分隔达尔马提亚和黑塞哥维那的山脊上,两边的风景都充满了诗情画意。路口左边的岔路通往柳布什基(Ljubuski),在冬季旅游胜地的湖畔,我们看了一眼杜斯纳(Dusina)村。

在一个光秃秃的陡峭下坡处,我们小心翼翼地停在路外侧,好让一辆马车通过。但是到了下一个转弯处,所有的谨慎都成了徒劳,一头骡子背上驮着巨大的一捆柴火。喘了一口气之后,它脱离了主人的控制,惊慌失措地冲下蜿蜒的山路,它驮的柴火一根根地掉了一路。似乎这位可怜的农民也没有把责任归咎于我们,而是怪他那愚蠢无知的牲口。

下方出现了冬季胜地的另一个湖泊,湖畔长着胡桃树。路标上写着"奥特里克—斯特鲁吉(Otric—Struge)",继续行驶了两公里之后,到达了相对平缓的路段。白色的燕鸥在我们四周盘旋,草地云雀在歌唱。

"波若沃茨—诺瓦什拉(Borovoci—Novasela)",我们离开丘陵地带,飞速下坡来到内雷特瓦三角洲的边缘,这里的睡莲令人惊艳。翻越一段堤坝的时候,看到一个男人驾着被称为"特鲁皮纳(trupina)"的当地小船,在公路旁的白杨树和无花果树枝条的掩映之下,显出精致的轮廓。内雷特瓦人划着这种特殊的小船在芦苇和蔺草之间穿行,这船很轻,可以扛在肩上,又很结实,可以用来运输各种饲草和庄稼。狩猎也能用上它,从1月到3月,内雷特瓦河流域有丰富的猎物——黑水鸡、沼山鹬、野鸭和野鹅,也有鹰、白头秃鹫、鹈鹕、野天鹅、苍鹭和海鸥。这对猎人来说是真正的天堂!这条河里可以捕到洄游了20公里的鳟鱼;10月到次年1月内雷特瓦河里肥美的鳝鱼和螃蟹都非常有名。捕捞水蛭是另一个兴旺的行业。但是这一切我们都没有看到。只有石榴树上美丽鲜红的花朵、绽放灿烂花朵的山茱萸、荫蔽了河畔小路的桑树,这一切引来我们的热情赞美。

湖对岸梅特科维奇的房屋融入山色之中。经过5公里醉人景色的路程,我们来到诺里诺(Norino)瞭望塔旁,接着向左拐了个急弯,沿着内雷特瓦河北岸新筑的堤坝行驶;经过码头,来自的里雅斯特的蒸汽轮船在这里卸货;经过火车站之后,我们穿过河流,在梅特科维奇的奥地利饭店前停下。

注释:

[1]杜布罗夫尼克的旧称。(译注)

[2]美国加州的一个县。(译注)

第十二章

从梅特科维奇到拉古萨

　　尽管梅特科维奇历史上是威尼斯共和国[1]的达尔马提亚和土耳其人统治的黑塞哥维那之间的边境城市，但对于游客来说，它自身完全没有一点中世纪的遗风，甚至没什么特色——不过它所拥有和呈现的，是善意和丰富。在 6 个小时的旅程之后，一顿热气腾腾的可口饭菜不会被轻易忘记。事实上，在从斯帕拉托到拉古萨的整段旅途中，这个小旅馆是我们唯一一次享受这种待遇的地方。想到由于头儿的反对使我们的午餐推迟了，我急忙上街想寻找几位村妇，她们穿着羊绒裤和长外套，无袖羊皮夹克里面是羊毛，外面是鲜艳的刺绣，当然，还有随处可见的白色头巾和塞得满满的白色扁购物袋。

　　一个路过的人穿着我所见过的最破旧的衣服，他好奇地看着我，然后又看着被我拍照的两个人，很疑惑我能从这样两个平民百姓身上找出什么稀罕之处，但是，当我停下来，给一个正轻快地走在街上，戴着土耳其帽，身穿我们已经知道的所谓的土耳其服装的波斯尼亚英俊青年拍照的时候——是的，这可以理解——他略带嫉妒地看着那个身穿华服、气宇轩昂的男人。

　　从旅馆穿过马路，是一个小公园，入口处有两株茂盛的大树。公园一侧流淌着内雷特瓦河（Narenta River）。在罗马帝国时代，这条河被称为纳罗河（Naro），地位非常重要。纳罗那（Narona），达尔马提亚的3个首府之一，就坐落在河口附近。它是中世纪威尼斯共和国和拉古萨共和国[2]之间的屏障，现在成了运送货物进出波斯尼亚的便捷通道。

离开梅特科维奇将近15公里之后，在洪水泛滥的内雷特瓦三角洲之上，崎岖的道路顺着山势延伸，穿过堤坝上狭窄的水道。一到没有水的地方，嫩绿的植被就开始生长。胡桃树苗长出了赤铜色的新叶，水下有很多葡萄园，荒废了很久的公路上长了一层稀疏的小草。在维多耶村（Vidouje）的石头墙上，晾晒着巨大的圆形渔网。

在这里，我们开始上山，进入黑塞哥维那。毫不奇怪，道路在草丛之下，我们遇到的只有驮着货物的牲口，没有任何一种汽车。我们驶过两个长长的弯道，到达两公里外的山口顶峰，还剩下15%的路程！被洪水侵蚀过的石头山体如此荒凉，像是波涛翻滚的灰色大海突然之间石化了！东边的地平线上，群山如巨浪般起伏，在下山的第一个弯道处，我们看到了岛屿星罗棋布的亚德里亚海，景色绝美。

道路仍旧陡峭、多石，弯道处的空间很小，根本不适合汽车通行。上山路上，在315公里路标附近，我们遇到了一队黑塞哥维那人，他们穿着很旧的民族服装，背着沉重的麻布袋，费力地从海边向山上攀登。"我猜，他们从涅姆（Neum）来，"头儿回头说道，"我们很快会驶出黑塞哥维那再次进入达尔马提亚，这里是科列克（Klek）半岛，有大约0.66英里长的海岸线和一个小港口涅姆，1718年拉古萨把涅姆割让给了土耳其，这样威尼斯共和国就不再和它接壤了。"

黑白相间的美丽燕鸥在我们前方飞舞，偶尔会看到由穿着长裤的年轻牧羊女看管的羊群——这种长裤终究是适合她们简单户外生活的实用服装。突然，我们下方出现了一片蓝色的港湾，一座山峰，一个小镇。

"那是什么？"我们异口同声地问拿着地图的那位。

"那是运河小池塘(Canale di Stagno piccolo)。"噢,音乐般的意大利语!

"这个村庄叫霍迪列(Hodilje),在佩列沙茨半岛(Sabbioncelloyan,意大利语)上。"渔民们的小船看上去像水面上的昆虫。我们从山顶一座废弃的瞭望塔下穿过。

"这很可能标志着边界线,土耳其统治时期的遗迹。现在我们离开黑塞哥维那,再次进入达尔马提亚了。"头儿发表评论。

不过风景并没有变化,人们的仪表也没变。两个女人走过,背着沉重的柴捆,向我们弯腰致意。陪伴她们的两个男人走在她们中间——只拿了一把伞!这样一种状态,当然是古老原始风俗的遗存,男人是战士、猎人、食物提供者;女人则做所有其他事情。据说,男人如果屈尊帮助妻子干活,就会丧失男性的尊严,妻子会第一个充满憎恶地反对男人分担女人的工作。

一只漂亮的大鸟从地面上飞起,在我们前方飞行,它有乌鸦那么大,亮蓝色的羽毛,金褐色的翅膀上有黑色的条纹。"噢,我真希望自己知道它是什么!"但这次头儿辜负了我们的期望——他表示他不懂鸟类。

我们经过一个松树园,松树在这片布满石头的不毛之地顽强地生长,我们停下车把多带的一箱油固定得更加牢靠。

"这应该是山顶啦!"我们喊道,向下望去,"运河小池塘"在千尺峭壁之下,前面的岛上山峦起伏。道路开始变成几乎垂直的陡坡,又一个大斜坡,然后是一个大弯,我们向下滑行进入一片丰饶的土地。我们遇见的男人穿着一种新型的短装,蓝色的宽松长裤,棕色的夹克上有红色的刺绣,黄色的腰带,照例戴着深红色的达尔马提亚帽。又看到了刀砍斧劈似的山麓,又瞥见了有很多岛屿的海面。

在 342 公里路标处,斯兰诺(Slano)清晰地出现在下方,掩映在茂盛的葡萄藤、无花果树和橄榄树之间。我们没有进入这个村庄,而是继续在开满金雀花的山坡南面,沿着被剪秋罗染成粉色或者被石楠花染成紫色的海岸行驶。路况也好点了,石头更光滑了,景色也更加变幻迷人。在一个急弯处,我们遇到一个骑马的男人,而在他身边,一位端庄的女士在步行!不过,她的手上戴着 4 个分别镶嵌了大金珠和一个玛利亚·特蕾西亚女王像的金戒指,显示着她丈夫的爱意,以及她高贵的社会地位。

我们又爬了一段短坡到达另一座山峰,这里景色壮美——海面开阔,河流的入海口轮廓分明。古帕纳(Giupana)和米列德(Meled)的群山;一处要塞遗址下的小海湾环抱着小镇梅佐(Mezzo)。在来到一个阳光灿烂的山坡之前,我们的惊叹语和形容词就已经用尽了,山坡上种着苹果树和橄榄树,边上是迷迭香——上方的平地传来激动的叫声,试图让我们停下来,一个男人狂乱地打着手势,指着阴凉的山沟。路边出现了更多的农民,全都身穿扎着黄腰带的惹眼服装,同样急切地指着下方的道路。难道是出了交通事故?有桥塌了?我们小心翼翼地缓慢下坡,在拐弯处我们终于发现,这担忧并不是为了我们,而是为一头可怜的小驴,赶驴的少年很有耐心,可能也有点茫然,他很无辜地引发了这场骚动。他们是不是认为我们会碾过路上的所有东西?显然是的!——具有破坏性的发动机,没有预防措施和向导,在乡村四处狂奔,寻找值得被吞噬的东西,就像以前的狮子一样。受到惊吓的少年从驴上下来,手臂颤抖,他试图把他的坐骑拉出狭窄的道路,但是这驴——此时它占尽了优势——卸下了主人的重量,它决心尽情地打滚。它一边打滚,一边嘲弄似的扬起后蹄——我们等着它心情好起来。看到陌生人受到如此无礼的对待,村民们很震惊,先是歉疚地看着我们,然后又看着驴。最后,尊贵的驴殿下大发慈悲站起来了,威武地抖落身上的尘土,移驾给我们让出了路。我们和人群用微笑——我们唯一相通的语言——互相表示祝贺,然后继续我们的行程。

橄榄树林更多了,第一次看见角豆树、一座小教堂和一片墓地。路边立着一个十字架,是用山石雕刻而成的——突然出现了两棵巨大的悬铃木,也叫美国梧桐,是整个乡村的树木之王!此时我们还不知道——这些周长 40 英尺的树,可高达 195 英尺——是拉古萨郊区的风景之一。我们享受着发现的乐趣。它们充满生机的嫩叶在深色的树枝和斑驳的树皮映衬下,显得色彩鲜艳——它们的高大让所有同类相形见绌!

"我们离拉古萨只有 15 英里了,"头儿扭过头说,"照地图的指示,这里应该是坎诺萨(Cannosa),也叫特尔斯泰诺(Tristeno)。"从这里开始,公路沿着海岸线迂回延伸,陆地和海面的景色非常美丽,就像另一个科尔尼茨(Cornice),两者足以相提并论。

我们飞速前进,穿过更多的橄榄树种植园,瞥了一眼远处的格拉沃萨(Gravosa)。过了奥尔萨克(Orasac),在一个向内拐的弯道处,我们看到了美丽如画的深蓝色的马尔菲(Malfi)海湾,然后滑下一个又陡又急的弯道,我们又一次靠近河岸。这是奥姆布拉河(Ombla)——我们前方的格拉沃萨就在河对岸,但我们沿着色彩斑斓的河岸转弯离开了。在这里我们第一次见到棕榈树和枇杷树,还有数不清的黄色金雀花和紫色康乃馨。

"没有桥吗?"我问,"或者渡船?"

"有,在附近的米利诺沃(Mirinovo)有一个渡口,不过离源头只有 4 英里远了,我们不如绕过去看看。"

小村庄一个挨着一个,或者从树木茂盛的山坡上显现。现在是仲夏,玫瑰自然是盛开了,还有很多开得更早的花。小花园里的洋蓟,还有我们熟悉的一些多年生植物郁郁葱葱。这里是奥姆布拉河谷,是当地情侣们流连的地方。奥姆布拉河,被希腊人称为阿瑞奥尼(Arione),据说是特雷比涅河(Trebinjcica)的延续,"它在离开黑塞哥维那两个半小时的路程之后,变成了地下暗河"(F.H.杰克逊)。

"所有这些'源头'都是一样的,"贵夫人平静地宣布,"悬崖下面喷涌出很多水。"所以我们没有下车去看奥姆布拉河的出口,或者说进入暴露空间的入口。我们只是看到了阳光明媚的河谷之上矗立着分层石灰岩构成的万丈悬崖,荒芜苍凉。一座巨大的建筑,后来我们才知道那是为拉古萨供水的水泵站,一座小教堂——然后我们掉头再次驶向海边,很快就抵达被称为格拉沃萨的拉古萨港口。

蒸汽巨轮在这个被环抱的港口停泊,这里是铁路的尽头,离城门1.5英里远。

夕阳沉入大海,鸟儿唱着它们的黄昏小调,修道院庄严的钟声清晰地传入我们耳中,一天的工作结束了,该开始休息了,在这个疲倦的城市里,我们爬上最后一座山,沿着碧波翻滚的海岸飞驰,驶向我们热切向往的旅馆。

皇家园林坐落在高大的棕榈树、松树、木兰和竹林之间。美丽的花园里开满了笑靥花、野玫瑰、深蓝色的鸢尾花和勿忘我。一株紫藤树绽放着紫色的花朵,极尽优雅,把长长的枝条伸展到我们房间的窗下,远处古堡下的海面波涛荡漾。我们近旁矗立着被城墙包围的城市,在傍晚的薄暮中显得神秘而迷人。

注释:

[1]东罗马帝国时代出现的城邦共和国,存在于8世纪至1797年。(译注)

[2]存在于1358年到1808年,以拉古萨(现在的克罗地亚杜布罗夫尼克)为中心所存在的城邦共和国。在15至16世纪时受奥斯曼土耳其帝国保护,国力达到高峰,是当时亚德里亚海地区唯一能与威尼斯匹敌的城邦。(译注)

梅特科维奇的村妇

第十三章

拉古萨

拉古萨可以说是我们达尔马提亚之行的高潮。拉古萨是亚得里亚海的重要港口，一个自豪而古老的城市，它经历了中世纪而神奇地幸存下来。来到这里之前，我从未真正欣赏过辽阔海洋的壮美。扎拉、塞贝尼科、斯帕拉托、拉古萨，每个城市都具有独特的魅力，愈往南走我们愈是兴致盎然。整座扎拉城，坐落于岛屿环绕的狭长半岛上，是一个筑有城墙的小城市。塞贝尼科和斯帕拉托则位于巨大的海湾之畔，视野更加开阔；但是几个城市当中，只有拉古萨享受着面对辽阔大海的逍遥自在。汹涌的海浪冲刷着残破的岩石堡垒，也没有任何岛屿能为它抵挡亚德里亚海的风暴。当然，这里有被称作"佩提尼（Pettini）"的尖尖的像牙齿一样的石头，它们突出来的样子足以提醒水手们看不见的危险正潜伏在附近；还有拉克罗玛（Lacroma），一个穹顶形的、绿树成荫的小岛，岛的最高处有个古老的堡垒，而在它的四面八方，海面向远处延伸，一望无际，海天相接。你能看到远处轮船飘出渺渺的白烟，雪白的船帆在蓝天的映衬下格外耀眼，让人不禁想随着那白色的海鸥飞到"世界遥远的另一边"。

第一天早晨，阳光是多么明媚啊！我们散着步去附近的小花园。岩石嶙峋的悬崖和下面晶莹剔透的海水构成了奇妙的组合——草地上种着松树、芦荟和金雀花,望不到头的一大片小野花刚刚开始绽放,还有扇羽豆、野豌豆和散发着甜蜜芬芳的海桐花。常青藤攀附着墙壁和闩上的大门,大门后面是修道院的花园,包着白头巾的修女在花园小径上走过。紫藤美丽的花串迎风摇曳,雪柳开满花的枝条像小瀑布一样垂下来,在柽柳杂乱交错的树叶间,粉红色的花枝簇在一起,形成巨大的花束。

人们如此享受这繁花盛放的美景。他们徜徉在属于他们自己的美丽花园里;他们停下来观赏芬芳的灌木和鲜艳的花丛,在凉爽宜人的傍晚,眺望着交相辉映的海水和天空,他们心满意足地将疲惫的双手交叠在一起。

对自然的热爱是人类的共性,它成了不同民族间的感情纽带。一位公共马车车夫的细心让我感到了一丝亲切。他的车往返于格拉沃萨和拉古萨之间,在城门旁的桑树下有站台。最近在一次"出车"时,他带回了一大捧绣线菊,当太阳落山时,他用白色的花枝把马笼头好好地打扮了一番。这些矮矮的绿色小车数量比四轮马车稍多,车前由3匹瘦马拉着,车上总是挤满了欢快的士兵和农民,这很有当地特色,我希望这种小车不要太快被无所不在的电车取代。马车夫跷着二郎腿,和离他最近的乘客客气地聊着天。

其实不出门,我也能感受到许多快乐,窗外,川流不息的人群穿过古城门去往周边的乡村。有时会看见一辆敞篷马车,车上戴红毡帽的绅士像个外地人一样东张西望。

人们穿着各式各样的服装,比北方人的好看。裙子是用深色的羊毛精心编织而成的。围裙则式样繁多,饰有镂空花纹和流苏的方巾有的系在下巴下,有的绕在头顶上。精致的金丝串珠饰品更是让人眼前一亮。但是系饰品的绳子十分普通,本应服帖地躲在背后三角披肩的褶皱里的,这会儿却从锁骨处露出来,一直垂到了胸前。

穿着浅蓝色奥地利骑兵制服的军官骑在精心饲养的骏马上,缓缓走过。一个年轻的女子穿着深色的长袍,围着红白格子的围裙,披着绿色方巾,背着一个当地特色的有平绣花纹的包。她身边有个6岁的孩子,他们大概是要去学校吧,因为山上有一座崭新的漂亮校舍。一个多米尼加(Dominican)修士的长袍被风吹得飘了起来;一群年幼的学生中间跟着一个年长的仆人;一个男人被背上的柴火压得腰都直不起来了;又有3个军官,骑着马从长长的山坡上威严地走下来;一个系着漂亮方巾的拉古萨人;一个人穿着灯笼裤,拿着红色的导游书,一看就是个英国游客;有3名女子,每人头上都戴着一束色彩绚烂的花,宛如会走路的罂粟花;一队骑兵走了过去——

"附近应该有游行!他们会举行圣彼得殉难日的祭祀活动吗?"我好奇地问。有更多服装艳丽的女子走了过来,其中一个头顶着个大圆篮子,上面放着一把正常大小的扫帚,篮子和扫帚竟巧妙地在她头上达到了平衡!这万花筒般的景象是多么的令人惊艳啊!

我正在兴头上,忽然听到头儿询问大家:"我们今天只粗略地参观一下古城,以后再细细欣赏,你们觉得行吗?"

想到有充裕的时间进行参观,真是让人愉快。不必在意轮船在某一天的几点开船,行程也不受火车时点的限制。只要我们愿意,甚至可以什么都不做;因为我们在拉古萨的旅程没有任何约束,我们的车被稳妥地停在了旅馆大门旁边,上面盖着篷布为它遮风挡雨。在我们的整个旅途中,它都是绝对安全的。

穿过旅馆美丽的花园和邮局旁桑树成荫的广场,我们就来到了古护城河的大桥上。视线从杨树中间穿过,仰望以塞尔吉奥山(Sergio)的荒坡为背景的城墙和高塔,这景色太迷人了!在我们面前矗立着的是城门,这无疑是市民出入古城的唯一通道。但对我们而言,它仿佛是被阳光照亮的画框,框中是不断变化的景象。从拥挤的人群中费力地挤出来,穿过大门来到内城门,我们很快就到了公路上,这是城里主要的也是唯一的一条宽阔街道。

　　"这里曾经是蓄满水的运河，"头儿引述着，"把旧罗马城和定居在塞尔吉奥山坡上的波斯尼亚人控制的乡间殖民地分开来。但是随着城市的扩张，两块领土合到了一起，运河被填平了，上面建了一道防御工事，和现在看到的样子很像。斯拉夫的保护神是塞尔吉乌斯(Sergius)，拉丁殖民地的保护神是巴克斯(Bacchus)，双方都不愿意接受对方的保护神，于是他们同意选一个新的出来。恰好这时，一个朝圣者从亚美尼亚来到这里，人称圣布莱斯(St. Blaise)或者比亚焦(Biagio，意大利语)，他是亚洲的一个主教。在拉古萨停留休息的时候，他出现在当地人的梦里，提醒人们威尼斯人即将对其发起进攻。为了感激他的好心，拉古萨人把这个善良的主教推举为他们未来的保护神。我们从大门进来的时候，你们应该看到他的雕像了吧？还有一尊雕像，非常特别，是银质的，放在供奉他的教堂里。杰克逊提到在圣母院的宝库里，有一个精美的圣物盒里保存着他的头骨。"我听得心不在焉，因为我正满心欢喜地观察过往的人群，那些勇敢快乐的男男女女。

　　"你们见过这么斜这么长的街道吗？"热情妹惊呼着停在两幢高楼间的一长排楼梯前。

　　"这里也有！"贵夫人的叫声从附近的转角处传来。

　　晾衣绳从一边的窗户拉到对面的窗户上，我猜两边的住户站在阳台上就可以握手了。穿过清透的空气看山顶的堡垒，它好像是直接从最远的房顶上冒出来的。商店里摆满了银制饰品和刺绣作品，这些是当地人的最爱，我们逛得很慢，细细品味着这个古色古香的老城带给我们的新鲜的第一印象。

　　"你们注意到大门内侧有个样子很有东方特色的许愿池了吗？"头儿问我们。

　　"没注意，太阳太烈了，我当时正在找乘凉的地方呢！"

　　"附近应该有个修道院。"他接着说——根据新的线索——我们依照一个路牌的指示拐了弯，那路牌上用 3 种语言写着"药店"（Ljecarnica, Farmacia, Apotheke：分别为克罗地亚语、西班牙语和德语），还画了一只指路的手。

这个方济会的古老修道院真是个迷人的地方，一排双廊柱支撑着狭窄的拱顶，几张长石椅中间是一个 15 世纪的许愿池，还有玫瑰花！只有对面角落里的橘子树散发的香气能与之一较高下，棕榈树手指一样的树叶在修士们经过的路上投下阴影。

"我敢肯定你已经带我们游览了拉古萨最引人入胜的景点。"但是头儿只是神秘地笑了笑，告诉我们"好戏还在后头呢"。

在修道院一侧是著名的方济会药店，架子上还摆放着罕见的蓝色的瓶瓶罐罐，这些东西可以追溯到中世纪，因为这家药店开张于 1307 年，是欧洲最古老的 3 家药店之一。

在公路的另一端是 15 世纪的钟楼。旁边是拉史邦扎（La Sponza）大楼，以前的铸币厂和海关大楼，一幢极具魅力的建筑，正面装饰是威尼斯风格的，阳台又具备文艺复兴时期的特点，一圈双回廊围着一个不大的庭院，农民们仍然会聚在这里，为了斤两和赋税而争论不休。衣着华美的当地人不时映入眼帘，让拉古萨变得如此令人着迷，以至于有时会忽略掉建筑的细节。

但是，要描述离海关大楼不远的神父宫的美妙之处，任何形容词恐怕都不够贴切。巨大的立柱，华丽的雕花柱顶，支撑着优美的穹顶，而这才仅仅把我们引到了壮观的大门口——凯伊黛之门（Porta della Carita，意大利语），侧面是盖有拱顶的大理石长椅。双廊柱庄严厚重，楼梯相对具有近代风格。还有那些细节——建筑整体的精美已经让人沉醉其中了——完美的比例，奶油一般的颜色，窗侧斑驳的光影。那些诺弗奥柱顶（Onfrino's Capital）上描绘的奇特场景，还有对树叶和花朵的精巧修饰，都证明了这是名副其实的哥特式雕塑之瑰宝，绝对不能错过。

"这座宫殿直到 15 世纪末才建成，"头儿突然开口说道，"由拿破仑·奥弗诺·德·拉·卡瓦主持建造，米开罗佐和乔治·奥尔西尼协助，乔治·奥尔西尼曾建造过西贝尼克大教堂。你们应该记得，米开罗佐曾设计过佛罗伦萨的里卡迪宫和威尼斯圣乔治教堂的藏书楼吧！"

对于宫殿的投资者而言，由这几位建筑师来共同建造当然让人格外满意了。在拉古萨的每一天，我们都要在宫殿前流连一会儿，每天都能从某些新的角度发现它更多的美丽动人之处，让人回味无穷。

建于同一时期的圣母院在 1667 年的地震中被完全损坏，所以这座新建教堂的其余部分与它久负盛名的宝库相比要逊色很多。每个星期三的早上 11 点，宝库开放供人们参观，11 点不到就有成群的游客和少量当地人开始聚拢起来。用 3 把钥匙打开庞大的宝库大门，放下门闩后，牧师和他的两个助手就在宝库里各就其位了，在聚集于栏杆外的人们惊奇的注视下，他们把镶嵌了珍贵宝石和稀有琅琅的金银器摆在人们面前，直到大家被展品数量和式样变化之多弄得眼花缭乱。大多数物件诞生于 13 世纪和 14 世纪，当然也有可能更晚。这里面有好几个圣物盒，两个精巧的十字架项链，还有很多奇特的胸骨圣体匣，旁边一个盒子里存放的是匈牙利的圣斯蒂芬(St. Stephen)的下颌骨，有趣的是，这是早期匈牙利银匠的代表作之一。接下来的参观就像是例行公事一样匆忙，我们随意地观赏着那些与真人手臂和其他身体部位大小相当的锻银圣体匣，这时摆出的展品还不到藏品的十分之一，但作为展览的高潮，牧师取出了藏品中的珍宝，盛放拉古萨城守护神比亚焦头骨的圣体匣。这可真是一件精妙绝伦的艺术珍品，上面雕有 24 个圆形的圣人图案——具有拜占庭风格，或许是 12 世纪的产物。图案周围是精美的涡卷形装饰，琅琅质的花朵和树叶做工之精巧华美，令人啧啧称奇。经过仔细观察，杰克逊先生发现这件作品诞生的年代是 1694 年。

单是这件古物，都足以让我们观赏数小时而获益匪浅，但是最最珍奇的银制品还没有出场呢。当水罐从箱子中取出来时,我感到奇怪,为什么把一束干草留在里面,但是直到真的用手摸了才知道这是仿银制品。听他们说,这个水罐和脸盆是拉古萨人预备送给匈牙利国王马蒂亚斯·科菲努斯(Mathias Corvinus)的礼物,但是大使还没到他就过世了,所以礼物又被带回了拉古萨。杰克逊先生对藏品诞生的年代持有异议,他认为应该是16世纪末的作品。但是,话说回来,它表面代表着鳗鱼、蜥蜴、蕨类、鲜花和芦苇的图案异常写实,造型和着色完全忠于自然本色,却毫不减损其无与伦比的精美。

"我们今天早上来趟徒步应该不错!"晴朗凉爽的一天,贵夫人建议道。头儿立马接受了这个建议。

"去圣贾科莫(San Giacomo)怎么样?沿路的风景应该都很美。"

于是我们出发了。穿过城门——每一次都像第一次穿过一样喜悦——沿着科尔索大道前进,途经多加纳镇(Dogana)和通向圣多米尼克教堂的罗马阶梯,经过普洛切港(Porta Ploce)的三重拱门,顺着临海高崖上的古道一直往前走。我们的确试着走快些,但是太阳越来越热,路上尘土越来越多。穿过意大利乡间高墙下的小巷,我们来到了一个散布着座座别墅的地方,可以俯瞰它们美丽的花园。当我们到达圣贾科莫的橄榄树庄园时,只发现一栋闩着门、被弃置的房屋。但是当我们透过柏树林眺望拉古萨时,看到绽放的芦荟花和波光粼粼的海面——拉克罗玛岛像宝石吊坠镶嵌其间——美景给了我们最好的补偿。

一群拉古萨女孩正在以蓝绿色的山坡为背景描画老修道院独特的钟楼和旁边的梧桐树,她们穿着休闲短装和罩衫,戴着水手帽,很像有教养的英国女孩。实际上,她们轻声细语、举止优雅,对功课表现出的浓厚兴趣和倾听年轻教师讲评时的专注,足以给任何一个国家的学龄女孩树立榜样。

从圣贾科莫返回时,我们在多米尼加修道院美丽的回廊停下来稍事休息。高处正对着墙壁的一个小阳台深深地吸引了我。神父是否正是从这里眺望蔚蓝的大海呢？看几眼这人间天堂的美景让自己的灵魂得到净化——或者这也可能只是一个用来传达重要消息的走廊。柳树下摆着一盆盆雏菊和百合花；低矮的常绿植物和橘子正处于盛花期；一片铺着石板的空地中央是一口水井；在四周，绘制着交叠圆圈的哥特式穹顶将宁静的小路笼罩在了凉爽的阴影之中。

去格拉沃萨的公共马车

人们用头顶搬运物品（拉古萨）

她走得多么自由自在！（拉古萨）

拉古萨狭长的街道

拉古萨最典型的路边商店

第十四章
拉古萨—拉克罗玛—拉帕德

据说在拉古萨星期二是赶集日,所以我一大早就出发前往广场了,那儿有各种水果和蔬菜出售。这里没有像扎拉在耶稣受难日时那样活泼生动的人群,但是在狭窄的街道上随处都有乡村妇女在漫步,她们身着华丽的衣装,腰带上镶有珠宝,头饰摇来晃去。她们是黑塞哥维那人。一个妇女的服饰格外考究,我有些迟疑地问她是否愿意让我拍张照,而她甩了甩头,伸了伸手指,明显是在要钱。

"一个金币。"

"噢,不行!"

"那么,60个铜板。"这时候又有一个盛装的女子出现了——好像她是从地上"冒"出来的。

"两人一起一个金币。"我纯粹出于习惯讨价还价起来。

"不,先给她60个铜板,再给我60个铜板。"这样的讨价还价让我有些不爽。

我付了她们约定的价钱后,她们便像雕塑一样站着,如果她们愿意,仿佛可以一直这样站下去。她们脸上连最后一丝生气都被抽走了。我徒劳地说着"Parla! Guarda!"(意大利语:说话!看这里!)——看来她们打定主意要靠此生财,一点都不动摇。她们被人们拍着照,每一根神经和每一块肌肉都表明了这一点!

这些妇女用金丝别针和流苏把白色蕾丝面纱固定在小巧的帽子上或者缀了珠子的缎带上,面纱在肩膀上飘起来,非常吸引游客的目光。我很同情一名英国游客,他很显然是想说服一个妇女卖点什么东西给他。妇女看起来很困惑,摇着头,过了一会儿,从一个小商店里传来英国佬响亮清晰的声音,他用起伏的音调说:"不,我想要一件女性的服饰。"

拉古萨的卡森港(Porto Casson)是个值得流连的美丽地方。在这里可以看到巨大的渔船——船上有用来吸引沙丁鱼的特别的夜灯,从相邻的陆地开过来的古雅的三桅帆船,从远方的港口驶来的轮船,间或有一两艘是蒸汽轮船。不时出现的新鲜服装大概算是一种犒赏吧,尽管那些常见的服饰已经丰富到让人饱尝眼福了。

"快看,"热情妹叫起来,"那艘轮船的甲板上!"她好不容易忍住没用手去指一位漂亮的女士,她穿着土耳其长裤和栗色的长款天鹅绒外套,外套上饰有银色穗带,头上戴着一块白色的方巾。她没有盘腿坐在地上,而是坐在长椅上,显然很惬意;她没有透过面纱打量别人,而是抽着烟,与两位男士聊得十分热络。

"这是土耳其的时髦女性吗?"我问贵夫人,不过后来我们发现在黑塞哥维那就连基督教徒都穿着异常难看的长裤。

我们乘坐以石脑油[1]为燃料的小型快艇从这个港湾前往拉克罗玛,快艇既不干净也不舒服。一个宁静祥和的日子,我们启程前往美丽的小岛,却没有充分认识到这是怎样的一次尝试。贵夫人一点也不适应航海,而热情妹从遇到第一个大浪头起就变得没精打采的,头儿指出距离并不远,以此鼓励我们,并且试着用有关小岛的故事来分散我们的注意力。我们终于——尽管事实上只过了大约 20 分钟——靠近了那些长满树木的岩石,但是没有看到港口的影子,只有一个白色的十字,标记着 1859 年奥地利军队船难的发生地。

我们继续缓缓向前航行。轻柔的微风从南面温柔地吹来,海水清碧透澈,倒映着覆满青苔的峭壁和在风中摇曳的树林。我们头顶上方耸立着古代的堡垒,在一片野生丛林的对面,一座四角钟楼在太阳照射下闪闪发光。那里曾是王储鲁道夫[2]的居所,在他之前则居住着与墨西哥有关的那位马克西米利安,他把一栋古老的圣马可修道院改造成了一个贵族庄园,美丽的花园环绕四周。这里现在又重新被教会征用,为多米尼加人所有。

我们身后是拉古萨,矗立于海边的圆形塔楼,山坡上的城墙和古老要塞,还有塞尔吉奥山顶上绿草如茵的堤坝,构成了现代的防御工事。

拉克罗玛是个风景宜人的地方。我们沿着布满金雀花和迷迭香的阴凉小道向上走,到了修道院的庭院。然后经过柑橘园和玫瑰丛,路过棕榈树和芦荟丛,我们走下几级台阶,到了一个绝妙的观景点,可以眺望远处的城市和海面。

在拉克罗玛一个极大的乐趣就是观赏遍地的野花。在冬青树丛下,黄的和紫的,蓝色的和象牙白的,野花星星点点地装饰着灰暗的土地。有一种大量生长的漂亮花朵与金樱子花有几分相似。但是对于勤奋好学又立志成为智者的热情妹来说,这些植物完全超出了她所了解的植物学领域,这一点足以让她绝望地大叫,和这些森林的"常住居民"竟然连"点头之交"也谈不上,真是一种折磨。空气中飘着松树、刺槐和橙花的芬芳。我们坐在虬曲的树木投下的阴影里,凝望着波光粼粼的海面。

"我觉得风大了。"贵夫人警觉地说,焦虑地用眼睛扫过跳跃的波浪。

"可不要过分使用你的想象力哟!"她的伴侣玩笑似的回应着,"你们要是看见汽艇就告诉我。"他一边说着,一边朝沙滩漫步而去。但是这完全用不着通知,汽艇还没从岩石峭壁的另一面转过来我们就听到了声音,急急忙忙地赶到了小小的码头上。我们和一两个别的乘客一起静静地坐下来,开始了回家的航程。风势渐长,这并不影响这艘大船,但是在急促汹涌的海浪冲击下，我们的快艇剧烈颠簸，十分吓人。

"你们知道，不远的。"热情妹安慰大家说，并拿出甘草精——她最爱的"灵丹妙药"——分给面色苍白的同伴。

温暖的空气中弥漫着石脑油的气味。令人作呕的浓烟让人无处可逃，而拉古萨的塔楼仍然远在天边。

"我们好像完全没有往前走，"我终于叫起来，"我们还要走多久，你觉得呢？气味是不是更浓了？"

"我们现在经过的是遮蔽最少的海域，"头儿安抚我们说，"看，那边的海水就十分平静。"不一会儿我们进入了平稳的海域，谢天谢地，我们的双脚再一次踩在了陆地上。

"我觉得我肯定是个倒霉蛋，"那天晚上贵夫人嚷着，一顿美味的晚餐似乎帮她补充了体力，恢复了平常的好精神，"但我并不想再去其他岛屿了。"

"下一次我们去岛屿时改坐大一些的船。"她的丈夫回应道。

在拉古萨，中世纪的特色保留得是多么完整啊！"不论从哪一面看过去，它都呈现出一幅被塔楼和高墙环绕的景象，越过这些塔楼和城墙，所能看到的也只不过是教堂的钟楼，一排塔楼和城墙孤零零地延伸到海边，建在人迹罕至的悬崖边上。"人们可以在围墙上绕城市走一圈，从而充分了解 16 世纪的防御系统，同时也能大致知道现代人的日常生活是什么样的。但这并不是一次累人的徒步，尽管要经过几段不长的楼梯，因为围墙范围内的拉古萨仅 1350 英尺见方。

达尔马提亚的每个市镇似乎都有相对独立的生活方式，对相邻的市镇则持有敌意。事实上，"达尔马提亚虽然名义上是一个国家，但是从未作为独立的国家存在过……相对于作为明确的国家，它更像是一个实用的地理学表述"。即使它的居民通常也不被看作达尔马提亚人，他们为人所知的是其来自国家的哪个地区。达尔马提亚作为奥地利的一个省，在维也纳的国会中享有席位。

这个引人入胜的地方应该被更多人知道，发达的公路应该迎来更多的车辆。我说"发达"是站在美国人的立场而不是站在法国人的立场。它们绝对领先于西班牙的公路，与意大利的路况也不相上下。

没人比我更懂得欣赏大海——它的壮阔、它的颜色、它的变化永不停息。对此我怀有无限热情——但这是在陆地上凝望大海的时候。若是到了变化无常的海上，我的思想，真的，我的全部身心，都完全无暇他顾，欣赏也就不可能了。单从海洋来看一个国家，能捕捉到奇妙的光影效果和迷人的风景画卷，但是留下的印象却往往是相反的。比如，一位作家曾写道，达尔马提亚的内陆一定像撒哈拉沙漠一样。瞧瞧，还有什么比这更脱离实际吗？这些灰白色的石灰岩山峰、巨石覆盖的平原，以及交替出现的绿色高原和深谷，与广阔的撒哈拉沙漠上棕色的石头山、起伏的表面上杏黄色的沙子，是有天壤之别。

对于一个国家的地质构造，没有比驾车旅行更能给人留下深刻印象的了。平原和山谷，峡口、丘陵和山脉，河道、湖泊和瀑布，它们各有特色又相互映衬，令人难以忘怀。况且用其他方法，也无法与这个国家忙碌操劳的人们有这么直接的接触。

接近日落时分，是游览拉帕德（Lapad）的最佳时间，植被覆盖的海岬从格拉沃萨向西伸出来探入海中。我们把马车停在布拉瓦斯克庄园（Villa Bravacic）门口，开始沿着羊群踩出的崎岖陡峭的小路，朝着佩特卡山（Petka）的顶峰攀爬。在我们奋力攀登的时候，有一个腼腆的年轻牧羊女友好地跟我们打招呼，并一再向我们保证她那条汪汪叫的狗没有任何恶意。"Gobj, Gobj！"她吆喝着，语调一会儿是命令一会儿是表扬。她手上做着刺绣，并不是普通的针线活，但她一边说话一边绣，几乎都不用看一眼。当然我们对她的斯拉夫语一个词都听不懂，但是她的意思仿佛以某种方式冲破了语言障碍，让我们心领神会。

告别了牧羊女后我们没有再遇到其他人,也没看到当地居民,所看到的只有茂密的刺柏丛、枝条缠绕的绿蔷薇和虬曲的松树下长着尖硬叶子的菝葜属灌木丛。我们踩着松动的鹅卵石往上攀爬,踏着古树根上的节疤拾级而上,在遮天蔽日的树林中穿行,每到一个转弯处我们都徒劳地想从缝隙中一窥传说中的美景,却发现这些野生丛林严密地守护住了它们的"秘密",半小时后,我们中的一个——我们彼此相隔很远,不知是哪一个——泄了气。没有一丝大海或海岸的信息能够穿透这层昏暗的"保护罩"。

"我走不动了,""叛变者"气喘吁吁却十分坚定地说,"你们继续走,我在这里等你们。"她把身体倒在脆弱的松针上,头枕着一块合适的石头,树林随即一齐发出窸窸窣窣的声音,开始庄严而缓慢地摆动着。

"你不知道自己刚才错过了些什么,"一个熟悉的声音轻轻地飘进我的耳朵,我急忙跳起来,那个声音继续说道,"怎么了,我还以为你已经睡着了!"

"睡着?"我可瞧不上这个词!我是在神游呢。我的灵魂前往遥远的神秘之境遨游了。

"好玩吗?"我礼貌地问,但是我必须承认,听他们神采飞扬地描述从树木繁茂的山顶看到的种种景致,还不如我灵魂深处行进的武士和士兵来得真切。

一大清早,一群麻雀在旅馆花园的松树上叽叽喳喳,一群盘旋的燕子在城堡边的悬崖附近展翅飞舞,海鸥掠过翻滚的蔚蓝色海面,翅膀洁白、闪闪发亮。生命是如此美好!夏日的温度让我们紧张的神经松弛下来,无论是在鲜花点缀的岩石上徜徉,还是闲适地观察行人,都十分惬意满足。

"你们看见从圣朱塞佩(San Guiseppe)门顶部的石头中间长出来的那棵奇怪的小树了吗?"午餐时头儿问道。

"看到了,我就觉得那上面有什么不对劲。"

"我希望下次进城时能从那边走,看看我能不能把它照下来。"

"我看不行,"他给我"泼了盆冷水","那条街只有 10 英尺宽,而门顶部到地面至少有 15 到 20 英尺高。"

我们又走回去,好奇地察看着,因为实在是特别。这棵树有 15 英尺高,而且长势十分茂盛,它被一根铁条固定着,紧靠墙面,环绕着它的陶土上面写有日期"1806"和"1896"。这棵小树从哪里汲取养分,没人能弄明白。柯达相机没有办法从好的角度取景拍照。不过对面的高墙下有一扇铁门。我朝里面窥探,悄悄地推开门走了进去,一段台阶通向一个阳台,但从那里看,我的拍摄对象却被围墙挡住了;我又穿过一个小入口登上了另一段台阶,令我高兴的是,可以看到那棵树轮廓清晰地矗立着。从屋内走出一位面色和善的少妇,身边的两个孩子紧紧抓着她的裙子,她热情地邀请我去她家里休息,我指向那棵树,她为我的发现而感到欣喜,随即说了一大串方言,而我只听懂了"奇迹""真好"和"40 年"。

"你走不走啊?"下面传来清晰的喊声。

"走,走。"我嘟哝着,快步回到我的同伴中间。

注释:

[1]石脑油,俗称轻油、白电油,是一种原油精炼的烃类液体的中间物。它由不同的碳氢化合物组成,它的主要成分是含 5 到 11 个碳原子的链烷、环烷或芳烃。(译注)

[2]鲁道夫(1858 年 8 月 21 日—1889 年 1 月 30 日),奥匈帝国皇帝弗朗茨·约瑟夫一世的独子。因精神崩溃,与女友一同殉情。(译注)

拉古萨集市上的黑塞哥维那妇女

拉古萨的老港口——卡森港

118

第十五章

还是拉古萨

"我们今天先去哪里？"在一个天气明朗的 4 月的早晨，临出发时我问道。

"去集市买些巧克力。"贵夫人欢快地回答着。于是我们便向集市出发了。在大家买糖果的时候，我逛到了广场对面，停在了一个蔬菜贩子的摊位前。

"您能告诉我这只鸟的名字吗？"我问道。一只高个头、灰翅膀的生灵昂首信步于一群扑扇着翅膀的鸽子中间，它的脑袋和胸脯上没有一点杂色，神态十分悠闲自在。

"那是一只海鸥。"摊贩回答我说。

"它怎么一点都不害怕，连狗都不怕。"我惊讶地评论着。这时两三只狗跳跃着奔跑过来，激烈地吠叫着，鸽子都四散开去。

"是的，它被驯化了。它很小的时候就被捉来训练——它是最聪明的，能分辨狗是否戴了嘴罩。它还知道很多事情，它就像个晴雨表，比什么望远镜都强。提前三四天你就能从它的叫声中知道天气会不会变。"

"如果是这样的话，也许你能告诉我今天会不会下雨。"因为天空很阴沉。"呃——呵！也许有星星点点的小雨，但是不会下大雨。"

"那明天呢？"我试探地问，因为我们计划要开车出游。

"不，没有什么变化。"他安抚我说——也许是看出了我对阳光的热切渴望。

"它叫什么名字？我的意思是，你们都怎么叫它的？"我问。

"皮耶罗（Piero），过来，"他提高了嗓音，"皮耶罗，皮耶罗！"那只鸟儿在广场的另一头，正在一堆垃圾里翻翻拣拣，听到熟悉的呼唤声，马上跑了过来。

"它多可爱啊！我能买点东西给它吃吗？"

"这儿可买不到——它要么吃玉米粉，要么吃面包或者鱼。"一位和善的顾客停下来，打开包裹，递给我几片鱼干，"皮耶罗先生"却只是很勉强地尝了尝，态度相当冷淡。摊贩们都对于我拍摄它站在我脚上的样子十分感兴趣。

成群结队的人沿着街道快速走过，我问摊主这是在做什么。"是葬礼，"他说，"从城门外过来的。"

"那大概是去圣米凯莱（San Michele）的吧？"我问，想要弄清楚游行的队伍是否会从镇上穿过。

"不，是要去拉帕德的。"他回答。

"这肯定是很复杂的仪式。"我大胆猜测，因为整个上午我看到不断有人扛着花圈走上山去。

"哦不！只是一个妇人而已。"他含糊其词地回应着，表现出了东方人对待女性的真实态度。

一个年轻苗条的拉古萨女子的服饰非常引人注目。深色的长袍上装饰着红色的衣带，长度正好露出白袜和红鞋，一尘不染的围裙和盖着白色头巾的娇艳的红帽子，都让这美好的画面更加完美。不只妇女们像蝴蝶一样漂亮，男人们的服装在款式数量和华丽程度上也毫不逊色。一个土耳其人穿着整套的东方服饰，抽着烟，骑着驴子缓缓往前走；一个男人穿着崭新的服装,白色的羊羔毛毡帽,紧身袖的红黑条纹丝绸外套,搭配的黑色无袖夹克上有大量的红色刺绣,一条宽腰带缠在腰上,白色紧身的羊羔毛裤子上装饰着别致的黑色贴花,脚踝附近用银色的钩子紧紧固定着。我满心期望着,想要请求他站住一小会儿,但是他看起来满脸怒气,态度那么严肃——不,我倒真不敢这么做。而他则迅速地走出了我的视线。

"我觉得他是从阿尔巴尼亚来的,"头儿说道,"在黑山共和国会看到更多的阿尔巴尼亚人。"

一群妇女聊着天走过去,大圆篮子和平常一样神奇地在她们头顶上达到了平衡。显然从衣服到货品,这些篮子无所不装,上面常常放一把伞或扫帚。用这种方法,双手就被空出来,可以自在地摆动,或者去帮助体弱的姐妹。

这里虽在欧洲的边缘,却是一个遵纪守法的国家。我一共只看到4名警察——似乎装饰性更大于实用性——他们随时准备用那难以理解的方言去帮助外国人。在我们自己的国家哪里能找到这么安全的地方,不论白天晚上都可以把车停在门口,备用胎只用带子绑在车上而不用上锁。

在13世纪,拉古萨唯一的石造建筑是城堡和教堂,其他建筑都是木质的。那时的塞尔吉奥山被森林覆盖着。拉古萨在斯拉夫语里的名字"杜布罗夫尼克(Dubrovnik)"的意思,其实就是"森林茂密的地方"。现在达尔马提亚内陆许多贫瘠的山脉过去曾生长着大片的海岸松,到处都郁郁葱葱。但是威尼斯人认为这种树对于他们的造船业一无是处,于是毫不留情地剥掉了这个国家的一身"绿衣"。失去了树木的保护后,土壤便被雨水冲下山坡,山上只剩下毫无生气的石头。现在政府正在某些区域种植松树和山毛榉的幼苗,希望假以时日能将这些荒芜的土地重新变为富饶之地。

这个迷人的城市在达到繁荣复苏之前经历过多少的苦难啊!1292年它被大火烧为灰烬,1348年又遭到瘟疫的肆虐,与此同时它为真正的独立而不断抗争着,1358年它脱离威尼斯人的保护,转而归附于匈牙利的路易斯国王。尽管要上缴贡品，要为一定数量的军用帆船添置设备，列席匈牙利皇室的酒宴，还要采用皇室的旗帜，它却得以在自己的法律之下进行自治，而土耳其则保护其不受敌国侵犯。在接下来的一个世纪里，它广泛地发展贸易，不仅和威尼斯人、匈牙利人交易，也和土耳其人交易，这时他们才开始感觉到自己像是欧洲的一员。

1420 年，当国家的其他地区都为威尼斯人所控制时，拉古萨保留了最高的自治权，它通过购买和皇室授予的途径扩大了领土，北到斯塔诺潟湖，南到卡塔罗湾入口的蓬德角，占地 100 多英里。那时候它已经成为事实上的独立共和国，尽管在需要时，它仍会需要匈牙利及后来的奥地利所提供的帮助。它向世人展示了一个不断革新的小国形象，不仅用雄伟的建筑装点了城市的面貌，还在 1417 年禁止了奴隶交易，在 1432 年建立了儿童福利医院，1435 年又开放了第一批公立学校。它从 8 英里外的哥昂塞托（Gioncetto）引来水源，在城门两侧竖起精致优雅的喷泉。

大约在 1450 年，斯拉夫难民逃离土耳其，前来拉古萨定居。他们似乎很自然地喜欢上了意大利的文化，并且成为忠诚的国民。1460 年拉古萨被穆罕默德三世统治下的土耳其军队包围，不过它成功地买通了敌人。

1462 年第二场大火和恐怖的瘟疫再次"造访"这里。但是无畏的拉古萨人重建了大公府和大量其他公共建筑，并通过签订新的协议增加了贸易量，拉古萨反而比过去更加繁荣了。据说，当时拉古萨拥有 40000 居民。它主要的工业产品是鞋子、玻璃和珊瑚制品以及蜡，1539 年以后，它开始生产羊毛制品和丝绸。想想看，这个小小的国家不只把产品卖到了意大利，还运往法国和西班牙，还有埃及，甚至印度群岛！"'argosy'（大商船）这个词——也作'ragosy'——据说最初的意思就是'拉古萨的船'。"

但在 1520 年，恐怖再次笼罩这个顽强的小国——断断续续的强烈地震，持续了 20 个月之久，造成巨大的破坏。紧接着暴发了严重的瘟疫，据说有 20000 人因此丧命。

由于献出贡品、船只和许多士兵支援查理五世对抗土耳其的战争；由于尤斯科克人的劫掠，以及后续地震和瘟疫的破坏，拉古萨走上了衰败之路。当它终于在1640年有余力重建船队时，却发现了两个新的海上劲敌——英国和荷兰。不过，降临在它身上的最彻底的灾难当属1667年的地震，大教堂被推倒，其他教堂和大量民宅的屋顶被掀开，5000人的生命被夺走。城里燃起大火，这里成了大批强盗劫掠的地方。当秩序得以恢复后，有人建议拉古萨人在别处重建城市，但他们更愿意留在这个危险的山坡上，虽然地震仍会发生，当然平均20年才一次。"1805年宣布了25年来首例死刑判决。整座城市陷入悲痛之中，为此还不得不从土耳其请来一位行刑者。"（F. H. 杰克逊）1806年法国人占领城市，拿破仑下令宣布这个倔强的拉古萨共和国停止存在。1814年后它和其他城市一起被奥地利所统治。

它的统治者是运用了怎样的智慧来管理这个国度，使它历经了这么多个世纪的磨难而得以幸存的啊！它的地理位置"使它不断受到惊扰，周边邻国常常寻衅滋事，威尼斯人的诡计和野心、斯拉夫尼亚公爵们不断变动又相互冲突的规划、匈牙利人不可靠的友谊、西班牙人的自私自利和土耳其人的任性傲慢，轮番困扰着它，而威尼斯人又不怀好意地迫使它屈服于其保护之下，使它备受羞辱。拉古萨共和国的历史就是一个在持续的险境中为保护自己和维持独立而进行抗争的历程"（加德纳·威尔金森爵士）。

到访拉古萨的最佳时间是5月的前两周，那时玫瑰花最为娇艳，也正值盛夏的大好时光。离开这个幸福之城的前一天，我快步走到集市广场，想再看一看那只高贵的海鸥。

"早上好，"我跟在摊位前忙碌的摊主搭讪，"皮耶罗今天去哪儿了？"我已经找遍了整个广场。

他的眼睛在人行道上搜寻着，然后抬头去看云。"它一定是去了鱼市，"他轻声说，"马上就会回来的。"

"它是飞过去的吗？"我问。

"那是当然了，"他回答道——仿佛是说，"不然应该怎么去呢？"

"它的翅膀没有被锁上吗？"

"当然没有，"他似乎有些生气地回答道，"它马上就会回这儿来的。"

"它是个奇迹，你的皮耶罗，我这么认为。"

"它是最聪明的鸟儿。"摊主回应道。

我在大公府前等待着，享受着它那优美的线条带来的视觉盛宴，注视着神色从容、充满生机的行人，"畅饮"着这南部甘甜轻柔的空气，不一会儿，我的摊主朋友在他忙碌的摊位上叫道："快看！"他指向天空。画过一道优美的弧线，雪白的胸脯在阳光照射下变成了银色，皮耶罗飞了下来，这只聪明的鸟儿降落在我附近。它骄傲地把头歪向一边，好像在说："没什么的，这太简单了，你为什么不试试呢？"

当天晚餐后的休息时间，头儿提出了一路开车去采蒂涅（Cetinje）的想法——这是鲜有旅行者尝试的一项壮举。

"你的意思是我们能做到？"热情妹叫了起来。

"很容易的，"这次远行的领导者回答说，"只要我们能渡过海湾。"

"你知道即使是温彻斯特将军也不得不在渡口掉头。"贵夫人提醒道，带着她一贯的谨慎态度，她所说的"渡口"有一艘大号的划桨渡船。

"是的，但是曾经有汽车渡过了。"

"和我们一样大的车吗？"

"啊，这个嘛，我不太确定。不过只要道路完工了就行。"

在海岸边开车将会相当有趣，我们会路过一个个村庄，穿过组成"海湾"全部的 5 个小港湾。车在高耸的山峦下行走，从新堡开始，途经梅列尼（Meljine）、泽莱尼卡、卡姆纳利（Kamenari）、莫里涅（Morinje）、里萨诺（Risano）、普拉斯托（Perasto）、奥拉霍瓦茨（Orahovac）和多布拉塔（Dobro-ta），到达卡塔罗，再往高处走便是黑山了。我们已经行进至卡姆纳利，前面几公里路虽然相对狭窄,但是仍然畅通。我想,我们勇敢的司机沿着直路开得太远了,以至于要掉头行驶一英里回到正确的地方转弯。这也许是古罗马时期的道路,从阿奎莱亚一路下来,穿过埃皮达鲁斯(Epidaurus,即Zara Vecchia),在新堡掉转方向,就在刚过德林河(Drin)入海口的地方,将海湾沿岸的地区与都拉斯(Durazzo)的海岸连接起来。

"我们回到泽莱尼卡吧,看看有没有渡海的设施,"头儿提议道,"如果设施不足,我们就再回来。"

"你不会拿我们的宝贝车子冒险的,对吧?"贵夫人恳求道。在她得到一再的保证后,我们定下了出发的日子。

这还是周二的事。周三,一对和我们有共同朋友的可爱的夫妻带着介绍信来访,很自然,我们的话题落到了我们的计划上。

"不,我担心我们没办法开车完成这次美妙的旅行了,"贵夫人回答道,"可坐着那种不舒适的小马车走7个小时的山路又让我很害怕。"

"噢,我相信你们总会有办法把汽车渡过海湾的,"这两位新朋友鼓励我们说,"为什么不行呢,至少大公就曾经成功过,一年前我们还在路上遇到两辆成功渡海的车子呢!依你们看,他们有可能是用汽轮把车子从这儿运到卡塔罗的吗?"

得到这一信息,头儿便开始去打听了。但是,银行家和石油商人都觉得,由于汽轮公司很少承运这么庞大笨重又容易损坏的物品,所以从卡塔罗上岸的安排很可能被认为是不安全的。事实上,汽车因此失灵而使我们愉快的旅程意外中断的风险非常大。

"为什么不利用政府的驳船呢?"那位机智的英国女作家提议道。

"当然,政府的驳船能够解决我们的难题,而且是最好的办法。但是我们知道,一般而言,没有总部的命令,奥地利海军是不会把船租给滞留车辆的。而从维也纳得到许可要等好几周呢。"

"也许我们能帮上忙,"这位热心的女士又插话说,"去年在新堡时,司令官待我们很友好，如果可以的话，我相信他会非常乐意帮助你们的。当然帮你们去打听一下也是举手之劳，因为我们明天就要去卡塔罗了。你们会发现所有的奥地利官员都是非常殷勤和急切地想要尽其所能来帮助前来旅游的外地人的。你们说想要在哪一天渡海来着？"

"怎么了？周五和周六都很方便。"

"那么，我们俩中有一人会在新堡下车，看看能做些什么。"

恐怕我们对于他们能否成功还心存疑虑，尽管我们打心底里感激他们所做的努力。我们知道，曾有人将——据说至少是——两条小船绑在一起把车辆运过海去。但他们是怎么把车辆从高出水面有 6 英尺的码头放到小船里的，则没有解释。

"啊，是啊！我们运送过大型车辆——有的重达 10 吨呢。"一个分外自信的当地人向我们夸口说。由于我们的车重正常情况下只有一吨半，对于这个好意的达尔马提亚人接下来要说的话，我们就有些半信半疑了。当从两位神通广大的朋友那里传来好消息，说他们已经设法帮我们把一切安排妥当时，我们真是又惊又喜。消息说，通过向新堡的司令官申请，驳船将被运到卡姆纳利，把我们的车运送过卡塔罗湾那条虽不宽却重要的海峡。我们当即决定第二天一大早就出发。

海鸥皮耶罗（拉古萨）

壕沟改造而成的公园（拉古萨）

达尔马提亚葬礼（拉古萨）

第十六章
从拉古萨到泽莱尼卡

皮耶罗是对的,没有下雨。当我伴着街道上的军乐声醒来时,阳光正十分明媚地照耀着。我打开百叶窗,发现一支军乐队正在欢快地行进着,后面是一个步兵连,还有像平常一样,一群满怀崇拜的小男孩尾随其后。这支军乐队看起来特别忙碌,每一天都会从城市的某个角落听到他们演奏。他们演奏得也很好,从肖邦的《葬礼进行曲》到《风流寡妇》,曲目应有尽有。

但这是怎么了?音乐声拐进了旅馆,在我们窗下的大门口徘徊着——进出的人很难不注意到吧,我寻思着,七点半对于听众来说也许有点太早了,还拿不出热情来!但是乐队并没有停留——显然他们还有要紧的任务。一段旋律终了,他们走下山去,一面继续演奏着,随着音乐的回声变得越来越轻,他们渐渐消失在城门外,又回到了自己的军营中。

另一支乐队的声音从远处传来,他们齐步走上了山丘,拐进来停在了我们的窗下。说真的,快让人应接不暇了!两种曲调在耳朵里混在一起,这时,遮盖汽车的篷布被掀开,顶部放下来,准备启程了。成团的灰尘被搅动起来,飘过小院子。小女孩们也加入了行进的队伍,有一些还牵着她们太年幼而不能独自行走的弟弟。下面一辆四轮折篷马车的马耳朵上别着丁

香花,还装饰着灯笼。马车夫是个热爱大自然的人。是有重要的客人早晨要搭船离开,或者是为了庆祝五朔节?

看,第三支军乐队又出现了!我不知道拉古萨竟有这么多军乐队。这支人数或许少一些,演奏起来却很有活力,而且没有乐队指挥。领队的军官没有进旅馆里来,乐队也只是短暂停留。低音大鼓(由于装了两个小轮子方便移动)渐渐消失在山下,后面跟着装饰了鲜花的马车。

学校的孩子们有的手上转动着一朵玫瑰花,有的举着一捧鲜花,农妇则把深红色的花别在她柔软、棕色的耳后。有一辆装饰成绿色的汽车开了过去。显而易见,这是一场节日的庆典,也是活泼的拉古萨人庆祝五朔节的方式。

这真是一个完美的早晨,很温暖,微风从南边吹来,轻盈的白云在天上飘过,我们离开拉古萨前往黑山的时候,太阳的炙热缓解了不少。从山边沿着拉古萨的城墙开辟了一条崭新的宽阔道路,减轻了斯特拉东(Stradone)的交通压力。

"好华丽的马具啊!"热情妹喊了起来,阳光明晃晃地照在黄铜饰板和系着流苏的圆环上。我们正在去特雷比涅的公路上,向黑塞哥维那的农民正前往集市。

"男人们为什么要在白色的羊毛长外套外面穿着厚厚的马夹呢?真奇怪,现在天气这么热?"贵夫人疑惑地说。

"因为这是习俗,我估计。这是一个原因,另一个原因是这么穿搭配得好看。你没注意到上面的刺绣和银丝挂扣有多漂亮吗?"

"没错,不过这不会让他们觉得凉爽。"贵夫人仍坚持己见。

"不过你看,这些衣服是用来应付各种天气的。当太阳落山,他们要爬山回家时,毫无疑问,他们会很庆幸穿了这套衣服的。"

第一茬红色的罂粟花星星点点地散布在岩石地面上,长着纤长花茎的蒲公英以特别的方式聚成一簇一簇,在光秃秃的岩石下面欢快地点着头,空气中弥漫着金雀花浓郁的香气。在圣贾科莫修道院附近,我们回望拉古萨优美的风景,以及形如城堡的敏彻特塔(Minceta)后面露出的佩特卡山绿树覆盖的山顶。在道路转弯处来了 3 辆马车,车上载的男女多得几乎要满溢出来,他们穿着最鲜艳的服饰,露出最欢乐的表情,看得我们心情舒畅。马匹——抱歉,是各种牲口——看见我们这个新奇的"怪兽"却没有勇气表示抗议,我们很快就超过了它们。"这肯定是个婚礼派对,"我肯定地说,"你们看见那些银币、银扣和银色穗带了吗?"

"还有金色刺绣的夹克和串珠。"贵夫人补充说。

"也许他们是从我们即将进入的布雷诺(Breno)峡谷来的,"头儿评论道,"你们记得吗? 那里的人以容貌出众和服饰多样而闻名。"

山崖边平坦的马路悬在银色的海面上方。我们转过了不知多少道弯,发现山峦和它环抱的海湾组合成了多种多样的新奇画面。在奥索拉山谷(Orsola)这里,岩石上生长的常青植物并不茂密,仅能够用它丰富的色彩反衬出荒芜峭壁的乳白色光泽。在峭壁下方,海水的泡沫形成一条白线,一点接一点涌向大海——一直到奥斯特罗角(Ostro),从这里人们知道海湾的起点开始了。

阴凉角落里的桑树枝叶茂盛,我们离开大海,穿过松树林往高处走,到达了山顶,在这里特雷比涅的道路开始分散开向北部延伸。我们眼前的道路位于树木茂盛的布雷诺峡谷中,无花果树、橄榄树、橡树和柏树的绿荫将其覆盖。葡萄园里,男人们正在劳作,在每根珍贵的树藤下堆起一个小土丘。

"看! 那个男子在白色长外套外面系着腰带,而且他戴的是头巾而不是帽子,"一头驴子载着它的主人迈着平稳的步子小跑着经过时,热情妹大声喊起来,"我要是知道他来自这个国家的哪个地区就好了。"

"要认识所有这些各式各样的服饰得花一辈子吧,"贵夫人回应道,"我觉得单纯欣赏就很好了,不要操心了吧!"

从布雷诺峡谷所在的阴凉山谷中出来，沿路经过了著名的磨坊和白色的小瀑布——我们又在高耸的巨大悬崖下开始爬坡了。在普拉特（Plat）附近，晶莹剔透的海水上方，上山的平坦公路变得更加平缓了，金雀花的芬芳让空气变得柔和，峭壁上生长着我在拉克罗玛见过的花朵，就是像金樱子花的那种。我再也按捺不住了。"喂，我们能停下来采一束花吗？"我叫起来。

"当然可以。"头儿回答。我戴上保护手套，用一把锋利的刀子采了一束黄色的金雀花，把它们插在引擎盖两侧的支架上，下面田里的男人睁大了眼睛好奇地打量着我们。

一条崎岖的道路从奥贝德（Obed）延伸到拉古萨老城，又在某处深入海湾。达尔马提亚人有个特殊的习俗，他们把海湾叫作"峡谷"（valle），不习惯这一叫法的人会感到困惑。这个古老的城镇——周围风景如画——位于布雷诺"峡谷"的边缘。这里白色的钟楼反射着早晨的阳光，碧绿的海水泛着点点泡沫，环绕着莫尔坎（Mrkan）和苏佩塔尔（Supetar）突出在海面上的潮湿的石头。这些拉古萨老城的"扇贝"形峡谷充当着风障保护着这座城市。这里古时便已得名，而它的根基却失落在古希腊的迷雾之中。公元 639 年，阿瓦尔人摧毁了古城，将居民赶到一个更加安全的港口，即如今拉古萨的所在地，后来古城虽保留了下来，却成了一个落后的村庄。

我们现在离开了水域，穿过低矮的植被往高处走，所遇到的行人的服饰愈加鲜艳，忽然来了一群姑娘，赶着载了货物的骡子。似乎受到共同的冲动驱使，很自然的，每一头沉默的骡子都开始转弯想要逃跑，但是这些年轻的女孩完全有能力驾驭它们。在协同努力之下，每个人控制好了自己的牲口，我们停下来让她们通过时，看见她们的服饰在灰色山丘的映衬下流光溢彩。有一个女孩特别漂亮，当她快速地追赶逃跑的牲口并把它拉到黄色金雀花中间的安全地带时，简直构成了一幅绝美的图画。她带着胜利的喜悦站在那儿，一只手放在髋部，她欢快地招呼我们继续赶路时，双颊几乎与她那庄重的白头巾下的亮红色帽子一样鲜艳。

一座宽阔的山谷在我们面前敞开，上面是高耸而贫瘠的山峰，山上一条白线旋转着向下延伸，标示着新建铁路的路线。当白线到达马路的高度，我们跨过它往下走，来到一个被水淹没的平原——这里冬天是湖泊——在洪水退去的地方绿色已经开始出现了。

沿着湖泊西岸走了几英里，我们到了格鲁达(Gruda)，一个长满藤本植物的山谷，这里很宽阔，两侧被高山保护着。我们身边出现了一条小溪，这在达尔马提亚并不常见。蓝色的燕子在小溪上方盘旋，我在山口见过的蓝色和浅黄褐色相间的大鸟惬意地停在一棵矮树顶端，允许我将它仔细欣赏了一番。沿着小溪来到源头，我们爬上陡峭的台阶到了山脊顶部——刚刚经过一个宪兵营——从这里我们得以第一次俯瞰卡塔罗湾。

白雪覆盖的黑山山脉脚下，被陆地环绕的海湾非常美丽。但是头儿只把一半的注意力放在这景色上，因为下山的环形道路很窄，并且由于陡峭而非常危险，转弯也很急。又一条小溪吸引了我们的目光，纤细的水流从铺满碎石的宽阔河床上淌过，金色的雀鸟在上面飞翔，看上去与点缀低地草场的毛茛恰好相映成趣。

穿过河流和苏托瑞纳(Sutorina)峡谷——黑塞哥维那地区的一个狭长区域，经过伊加洛(Igalo)生长着紫色鸢尾草的小巧公墓，我们来到了新堡附近的海湾之畔。山上矗立着座座堡垒，哨兵好奇地看着我们。粉红色的柽柳枝条垂在水面上，那花穗在蔚蓝色海水的衬托下显得越发精致了！在南边远处，我们依稀看到了海湾那由重兵把守的狭窄入口。商店和客栈的招牌现在都是斯拉夫语的。

我们离新堡近了，看到小花园的平台上玫瑰盛放，茂密的树丛顶着沉甸甸的粉红色花朵，从高墙上垂下来。每当有一个新发现，坐在后座的我们便难以按捺激动之情。北面有高山挡住来风，南面有太阳投下和煦的光辉，脚下又有整片内陆海域，新堡毫无疑问地拥有了所有能够有助于植物枝繁叶茂的自然条件。

新堡在斯拉夫语里是"Erzegnovi",于1373年由波斯尼亚国王特夫瓦科一世(Tvarko I)科托玛诺维奇(Kotromanovic)建立。它后来成为黑塞哥维那公国的都城,接受斯蒂芬·撒达利公爵的统治。其实,据说"黑塞哥维那"这个名字就是起源于这个小镇。公爵去世后,土耳其人占领了新堡,但是在1538年他们被西班牙人驱逐出城。这是"达尔马提亚唯一一个被西班牙人统治过的地方"。依据惯例,西班牙人在山上建起有4座塔楼的精美城堡——现在依然称作"西班牙堡垒"(Fort Spagnuolo),但是他们仅占有该地几个月,土耳其人很快就卷土重来推翻了他们的统治。1687年,威尼斯人在马耳他骑士团的协助下将新堡纳入了自己的领地。

我们选择走低处的道路,经过了这一古代工事,这里现在是一片精美的遗迹,被厚厚的常青藤覆盖着。树木茂盛的山坡旁隐约露出铺了瓦片的屋顶,许多船只和驳船停泊在港口里。我们在离海很近的地方加速行驶,上面是海枣树和柏树的树荫,从梅列尼的军营中间穿过,又从萨维纳(Savina)修道院的花园下路过,来到了铁路目前的终点——泽莱尼卡。

为什么是泽莱尼卡?因为到了这里旅行者可以好好地"犒劳"自己,城市干净而不失斯巴达式的简洁,而且这里的匈牙利菜肴也闻名遐迩。

第十七章

泽莱尼卡

"旅游指南里没有一句话是介绍泽莱尼卡的,只有一个印刷精美的名字出现在文章的末尾,"康坦特女士兴高采烈地评论着,并从她的旅游指南上抬起头来。我们刚刚在水面上方洒满阳光的露台上享用过了美味的午餐,此时正坐在沙滩上呼吸甜蜜芬芳的空气,欣赏点点白帆随风漂过。"没有什么必须参观的景点,没有教堂,没有名胜,甚至没有村庄。我们今天下午可以偷个懒了。"她的语气中明显透露出兴奋之情。

多么美好啊!除了偶尔一两只蜜蜂飞过开满鲜花的草地时发出的嗡嗡声以外——它们有的把头埋进金雀花的花瓣里,有的飞到我们脚下来偷采野百里香的花蜜——没有什么来打搅这宁静闲适的时光。苹果树鲜花盛放,与长青松相比,落叶松长出了最新鲜柔软的绿叶;山坡上美丽的木兰绽放出了花朵,到处都攀附着大量的玫瑰花藤;荆豆花和野茴香的香气让空气闻起来甜甜的;勿忘我、毛茛、雏菊和野芥菜散布在地面上。我们在躺椅上慵懒地望向海面。

一艘军舰稳稳地停在海湾外面,一艘从新堡开来的黑色小艇经过我们面前,船上飘着的信号旗有船身一半大小,被风吹得膨胀起来。

"你觉得火车是每天发车呢,还是一周一趟?"我的同伴疑惑地问,"你知道吗？我觉得这里好像已经接近世界尽头了,你觉得呢？"

也许因为她的夫君不在,影响了贵夫人的态度。因为她丈夫去了新堡,去协助我们渡过海湾的长官那里登门致谢。

而我却把她的视线引向来来往往的大汽轮,和在狭窄的库姆博(Kumbor)运河和托普拉河湾(Topla)之间曲折往返的帆船。这里的船帆没有威尼斯的色彩那么鲜艳,宽敞的甲板上挤满了人。他们也"把5月1日看作节日"吗？轻柔的微风从岸上吹过,形如驳船的船只载着快活的人群飞驰而过,有一艘从离我们很近的地方经过,以至于能够听到船上的欢声笑语。

"他们会上岸吗？"贵夫人问道。是的,水手用绳子系着划艇拉向岸边,他把船系在石头上,轻松得好像是在拴一匹马。过了会儿,一只单桅小帆船漂在水面上,静静的就像梦之船,船帆低垂,船上欢乐的人们已经上岸了。

"哎,快来这儿呀,"贵夫人叫着,"水里浮着的棕色东西是什么？这儿还有一个,而且它有至少10英寸长的触角。捞一只来凑近瞧瞧会很有趣的吧？"

"只要有一根棍子或是个水桶就行了。"我下定决心朝旅馆走去。

"你要去做什么？"

"我去拿一个来。"

"你去？"我身后传来贵夫人嘲弄的笑声。

"哦,先生,"我向有求必应的旅馆老板提出请求,"那边有一条奇怪的鱼,它有一个长了须的像降落伞一样的暗红色的东西一张一合。我真想凑近看看,可以给我一个水桶或者是网子之类的东西吗？"

"那肯定是水母,"他根据我含混不清的解释做出了判断,"这附近有很多,它们能长到直径10英尺大,但是这些还很小。是那个吗？"他指着清澈水面下石头上的一个点说。

"是的,是的!"我兴奋地叫起来。一条船被解开了,我们拿着一个旧锡桶,把"水母小姐"打捞了起来。在笑容满面的搬运工的帮助下,我兴高采烈地把它拿到康坦特女士面前,我们研究起它奇特的开合方式、它的图案和它棕色的长满触须的边缘。在我们的"邀请"下,它"客气"地转了个身,毫无怨言地让柯达相机拍摄它。但是水桶显然束缚了它,几分钟后我们便让它回到了大海中。它的呼吸又有了热情,它在波动的海水里一圈又一圈地转动着。

头儿从新堡回来时, 他机警灵活的脚步和炯炯有神的目光预示着他有新计划。"是什么?"我们都嚷嚷着,但他只回答道——

"你们想散步吗?"

"我们很愿意,不过去哪里呢?"这儿好像只有尘土飞扬的公路而已。

"我想,就在梅列尼那边我看到了一条穿越树林的小路。"树林! 光是听到这个词我们俩就高兴地交换了下眼神。如此受到鼓舞,我们便离开了岩石下温暖舒适的角落,去寻找头儿口中的那条小路了。

"这是我们第一天不用披围巾,可以舒服地坐在户外的阴凉地方,"贵夫人议论道,"当然,我们也一直在往南边走。"

"但是那不正是一个理想的五朔节[1]的安排吗?"热情妹插话了,"就像我们在书上读到过的,以前的孩子们会采来野花编成花环,还在系着丝带的'五朔节花柱'旁跳舞。"

"快看那些台阶! 多美丽的苔藓呀! "贵夫人打断了她的话,"我想知道,这些台阶是通向哪里的。"她的目光循着台阶的边缘望去。"那上面,高高的柏树旁边,是不是座教堂什么的? "

头儿的目光锁定了白色的钟楼, 转动着眼珠, 声音却相当郑重地回答:"哦,看上去确实像座教堂。我们可以上去看看。"

我们上去了——沿着几乎被百里香覆盖的古老石阶往上,往上,一直往上爬——我们到达了高处的平台,在低矮的墙头上坐下,我们好奇和喜悦的目光越过绿色的山坡望向下面美丽的大海。在我们身边很近的地方有几块古老的碑石,上面刻着斯拉夫文字,旁边是一座带穹顶的教堂,高耸的白色钟楼,私人祈祷室的门把上挂着一串巨大的钥匙,长条形的低矮修道院的每扇窗户都敞开着——但是一个修士或牧师都没有。

"这是哪里?"我问道。因为我知道头儿在提议远足时所设想的地方就是这里。

"这是圣萨维纳(Santa Savina)修道院,它并不古老,在16世纪的时候由被穆斯林驱逐出特雷比涅的希腊人或者东正教修道士修建;但现在它归卡塔罗主教所有,被用作夏日的避暑地,"头儿对这个话题十分投入,"这里会隆重地庆祝圣母升天日,届时农民聚集起来的景象一定非常值得一看。"

"哦,那是什么时候?"我大声问道。

"8月27日。"

"哦,天哪!几乎所有的朝圣者都把他们的特殊节日定在夏天。你们还记得罗卡马杜尔(Rocamadour)……"

"那上面树林里的是一个私人祈祷室吗?"头儿插话说,"或者是瞭望台?那上面的风景一定很美。"

我们起身跟他一起沿着牧羊道走到了另一个高处的平台上。我们眼前展开了一幅美丽的风景画卷:孤独的松树和屹立的柏树守护着圣萨维纳。远处下方,卡塔罗湾的碧水蜿蜒汇入辽阔的大海,与其融为一体。在东边的地平线上,巍峨屹立的黑山山脉映射出乳白色的光辉。

我们在爬满藤蔓的墙头休息,旁边的忍冬花散发出浓烈的香气,有一只不知身在何处的鸟儿先鸣叫了几声,旋即开始了晚间的歌唱——一开始十分低沉,像轻柔舒心的絮语一般——接着它越唱越忘情,突然变成了欢乐的赞歌,叽叽啾啾地唱着一曲又一曲欢快的歌儿,表达着自己的喜悦之情。其他鸟儿远远地听到了它的歌声,想要模仿它,但是它骄傲的歌声成功地使它们都噤了声,整个树林里只回荡着它演唱的旋律。

暮色开始降临，我们离开圣萨维纳的圣山，静静地沿着另一侧蜿蜒陡峭的小路向下走，经过了低矮的栗色常绿橡树和月桂树——我们有时会在路上长满青苔的石柱上看到残破的路标，但是，很遗憾，上面写的是斯拉夫语和希腊字母！有好几次我们觉得自己好像迷路了——有几处路上出现了用石头凿成的粗糙台阶，但是再往前道路又变成了平滑的沙地，上面是沙沙作响的松树，我们顺着道路走到了一个街心花园，这里的树木被砍去了，因此眼前展现了一幅新的画面——在绿色的岸滩后面，是灰色的达尔马提亚山，光秃秃的崖壁泛着微光，画面的前景则是奥地利人在梅列尼露营时搭起的白色帐篷。

"让我想想，"那天晚上晚些的时候，头儿若有所思地说，"我们明天只需要走 68 公里的路——从这里出发到达卡姆纳利的渡口是 11 公里多一点，然后到达卡塔罗大约 12 公里，从那儿再到采蒂涅(Cetinje)，我估计有 44 公里。"

"我真希望明天能像今天一样。"热情妹大声说。

注释：

　　[1]五朔节是欧洲传统民间节日，用以祭祀树神、谷物神，庆祝农业收获及春天的来临。历史悠久，最早起源于古代东方，后传至欧洲。每年 5 月 1 日举行。五朔节前夕，在英国、法国、瑞典的一些地区，人们通常会在家门前插上一根青树枝或栽一棵幼树，并用花冠、花束装饰起来，称为五朔节花柱。（译注）

5月1日酒店门前的广场（拉古萨）

泽莱尼卡的酒店

第十八章

进入黑山

　　在阳光普照的早晨我们离开泽莱尼卡,大家都很兴奋,我们计划在夜幕降临之前抵达黑山,实际上,如果一切顺利,我们能到采蒂涅吃午餐。卢坎尼(Rucani)河谷里树木遮天蔽日,生长着大量的无花果树和樱桃树。橄榄园沿着山坡向上延伸,枝繁叶茂的杨树和松树为我们带来阴凉;平坦的道路离河岸很近,我们一路上看到了不断变换的景色。库姆博运河岸边停泊着几艘鱼雷艇,一队海军步伐整齐地经过。特奥多(Teodo)海湾在我们面前敞开了怀抱,露出了中间绵延的蓝色群山,山顶覆盖着白雪。

　　"你们看见最高的那座山了吗?"头儿从他的座位上转过头来问道,"那是洛弗森(Lovcen)山脉,我们会一直在它后面,直到采蒂涅。"出乎意料,我们这么快就到达了相对低矮的山肩,开始翻越比脚下这座高耸入云的山峦更高更远的山峰。

　　"我从没见过这么多士兵,"康坦特女士说道,"还有这么多水手。我觉得你最好别让他们看见你的照相机。"

　　于是无辜的照相机被放进了黑暗之中,这段短暂旅程中发生的事情只能记录在我们的记忆中了。

　　那些配着巨大钓竿的笨重的沙丁鱼捕鱼船,在码头附近抛锚,棕色的大网被展开晾晒。岸边的山谷里种着无花果和樱桃，一小块一小块的果园用石墙隔开，果树的树荫下停泊着小船。这种海洋与陆地结合的生活场景，令人愉悦。

然而，我们出发还不到 20 分钟的时候，就在急弯处遇上了从里萨诺驶来的公共马车。马匹和车夫都吓得惊慌失措，马儿扬起前蹄往后退，可怜的车夫大喊大叫紧紧地抓住一条缰绳，不知道自己在做些什么。道路窄得很，一边是水沟，另一边是码头。我们在 50 英尺开外就停下来了，并且熄了火，但没有什么能让这位极度紧张的车夫安心。他的恐惧无法平静下来，他尝试转弯，此时，又高又重的车厢翻倒了，车梁断裂。那时我算是明白什么是"可怕的闷响"了。头儿和司机冲下车飞奔过去，奋力营救那些乘客。

"你还敢拍照，"当我不由自主地把手伸向袍子下面的相机时，温柔姐用一贯的命令口气阻止了我，"我们恐怕都得被抓起来了。我完全没有了安全感。"

我总是很遗憾没能拍下照片，那个被吓傻的车夫，还有那群受惊的乘客，他们自己解开松散的束带和包袱，衣冠不整地从黑色的车篷下面爬了出来。马匹并没有四散奔逃，在司机冷静的引导之下，我们的车把它们安全地带离。车厢被扶正了，用找来的绳子把破旧的挽具暂时绑上了。令我们吃惊的是，有一位乘客能够流利地说英语，再三向我们确认有没有人受伤。

"照这个速度，我们永远也到不了渡口了。"热情妹大喊。离开刚才那个惊心动魄的场景才两分钟，又有一匹马开始在狭窄的路上跳了起来，四蹄乱踢。

高出水面的石墙上晾晒着兽皮和羊皮，显得很奇怪。农民们背负着如此沉重的东西！其中一个经过我们身旁，宽阔的肩膀上挂着 4 个系在一起的坛子。

特奥多海湾变小了，1380 年，匈牙利的路易斯（Louis）为了抵御威尼斯人进攻卡塔罗，在岸滩之间装上了铁链，以阻止船只靠近。这个海湾也被称为勒卡蒂尼(Le Catene),这里有个村子叫卡姆纳利,我们要找的渡口就在那里,只有半英里的距离。明知道穿过积雪覆盖的群山就有一条美丽平坦的大路,但是却无法到达那里,这是多么令人气恼啊!海面平静异常、湛蓝无比;远处出现了一艘橘黄色的帆船,映衬着背后普拉斯托灰色的山崖;青山之畔,一座白色外墙、绿色穹顶的教堂依山而建;不过对于望眼欲穿的我们来说,最美的是——驳船,政府的驳船!——水手全部就位,还有伴随而来的拖船,在码头边等着我们!负责的军官非常热情,令人愉快,以至于我决定斗胆提出请求:

"我可以在我们的车上船的时候拍照吗?"

"当然可以。"他温和地回答。于是我们渡过海峡的情形很快就被记录在小小的黑色胶卷里了。

真正渡过这一小片海面的时间只有8分钟,但是让笨重的汽车上船颇费周折,因为舷梯的宽度勉强能通过。事先准备好的用来通过驳船的平台太短了,当巨大的车子开足马力爬上小斜坡之后,前轮已经滑下去了,只听"砰"的一声,车身倾斜了,我们担心下面的船板是不是把车轮撞坏了。所幸,检查之后没有发现大问题。在里皮塔尼(Lepetane)下船的时候,车子不需要启动;水手缓缓地把它拖下了船,司机在车上把住方向盘。我们为我们成功渡海而欣喜若狂,跟船长和水手们道别并约好下次的时间之后,我们在平坦的大路上朝着卡塔罗飞驰而去。

两座宛如仙境般的小岛在我们面前的海湾里若隐若现,其中一个岛上有一座蓝色穹顶、白色围墙的教堂和圆形钟楼。"那是斯卡佩尔(Scalpell)的圣母教堂,"头儿回过头来大声说,"那里的每一寸土地都是信徒们从大陆上带来的。年复一年,它越来越大,直到在一块突出的礁石上形成了这个岛屿。这个风俗延续至今,我想,每年7月22日都会有一艘船从普拉斯托起航驶向这个圣地,上面装满了举行仪式要用的土石。另一座岛是被废弃了的圣乔治(San Giorgio)班尼迪克蒂尼(Benedictine)修道院。"它们像漂浮于水面的珍珠,由小镇普拉斯托守护着,这个小镇坐落在宏伟而荒凉的卡索尼山(Cassone)上。

转过一个急弯之后,眼前豁然开朗,卡塔罗湾出现在前方。在5月灿烂的阳光下,它闪烁着耀眼的光芒,黑山山脉的崇山峻岭在海面上投下阴影,岸边点缀着许多由白色房子组成的村落。一叶橘色帆船划过如玻璃般清澈湛蓝的海面。士兵为这幅画卷带来了阳刚之美。听到我们驶近的声音,哨兵们从他们的营房里猛冲出来。每一处高地都建有要塞,山坡上可以清楚地看到用来进行射击训练的靶场。没有比这条路更美妙的了,道路环绕着海堤,堤坝上是梯田层叠的山坡,种植着大量的橄榄、葡萄和其他水果。紫荆树缀满花朵的枝条低垂着,就像给灰色的崖壁戴上了粉红的花环;在一片春天的新绿之中,一座白色的四角钟楼矗立在突出的岩石上。

"我想,那可能是上斯托里沃(Upper Stolivo)。"头儿指着那座雅致的钟楼说道。

海湾的另一端,荒芜而陡峭的山峰屹立于岸边,在海面上投下巨大的阴影。"你们看到山肩上方高处尖锐的白色之字形了吗,就在洛弗森山雪线下面?"头儿热切地问道。

"什么?崖壁上那些古里古怪、有棱有角的巨大痕迹?"

"是的是的,卡塔罗湾上方。"

"那是什么?"我仍然迷惑不解地发问。

"那是我们的路线,"他简短地回答,"去黑山的路。"

我略微颤抖了一下,温柔姐喃喃低语:"但愿是安全的。"

"哦,人们天天都去那里!"我很勇敢地让她放宽心。

"但不是坐汽车去的。"她表示异议。

"哦,没事,等我们到了那里,就没有现在看起来那么陡了——从来都是这样,你们知道的。"

我们默默地向前行驶,经过了下斯托里沃(Lower Stolivo),这里有更多士兵在狭窄的道路上列队行进、操练；经过了历史悠久的珀扎格诺（Perzagno）小镇，一座未完工的穹顶教堂和小镇整体呈现的威尼斯风格诉说着它往日的辉煌。又转过一个弯之后，我们一路直行，海湾越来越窄，卡塔罗希腊教堂的绿色穹顶映入眼帘，古老的城堡矗立于一座孤峰之上，而孤峰脚下是一座看起来十分平坦的小镇，这些构成了别有韵味的画面。一排要塞与城堡和小镇相连，沿着山崖向上延伸，巧妙地与山石融为一体，唯有从它锐利的棱角才能看出它是人造工事。

一片片的房屋就在路边延伸，每所房子都自带一个小码头和色彩绚烂的花园，花园里种着金鱼草和金盏花、桂竹香、鸢尾花、雪绒花和紫丁香。他们说退休的水手们住在这里——一个安度晚年的理想场所。很多灌木丛上点缀着丝带、布片和彩纸。它们是五朔节仪式留下来的吗？山坡上的梯田里，葡萄藤蔓之间的槐树上挂满了沉甸甸的甜香花朵，香桃木和日光兰在不被人注意的角落里破土而出。我们喜欢的草本玫瑰在这里也很珍稀，朝向水面盛开的一大片勿忘我像是蓝色的地毯。

可是车停了——遇上了新问题。道路从两所房子之间穿过，而这两所房子离得太近了，其中一所房子旁边拴着一头驴，完全把路挡住了，而它正回过头瞧着我们呢。倚在窗边的女士觉得很好笑，叫来了一个男孩，男孩跑上山去找驴子的主人。在驴子的主人出现之前，这个小村庄一半的人都聚集过来了，屏住呼吸，每一个都兴致勃勃地旁观这可笑的场面。"切！多好的公路啊！"驴子主人嘲笑道——或者他的语气至少有点这种意思，如果他说的是斯拉夫语的话。他解开驴子，把它拽出道路，我们扭来扭去地通过了。

我们遇到了更多的士兵。这一次他们在运送装满水的油桶，水是为早晨的各种清洁工作而准备的。我们穿过河流的时候，看见城堡上的旗帜迎风招展，在灰色山崖的映衬下显得非常鲜艳。就在卡塔罗镇子外面，我们驶上了通往黑山的公路。

我们听说每天上午大约 11 点的时候,会有一支车队上山为黑山居民提供各种生活用品,我们最好在它之前通过那些急弯和陡坡。我有时候想,当汽车和马车相遇的时候,坐在汽车里的人和马车里的人是一样紧张的,我们总是一百个小心地避免危险。我们向右拐过一个急弯后驶上山坡,果然看到前方有 14 辆大型马车也正准备上山,它们都装得满满的,正等着车夫。后面跟着无数头驴子,都驮着满满当当的包裹。

能够安然无恙地超过他们简直是一次壮举,因为耐心的等待和小心谨慎,我们足足花了 5 分钟。当面对着畅通的道路和山梁时,我们长长地舒了一口气。夹杂着粉色、蓝色和黄色花朵的草地铺满了整个肥沃的山谷,在这片真正的地中海型植被中央,橡树林枝繁叶茂。

绕了 4 圈不算长的盘山路之后,我们来到特里尼塔(Trinita)要塞旁,而就在刚才,它还似乎屹立于云端。这里有一条路通向巴杜阿(Badua),达尔马提亚的一个亚得里亚海港口;一条通往维尔马克(Vrmac)要塞,在我们上方 1000 英尺的高处;我们走的是另外一条路,离开了卡塔罗湾,在这里可以看到像玩具一样的蒸汽船正驶入码头,景色壮美的洛弗森山雪峰和特奥多海湾,还有祖帕(Zupa)肥沃的原野,现在冬季的洪水已经退去,丰收的水稻郁郁葱葱。再次看到了环绕于戈拉兹达(Gorazda)要塞脚下的峡谷,两侧的山坡上都是梯田,一直延伸到卡塔罗湾岸边,与黑山山脉光秃秃的山麓形成了鲜明的对比。每过一分钟就能看到更多的山峦、更多的海湾、更多的雪峰,它们似乎在我们面前描画自己的轮廓。直到经过新堡,我们才又看到开阔的海面,并且能够在地图上找出我们这次美妙的全景之旅所走过的路线。

穿过山涧干涸的河床,到了泽维尔涅科(Zvironjak),我们很快就开始走那些棱角分明的盘山路了,这里如此荒芜,没有植被,所以至少在 10 英里以外都能看得清清楚楚。今天无风而温暖;顶峰覆盖着白雪的山脉看起来如梦似幻。特里尼塔要塞已经在我们脚下很远的地方了。山路并不是太陡峭，但是不能有一丝风或一滴雨。

我们休息了一会儿，好让过热的引擎冷却，还可以脱下我们的外套。目光越过斑驳的山脉，可以看见在正午的艳阳之下，亚得里亚海的浪花闪闪发光。一辆挂着帘子的马车经过，一个女人从里面窥向我们，她头上戴着红色小帽，颈上系着鲜艳的领巾和围裙。经过更多的盘山路和更多连绵不绝的景色之后，我们来到修路工人的住处，得到了珍贵的水。住在这么高的地方，面对这么壮丽的美景，是多么的奇妙啊！

就在我们等待水箱被加满的时候，门口出现了一名妇女。我们好奇地打量彼此。在灰色的山石之间，她一点也不缺少色彩。她穿着颜色鲜亮的格子毛呢裙和红色条纹的短上衣，深红的领巾和白色的头纱让她的服装更加明艳夺目。

不知道是什么鸟儿在这岩石遍布的荒野啾啾歌唱。我们重新上路，一群黑色的大鸟从峭壁上飞来，因为我们靠近而受到惊吓，在我们头顶盘旋飞舞，离我们非常近，能够看清它们翅膀外缘的羽毛。

"你们能数清吗？"我大喊，"我估计有 40 只。"

"是什么鸟？"头儿问道。

"我不确定，"我回答说，"可能是秃鹫，我得看看有没有介绍这个地区鸟类的书籍。"

为了让一辆马车通过，我们等了两分钟，向上绕了 5 圈陡峭的盘山路之后，我们面前又出现了看似多得数不清的那种大鸟。随着我们越爬越高，俯瞰的全景越来越壮观。这里有许许多多黑白相间的燕鸥，我们感觉到白色的羽毛从眼前闪过，那是夜鸣鸫或者山雪鸫。经过一个回声很大的山洞之后，我们等了 6 分钟，而也有些黑山的马匹已经适应了我们的车，愿意跟在后面。骑马的人们穿着华丽的蓝色宽松裤子，红色的短外套，系着红黄条纹的腰带，脚上是白袜蓝鞋，红色的帽子上绣着金色的字母组合图案，是希腊字母"N.I."，这是黑山皇家的服饰。我们现在已经在黑山境内了,刚刚越过奥地利边境线,很快我们就到了山顶(3051 英尺)。

"登上这么高的地方,我们只花了一个半小时。"热情妹大声宣布。我们在洛弗森山脉的山肩上转来转去,终于离开了那些要塞和无止境的盘山路,离开了夹在两个海湾之间、令人难忘的岩层交错的维尔马克半岛,离开了从科里沃斯耶(Krivosije)到拉古萨的灰色山脉和亚得里亚海。我们下坡来到一片岩石密布的高山台地,这就是黑山给我们的第一印象。路面明显粗糙多了,四周荒凉得难以用语言形容,在壮美的辽阔高地和广袤雪原之间,洛弗森山脉雄浑巍峨的群峰直插云霄。零星分布的一个个小山坳里长着稀疏的橡树苗,在奇怪的环形田地里,男人们在耕种,一个女人一边走一边转着纺锤;男孩们穿着白色羊毛外衣,我们靠近的时候,他们摘下了红帽子,像军人一样立正站着。

我们很快经过了一个布局散乱的村庄涅古斯(Njegus),构造简单的皇家夏宫被标示出来。我们开始翻越克利瓦科兹德里耶罗(Krivacko Zdrjelo)山口(4298 英尺),那个布局散乱的乡村已经在我们身后了。低矮的房屋顶上交错层叠地铺着扁平的石头, 坑坑洼洼的绿色田野用石墙围住,平整过的圆形空地,显然是打谷场,也用粗糙的大石头围了起来;灰色的盆地里,荒凉贫瘠的山梁拔地而起,远处是洛弗森山永恒的积雪。在这个地方,女人显然不会是时尚的花瓶,也不会深藏于闺房。她们可以在广阔的田野上自由呼吸,如果有干劲,还可以背上沉重的水桶,沿着小石径下山。我们见过她们这么做。

我们继续向上绕了 4 圈长长的盘山路, 每一种没见过的鸟儿和野花都让我们觉得非常新奇。路边的一个水槽里有很多水,于是我们又给勤勤恳恳的汽车"喝"了点水。又盘了一圈之后,到达山顶。今天真是意义重大的一天,现在我们脚下又是另一番壮美绝伦的全景!我们第一次意识到,地球母亲经历了多么沧桑的岁月啊,她满身皱纹与伤痕,历尽了摧残与侵蚀。没有一处地面是平坦的,只有凌乱到极致的一堆堆碎石,远处的山峰层峦叠嶂,地平线上是绵延不绝的皑皑雪山。

"那是阿尔巴尼亚!"我们刚歇了口气,就听见头儿大喊,"你们看见波光闪闪了吗? 那是斯库台(Scutari)湖! "

我们近旁的喀斯特地貌点缀着斑驳的云影;抽出新芽的山毛榉和橡树苗为它增添了色彩;一只鸟儿在歌唱,歌声深沉饱满、悠然自在;这一切占据了我们的所有感官,让我们几乎无暇他顾。

下山的盘山路弯急路窄,我们快速地滑行了一圈又一圈,路过了别具特色的茅草屋顶的房子和身着盛装的农民。很快就看见了位于群山怀抱之中的采蒂涅,周围积雪的山峰泛着柔和的蓝光,远处是斯库台湖。又向下蜿蜒环绕了更多急弯之后,脚下出现了一个山谷,绿色和棕色的田野被灰色的石墙隔开。

一条没有树荫的公路笔直通往这座满目红色屋顶的城市。这就是采蒂涅。田间劳作的男人直起身向我们致意;小男孩们脱下帽子,规规矩矩地向我们深鞠躬;小女孩们腼腆而优雅地向我们行屈膝礼。难道他们以为我们是皇室成员?对于汽车来说,服装就只是装扮而已了,在黑山,只有皇家才有汽车。

到达旅馆门前时,我们迫不及待去吃午餐,而且很高兴地看见厨房里主要都是法式食品。只有土耳其咖啡提醒着我们,我们确实身在东方。

横渡海峡

海湾沿岸的"私家"码头

回望海湾

通往黑山的道路

第十九章

采蒂涅

"你们累吗？"我们往楼上的房间走去时，热情妹问道。

"我倒不是特别累，"康坦特女士回答道，"但我觉得我们应该先休息一会儿然后再继续观光，你说呢？"

我们有这么多可选择的机会，现在休息简直是浪费时间。不过没人规定不许往窗外看，单单是窗外的景致就足以让人沉迷好几个小时。那就像在一个浅棕与淡绿双色交织的舞台上，不断地上演古典的仪式，不断地展开绚烂的画卷，背景是红色屋顶之上如波涛般起伏的青色山峦。

那些在宽敞的马路上走来走去的男人真是太引人注目了！浑身上下的服饰都是鲜艳的红色和蓝色，还配有金色的刺绣和飘逸的斗篷。他们靠近的时候，那灿烂的色彩令人目眩神迷；他们走远的时候，连阳光也随着他们一起远去了。但他们表情严肃，宽腰带里漫不经心地别着长柄手枪，好像只是去参加业余演出。整齐划一的红色圆帽镶有黑边，黑边象征着"为塞尔维亚失去自由而悲伤叹息"。王室名称的缩写字母用金线绣在五彩条纹里，这样的帽子很适合这些英俊的男子。他们的制服是深蓝或淡蓝色，或者白色的，勾勒出他们完美的健壮身材。在偶尔出现的外国人身上才能看到欧式服装。宽阔的大路上几乎没有车，这些军官肩并肩地排成六

151

行八列来回巡逻,标志性的俄罗斯佩剑叮当作响,真是令人倾慕的对象。在那些刷成淡粉色和绿色的房子里,有没有女子从窗帘后面偷偷地看他们?——外面看不见有女人。

一个农夫赶着一群不听话的猪从城外回家。他手忙脚乱,因为8头猪有8种想法。当他追赶某头猪的时候,他衣服后面的燕尾在风中飘扬,他把棕色披肩的尖角当作鞭子来驱赶猪群。一个男人肩上扛着犁,走在两头套着牛轭的公牛身后;难道他在市场上把他的牛车卖掉了?一群阿尔巴尼亚人穿着饰有黑色贴花的白色紧身裤和红色夹克,戴着白色圆帽,骑着驴子悠闲地进城。一个男人爬上靠在灯柱上的梯子,肩上扛着一个煤油罐。他仔细地用干净抹布擦洗灯罩,加满煤油,然后下来,沿着马路重复他的工作。这个古雅的小城连煤气都还没有。

"不想出去走走吗?"门口响起一个声音,我们迅速准备好。

旅馆在城里主要街道卡图斯卡(Katunska)的尽头,我们不得不走过整条街道。南边新建的花园和王储宫殿就更远了。尼古拉一世[1]的王宫坐落于左边的一条街上,是一所沐浴在阳光下的大房子,朴实无华,看起来很舒适。大门上方有一个小阳台,后面有一个美丽的花园。对面是他的次子,米尔科王子的宫殿。这位王子娶了塞尔维亚奥布雷诺维奇王朝[2]的资深代理人——康斯坦丁诺维奇上校的女儿娜莎莉,他们襁褓中的儿子麦克,因为王储没有孩子而可能成为黑山王国的王位继承人。米尔科王子到哪里都很受欢迎。

"他天资聪颖,是诗人、作曲家、音乐家,精通很多运动项目,风华正茂又性情温和,而且,与他的哥哥恰恰相反,他与任何丑闻都毫无瓜葛,他一直是父母最爱的孩子,是成为意大利皇后的姐姐最喜欢的弟弟,是他的家族中最受人民欢迎的人。"

这条阳光普照的街道稍远处有一座看上去像是碉堡的建筑物,被称为比尔扎多(Biljardo),以前是宫殿,现在里面设有最高法院、语法学校和其他各种行政机构。更远一点，在奥尔洛夫山脚下是历史悠久的圣母修道院，里面的教堂虽小却庄严肃穆，还有一座四角钟楼和一片彼得罗维奇王朝[3]的墓地。山顶最高处，一座镀金的穹顶庇护着达尼洛二世的陵墓，他于1860年在卡塔罗被刺杀，他是现任大公的叔叔和前任。从这里望去，夕阳笼罩着绿色田野中央的小城，周围是荒芜的山峰，景色非常美丽，我们爬山的辛苦值得了。

黑山公国是14世纪土耳其占领塞尔维亚的时候逃到黑山山区的一些塞尔维亚人建立的。他们凭借令人惊叹的外交手段和勇气保持着独立。每一个黑山人，无论老幼，都是战士，在需要的时候都会为他的国家而战。但是直到1878年，这个公国才通过《柏林条约》得以被那些强国承认，并把安提瓦里（Antivari）和杜尔奇格诺（Dulcigno）两个海港划给了他们。现任大公的开明政策和已经取得的成就，还有他的朴素与睿智，不仅使他得到了他的人民的爱戴，也赢得了欧洲的尊敬。1888年他颁布了先进的法律，打通了通往达尔马提亚的新路线，使得陌生人能够愉快地游览这个可爱的国家。面积只有3500平方英里，拥有25万居民，只要看到了这里多石的土地、恶劣的气候、艰苦的劳动条件，谁都会不由得钦佩这个山地民族的忠诚、勇敢与善良。

"我的脑子现在已经满得不能再满了，全是新的印象。"当我们在薄暮中朝着旅馆的方向溜达的时候，我勇敢地宣布，"天黑了真好！"

随着新的一天的曙光，疲倦消失了，我像平时一样热切地渴望各种新奇的景象和经历。这是星期日早晨，我窗边梧桐树上歌声嘹亮动听的鸟儿叫醒了我。粉刷过的房屋之间，依然有服装鲜艳的一群士兵在巡逻，4个或5个一排。远处出现了一匹白色的宝马，普通的马看上去不可能如此威严，也不可能在辔鞍的束缚之下显得如此高贵优雅。骑马的人是个大公，他摘下帽子跟一些人打招呼，我看着他沿着长街从容地走过来了。他是一位身材发福的绅士，个子很高，头发白了，胡子是灰白的。他的上衣是知更鸟蛋的那种蓝色，外面还套着红色的无袖夹克，上面有精美的金线刺绣；他的马鞍垫也非常漂亮，但是，他的帽子和其他服饰一样，都很旧了，尽管他是大公。他挂着慈祥的微笑问候他的子民，他经过我的窗下，享受着他的雪茄，然后消失在群山的方向。

"恐怕车子明天看起来不会干净了，先生，"我听见外面有人用含混的方言说道，"他们担心我弄脏衣物。但是我会尽力注意的。"

我的好奇心被勾起来了。

"这里的车库在哪里？"早餐时我问道。

"过来看。"穿过一尘不染的厨房，我被引到一个小院子里，里面一层层地晾晒着一周洗的衣物。

"他们为什么不把衣物收起来？"在衣物的海洋中发现我们的汽车之后，我问司机。

"如果他们收了，其他的又会马上晾出来，"他回答说，"当然，只需要一桶水和一块布就能把车子擦得光亮如新。"他明显不快地凝视着他的宝贝汽车。"这院子里还有 6 只猫，它们都住在车子里呢！"他拉长语调说。

显然，他跟我们不一样，他并不享受在外面欣赏到的美妙景色。不过，我必须说，这是他唯一一次勉强算得上挑剔的时候。他足智多谋、果断坚定、随机应变、热情守时，能够随时满足我们的需求，不多嘴、有礼貌，他让我们在穿越陌生土地的旅程中感到非常舒适。

我们汇入在宽阔街道上游逛的人流，再次欣赏这里洋溢着节日气氛的人群。有些人的长外衣是深绿色的，有的里衬是红色的，有的双肩处还另外挂着一件夹克。很多人都用缀有长长流苏的"斯特尔卡"（struka）包裹周身，这是当地一种深棕色的披肩，色调浓烈，拂过各处，底部饰有"由彩色羊毛编织而成的花结和垂穗组成的飘逸的长流苏。他们走路的时候，缀有流苏的披肩像翅膀一样甩来甩去，几乎快扫到地面了，让穿着者显得仪态高贵、气宇不凡"。如果不用的时候，可以挂在肩膀上；如果下雨了，还可以包在头上防雨；如果觉得冷，可以优雅地把自己裹起来。男人在羊毛上衣外面扎上鲜艳的腰带，而女人则让外套自然悬垂。我们幸运地看到一位身着民族服装的女性。她的白色羊毛裙上有特意做出的深深的裙褶，可能这是跟欧洲风格不同的地方；无袖的长外套是雅致的知更鸟蛋的蓝色；里面是修身的白色衬衣，袖子很紧，有绣花镶边。黑色的蕾丝头纱从她挽起的发髻上垂下，她撑着一把白色的阳伞。

一天早上，在刺眼的白色日光下，我们沿着卡图斯卡漫步，这里让我们想起来希腊，我们看到一长队士兵出现在一个小教堂门口。

"那是皇家教堂的礼拜。"一位被问到的皇宫守卫回答道。

"那大公也在里面？"

"是的，女士。"

"我可以给他拍照吗？"

他耸了耸肩，我坐在一块舒适的石头上耐心地等待礼拜结束的时候，他一直目不转睛地盯着我的小黑盒子[4]。从教堂到皇宫只有一步之遥，当大公出现在两个女儿中间时，看上去棒极了，他踱过广场，身后跟着护卫的军官和一连的士兵。　登上他的露台，他就转过身安静而专注地站着，抽着雪茄；与此同时，他手下的人并没有振臂欢呼，而只是列队进入皇宫的花园，腰间别着必备的左轮手枪。没有鼓乐，没有仪仗，只有例行的礼拜日早晨的仪式，令人瞩目。

大公走进去的时候，一位年轻英俊的男子穿着合身的素净制服，甩动着戴了白色羔皮手套的双手，疾步走上台阶。

"你觉得那会是皮埃尔王子吗？"热情妹惊呼。

"可能是。"有人冷静地答道。

"跟他的照片很像，"热情妹回应着，"我想是的。"

"哦，可惜你的柯达不能记录颜色。"温柔姐不以为然，她已经是第一百次这样说了。

"是的,如果!"我回答说,"如果那个幸福的时刻到来了——想想看!我们应该再次周游世界,拍下新的照片。"

下午,军乐队从我们的窗畔列队经过,演奏着没听过的乐曲,水平还可以,他们要去公园举办例行的礼拜日音乐会。但我们有别的事情要做。从山上古老的土耳其炮台望去,我们看见有一条长长的白色道路从小城边缘的医院后面一路向上延伸,消失在低矮的山脊顶端。

"那一定是通往瑞杰卡(Rjeka)(里耶卡有名的城市)的道路,"细心的头儿说道,"我想知道路况如何。"

"那就只有过去看看了。"热情妹多少带点嘲笑的口气地回应道。

于是,午餐后,门口出现了一架3匹马拉的小马车,我们坐着马车一路轻快地穿过了这个小城不算长的街道,直到开始爬长坡。我们没法像坐在汽车里那样保持垂直稳定,但当我们来到这个整齐而庄严的小城上方之后,我们得以更加悠闲地欣赏风景。很多路过的当地人都热情地问候我们;特别是上了年纪的人,恪守礼仪,而年轻的女孩子羞涩地垂下眼睛。身着盛装的居民们沿着长长的山路向上攀登——显然,这比宽阔的卡图斯卡(Katunska)马路更能锻炼身体。

到达山脊顶端之后,经过一家小酒馆,我们转过一个向下的急弯,开始向东走,看到了美丽的斯库台湖和山顶积雪的阿尔巴尼亚阿尔卑斯山脉。

"斯库台湖,"我喃喃自语,"我总把它和东方的传说联系在一起。真不敢相信我们现在正在俯瞰它。它让我想起卡诗米亚河谷和拉娜·茹珂[5]、阿尔巴尼亚、马其顿这样的词汇,对我来说就意味着罗曼蒂克和神奇冒险。"

"我们应该坐汽车来,"头儿打断我的话,"那样我们就可以一路下坡驶向瑞杰卡(Rjeka)了。这路况看起来非常棒。"

"我们为什么不能坐马车去?书上写的,离采蒂涅只有8.5英里。"

"是的,但是在2000英尺下,想想我们坐马车怎么回来!半夜也到不了旅店。"

就在我们脚下的山谷乱石丛生、荒凉贫瘠，于是我们掉转马头，缓缓地往回走，回到欧洲最小的首都时，一弯新月挂在西边的天际，上方是耀眼的金星。这星月[6]并非这里唯一用来提醒防范土耳其人的标志。在他们新建的博物馆里，还有很多战利品和旗帜、加农炮、手枪，是这小规模的黑山军队从他们世代的仇敌那里缴获而来的。有一把本地的枪长度惊人，据说是一位著名英雄的手枪，他曾让 300 名土耳其士兵陷入绝境。仅在 20 世纪，土耳其人就侵略了这个"麻烦的国家"3 次，但是 1858 年在格拉霍沃（Grahovo）遭遇惨败之后，他们不再骚扰黑山人民。

注释:

[1] 尼古拉一世（Mirkov Petrovich-Nyegosh,1841—1921），1860 年至 1910 年为黑山大公,1910 年至 1918 年称王。作者写作本书时,他还是大公（Prince）。（译注）

[2]奥布雷诺维奇王朝(Obrenovitch dynasty),于 1817 年至 1842 年和 1858 年至 1903 年统治塞尔维亚。（译注）

[3]彼得罗维奇王朝(Petrovic dynasty),于 1696 年至 1918 年统治黑山。（译注）

[4]指相机。（译注）

[5]《拉娜·茹珂》(Lalla Rookh),爱尔兰著名诗人托马斯·穆尔（Thomas Moore,1779—1852)于 1817 年发表的一首浪漫主义长诗。Lalla Rookh(拉娜·茹珂)是波斯语,意为"郁金香般的脸颊",是诗中女主人公的名字。卡诗米亚河谷(Vale of Cashmere)是诗中的地名。（译注）

[6]当时的奥斯曼土耳其的国旗与现在的土耳其国旗,都是星星和新月的图案。（译注）

涅古斯的旅馆

从酒店窗口眺望采蒂涅

当地的披肩"斯特尔卡"

黑山军官

第二十章

回到达尔马提亚

在一个非常美丽、清新、明澈的早晨,我们离开黑山那不算大的首府,开始长途旅行,翻越那些黑色的山峦,返回达尔马提亚。街道上挤满了衣着鲜艳的人群。事实上,才过五点半就已经有四群男人在来回走动,尽管阳光耀眼,他们却穿着厚重的外套;我们离开旅馆的时候,瞥见大公骑着他的白马,在进行早晨的操练。

洛弗森山的座座雪峰矗立在路的尽头,似乎挡住了我们的去路。我们驶上曲折的盘山路, 很快就到了山顶, 能够清楚地看到彼得二世大公(Prince Peter II)的纪念教堂矗立在流光溢彩的原野中央。在科尔斯塔克(Krstac) 的哨卡附近——人们一般从这里上山——我们遇到了一个牧羊人,他一身的装束是我见过的最破烂的,但他一边走一边晃动着一把银柄的雨伞,腰间还别着一支做工精美的左轮手枪。

盘山路似乎比我们记忆中的更加陡峭,转弯也更急了。为了翻过一个山头而绕回来的时候,路边竟然没有栏杆,下方就是数百英尺深的垂直岩壁,感觉太可怕了! 我们终于在离开旅馆 39 分钟之后到达了克利瓦科兹德里耶罗山(Krivacko Zdrjelo)的山顶,俯瞰另一侧漫长而蜿蜒的盘山路,发现每天一班的驿站马车就在我们面前。

"我想他们应该 5 点钟就出发了，"康坦特女士评论道，"你们估计他们什么时候能到卡塔罗？"

"可以很轻松地赶上午餐。"

"如果我们的车能够过去，我就谢天谢地了。"她回应着，向后靠了靠，开始她新一轮的感谢和祈愿。我们从布满灰尘的马车旁驶过，看到了下方岩石密布的洼地里的涅古斯（Njegus）。

我们停下来拍摄大公的出生地，发现我们多带的备用油箱少了一箱，不知道滑到山坡下的哪个地方去了，剧烈的颠簸导致它被晃掉了。

"我真希望谁能找到它，"头儿说着，回过头在空空如也的来路上搜寻，"在石头堆里捡到一箱 12 升的汽油，难道不值得庆贺吗？"他想到了那个拿着祖传银器却衣衫褴褛的牧羊人。

我们一路颠簸地穿过了岩石遍地的山谷，7 分钟之后我们到达第二座山口，再次眺望群山环绕景色绝美的海峡。这难以形容的奇幻美景带给了我们不一样的感觉。上次我们看到它的时候，正值中午，太阳平直地照射下来；而这一次，清晨的光影如此新奇曼妙。经过科尔斯塔克洞穴之后，光秃秃的山坡上出现了另一条道路，显然是借助岩层的褶皱随意修凿而成的。在它消失于青翠碧绿的卡塔罗山谷之前，我们清楚地数了，那路面高低错落，一共有 26 级。黑山已经在我们身后，我们所有的注意力都被路上全新的景致所吸引。

祖帕山谷尽头的特拉斯提海湾（Bay of Traste）越来越近了。每转一个弯我们就又绕回原来的方向。在万丈深渊的边缘，时刻等待着右边的操纵杆被拉下，这意味着只是和缓地拐个小弯；在这种时候还能冷静地保持姿势，那得需要对你的司机和你的汽车有多么坚定的信心啊！去想象万一拉错了操纵杆会发生什么，这是绝对不明智的！

车子顺着海边的陡坡无声地向下滑，让人放心的刹车装置使我们的飞驰处于受控状态；灿烂的阳光下，卡塔罗湾点缀着白色房屋和快乐水手

的小港口,尖尖的海岬向前探出。一丛丛黄绿色的大戟属灌木(拉丁语名:
Euphorbia biglandulosa)是这些满布岩石的山坡明显的特征,长有细密锯
齿的刺芹和蒺藜从草地里伸出,开着精致的小花。这里成排成排地长着一
种奇怪的植物,被称为"基督之荆棘"(拉丁语名:Paliurus acetalus),据传
基督的荆棘王冠就是用这种植物编成的。

我们驶过了路边的喷泉、戈拉兹达(Gorazda)要塞的乱石、特里尼提
(Trinity)要塞的岗哨,在车马队出发前下坡进入碧绿的山谷。然后在平坦
通畅的大路上快乐行进。经过珀扎格诺和两个斯托里沃(Stolivo)之后,我
们来到对岸的彭拉斯托(拉克罗玛),它那指向天空的尖顶钟楼、遮天蔽日
的巍峨断崖和居高临下的宏伟堡垒,倒映在平静如镜的水面上。

最后看了一眼卡塔罗湾,圣乔治奥(San Giorgio)长满柏树的灰色绝壁
下,它的姊妹岛"好似睡莲平展的叶子漂浮在海面上",然后我们拐进勒卡
蒂尼的狭窄小路,在里皮塔尼的小码头上停下来。还没到 10 点,我们还需
要等一个小时。微风和煦,我们坐在枝叶招展的桑树下,躲开了炙热的阳
光,找不到比这里更安静、更可爱的歇脚点了。

"我可以在这里给柯达相机换胶卷吗?"我问道。码头边上一座不起眼
的石头房子开着门,我往门里望去,看到正对面还有一扇门,可以让阳光
照进黑黢黢的屋内。一整面墙边摆着一排柜台,直达屋顶的架子上摆满了
各种瓶子和盒子。柜台后面有一个有点干瘪、面色和善的女人,看上去很
神秘。我在商店另一侧桌旁的椅子上坐下,开始换胶卷。她刚一意识到自
己没有这种摄影器材,马上就觉得解脱了,变得非常热情。

"Prego, Signora。[1]"她不断地插话。我快速地转动大脑,在架子上搜寻
看看有什么东西可买。

"你有没有 cartoline[2]?"

"Illustrate? [3]"她发出的声音就像金属丝和女歌手的声音混合而成
的,极不协调。

"那么有勒皮塔尼的吗？海湾的？"

"没有，"她愉快地评论道，"这是太小一个村子。[4]"

"女士们不想在等候的时候休息一下吗？"她的一位姐妹带着我们通过一段很陡而且光溜溜的小楼梯来到一间干干净净的房间，地上放着的花瓶里插着一束束丁香，一下子就抓住了我们的心。她关上小窗户，把椅子往前推了推，但我们瞥见这一层有个花园，我们是那么热切地望向外面，于是被允许去走一走。芜菁和莴苣、玫瑰和丁香，都和谐地生长在一起；有一小块地方的小路用石头仔细地标志了出来，是一个被矮篱围住的鸡舍，大约只有餐桌那么大。石墙外面就是海峡里的幽幽碧水，更远处是皑皑雪山。这位友善的人寻遍花园找到最美的玫瑰，又在一捧丁香花里插了一朵深红的桂竹香，一起送给我们。这和蔼的姐妹俩愿意为我们做她们能做到的任何事情；她们并不是强加于人，而仅仅是对我们的奇怪行为感兴趣。

巨大的桑树为小小的港口带来阴凉，许许多多粉红的玫瑰探出奶油色的墙头，恣意悬垂在墙面上；陡峭的石阶路笔直地延伸到山顶，连通了别的街道，座座房屋坐落在橄榄树园里；偶尔看见　位戴着头巾的少女拿着铜壶到井边取水；一位船夫在他的小船上喊起音乐般的号子；一艘大船慢慢驶过，船帆收起，站着的水手们划动长长的船桨让船前进——多么值得拍摄的美好画面啊！然而，一根显眼的柱子上竖着牌子，明明白白地写着3种语言——德语、意大利语和法语——"警告：禁止拍摄海峡"。

我急切地盯了这柱子一个小时之后，一位士兵出现了，也许是恰好经过，也许是被派来监督我可怜又无辜的小相机。我赶紧抓住机会，请他告诉我，我想拍摄我们的汽车（它正无助地停在狭窄的海峡前），该向谁申请许可。我以为我这开放性的谈判很具有外交技巧。他一脸茫然，他不懂意大利语。我的好朋友，商店的老板娘又一次帮了我的忙，把我的请求翻译成了斯拉夫语。负责的军官不在。就在善良的夫人非常尊敬地称呼他"军士"的时候,我请她问问他是否对我的照片有异议。他确定地回答她"只要这位女士的相机朝向大地"就可以,但说到群山,"不行,不行"。

我无法理解为什么禁止我拍摄这些青黛色的山坡——现代的要塞看上去都是一样的。无论如何,我只能遵守他不合理的规矩,把我的相机朝向"大地"。

一个文静的小女孩大约 11 岁,穿着黑衣服,头发整齐地扎起来,长长的睫毛向上翘着,正鼓足勇气靠近受挫的游客。我微笑着指向她自己,冒险说出我精通的斯拉夫语句子:"Kako se zove ova?"(他们怎么叫那个地方? 或者,那个地方叫什么名字?)她毫不犹豫地回答"阿古斯塔(Agus-ta)",我被她的理解力镇住了。现在我的语言沟通能力降为零了。我不知道其他任何短语,不过我想到了一个好主意。我指着对岸灯塔上方一座绿色穹顶的教堂,重复我熟练的句子。这次的回答是——乔西卡(Josica)——我高兴地听出来这就是我想要的那个词。

如果不是那会儿一条拖船正从里萨诺河谷方向开过来,不断靠近我们所在的码头,我应该会一直不停地指向那些与众不同的景致,可是,啊!这船在我们身旁鸣响了汽笛。"是去拖驳船的吗?"我们一直看着它,直到它转弯,不是继续去往新堡方向,而是沿着提奥多海湾(Teodo Bay)南岸行进。不过它很快又重新出现了,拖着备受期待的驳船,我们热烈欢迎殷勤的船长和麻利的水手们。这次他们弄到了一艘更大的平底驳船,甲板几乎跟船坞一样高,这样我们的车不费吹灰之力就能上去了。在随行的拖船的船篷下,放了椅子给我们坐。汽笛拉响了,我们离开之际我回望那阴凉的码头和边上那灰色的石头房子。门上的牌子写着:"Rachella Marchesini, Prodaja, Jestvina Rukotvorine L vina。[5]"楼上一扇半开的窗户边,倚着一位面色和善的老妇人,热切地挥手跟我们道别:"Buon Viaggio[6]"。

在卡姆纳利的码头上,我们和政府协办员道别,互相表达了满意之情。经过开满黄色雏菊的田野和遍布粉色缬草的花园,我们没有再遇到麻烦,向泽莱尼卡(Zelenika)的"绿色海滩(Grünen Strand)[7]"飞驰而去。在那里,更多美味的匈牙利食物等着我们。午餐后小憩了一会儿,我们又启程前往拉古萨。

勇敢的蓝背燕子安静地停在电线上,我们在下面"嘘"它们的时候,远处的圣萨维纳教堂响起了报时钟声。一艘双桅帆船正穿过通往海湾的航道,以躲避亚德里亚海上涨的潮水。西班牙堡垒的圆形塔楼出现在爬满常春藤的堡垒上方。我们在新堡停留,因为头儿要拜访奥地利官员,感谢他们为我们顺利完成黑山之旅所提供的热情帮助。

"天气真暖和,我们走路去那个小塔楼看看吧——怎样?"在温柔姐犹豫的时候,我们登上石板路,透过狭窄的空隙俯瞰远处海湾湛蓝的水面。勤勉的小驴子驮着沉重的包裹,费力地爬上山坡。令我吃惊的是,它们并没有在商店门口停下,而是平静地走上台阶,从开着的门进去了。它们偶尔需要有人帮助才能进得去,因为它们背上的包裹鼓鼓囊囊的。我真想跟着去看看它们能不能爬上更高的楼层,我相信它们能。

阳光很刺眼。"我必须找个地方换胶卷。"热情妹宣布。穿过一个拱门,走过一段矮矮的石阶,来到一座小院子前,这里有间木匠铺,其实也就是个卖刨花的小店。我朝里面张望。

"我可以在这里弄弄我的相机吗? 必须要避开阳光。"

"那好吧!"店主大声喊道,冲过去拿了块湿抹布,飞速把长条桌子的一端擦了一下,然后若有所思地看着我开始熟练地干活。

"是从的里雅斯特来的? "他小声问。

"不,从美国来的。"我回答。

"啊,其实我有个儿子在美国。"他自豪地回答。

"是吗? 他大概在美国的哪个地方? "

"在布宜诺斯艾利斯(Buenos Ayres)。"他回答。

"哦,那是南美洲,我是从北美洲来的。"

我看出来了,他对此毫无概念。美洲就是美国——大洋彼岸的遥远国度——干吗要多此一举地划分开来?

"那你儿子在那里待了多久了?"

"一年。"

"那他喜欢那儿吗?"

"非常喜欢。"

"那儿跟这里肯定不一样。"

"夫人您喜欢这里吗?"

"真的非常喜欢。海湾很迷人,采蒂涅——我们今天早上 7 点(现在是下午 3 点)才离开采蒂涅,顺着山势坐车下来,这一路太美了!"

这个男人更加若有所思地看着我。我肯定他没有听我后面那段热情洋溢的评论。今天没有船,从采蒂涅坐马车过来中间不停也需要 11 个小时。"是的,"我继续说着,以为他的沉默是鼓励我说下去,而我的注意力却在我的相机上,"我们还在渡口等船等了两个小时——要不然——"

"要不是等船,她两个小时前就能到这里。"这个男人向他的助手机械地重复我的话,助手也过来了——显然是个学徒。

他们两个都用凝重的目光注视着我。

"哦,我们一个半小时之后就到泽莱尼卡吃午餐了。"我继续漫不经心地说道。

"一个半小时。"他喃喃自语,悄悄往外面靠了靠,他完全被震惊了,试图搞明白是一个什么样的疯子跑进了他的店里。

"你瞧,坐在一辆汽车里,人们可以到很远的地方去。"这个解释打消了他心中的疑虑,让他不由自主地放松下来,重新成为一个周到的主人。离开的时候我向他道谢,他满面笑容地说"Küss die Hand"。过了一会儿我们驱车离开的时候,他没戴头巾站在路边,向我们挥手致意。这里的人们多么善良啊!多么乐于助人啊!

　　天气很热。我们还没到分隔苏托里纳（Sutorina）和瓦尔卡纳利(Val Canali)的山脊顶端,可怜的发动机就熄火了。但小溪从乱石密布的山坡上潺潺而下,为我们提供帮助。水箱里的存水被倒掉重新加满,又多带上一箱水,我们愉快地沿着海岸行驶,银色海面似乎就在脚下。经过了古老的埃皮达鲁斯、布雷诺的瀑布和磨坊,拉克罗玛树木繁茂的小岛和奥索拉的灰色悬崖,终于,塞尔吉奥山脚下的拉古萨城墙越来越近了。在旅馆门口下车的时候,我们意识到,我们的黑山之旅,并非前路难料的试验,而是最不寻常、最令人愉快和激动的一段旅程。

注释:

　　[1]意大利语,大意是:请坐,夫人。(译注)

　　[2]意大利语,大意是:明信片。(译注)

　　[3]她想说的应该是 illustration,但说成了动词形式。(译注)

　　[4]她说的这句英语语序是错误的,这里按照原文的错误语序翻译了。(译注)

　　[5]当地文字,应该是门牌号等地址信息。(译注)

　　[6]意大利语,大意是:一路顺风。(译注)

　　[7]德语,是旅馆的名称。(译注)

摆渡驳船

驴子走上台阶进门

第二十一章

进入黑塞哥维那——从拉古萨经特雷比涅到加茨科

　　于我而言，拉古萨意味着象牙色的城墙映衬着紫色鸢尾花和紫色的藤蔓；碧绿的海水撞上黑色的礁石碎成千万朵小小的水花；荆豆和松树的味道让空气变得香甜，还有一群群身着鲜艳民族服装走过来的人！我们在这里逗留的 8 天都无比宝贵，在拉帕德和拉克罗玛树木茂盛的山坡上流连；沿着人踩出来的路爬上塞尔吉奥山，各种没见过的野花在石缝间绽放，多得数也数不清；在斯拉夫人和拉丁人擦肩而过的城市街道上，我们徜徉在阳光下。我不敢想象这可能是我们最后一次造访这个达尔马提亚城市，否则在这样一个晴朗无云的美好清晨，我怎么能轻松地离开，动身前往黑塞哥维那。

　　绕过古老的明希特塔楼和港口的城堡；路过的许多妇女头上顶着用白布覆盖的篮子；穿过山坡上野生的鸢尾花丛和龙舌兰、罂粟和黄色的荆豆花；我们沿着海岸线继续我们的旅程，脚下的海面雾气弥蒙。绕过一个海岬的时候，我们瞥见了圣贾科莫，最后看了一眼拉古萨；我们驶过奥索拉弯弯曲曲的美丽道路，在一个名叫杜巴克（Dubac）的小村子附近，我们向左转，去往特雷比涅。在我们下方蜿蜒的盘山路旁，是布雷诺山谷，它可能是达尔马提亚最美的山谷。而现在一定是一年之中最好的季节，从柏树到庄稼，全是一片郁郁葱葱。这确实是一个植物的庇护所，抵御了北风的吹袭，阳光普照，热量充足。

我们很高兴终于到了山顶，看到一小片房屋，这个黑塞哥维那边境线上的小村子被称为卢凡尼察(Ivanica)。微风拂面，一个女人戴着红色的小帽子，破旧的面纱翻在帽子上，她一边转动一个长长的铜筒研磨咖啡，一边盯着我们。所有标志牌上都只有斯拉夫字母。路况很好；我们脱下外套的时候最后回望了一下亚德里亚海，这么多个星期以来，它一直陪伴着我们。这个乡村跟达尔马提亚北部的没什么明显差别，岩石和红松、一片片农田，还有些树苗，但没有黄色的荆豆花。我们进入德里耶(Drijen)山隘，两座古老的土耳其瞭望塔出现在山顶，我们在采蒂涅见过的会唱歌的鸟儿，和它的同伴们一起，从我们身旁掠过。我抬头看，突然发现密布的岩石不见了，这里生长着橡树和榆木，还有许多开花的灌木，花序像洋槐花一样直立着。它是一种常绿灌木吗？一只长着翎毛的云雀落在旁边的地上。渐渐地，岩石又把我们包围起来；两面群山耸立，黑山那边更高的山峰覆盖着积雪。一条碧波荡漾的美丽小河从脚下淌过，我们很快就过了河。

"你说它叫什么来着？"我问。

"等等——我把它写下来。"在徒劳地想让我听明白之后，他收回了他的话；很快他递给我一张小纸片："Trebisnjica 或者 Tribinjcica。"

"难怪我听不懂，"我说道，多少有点拗口，"我准备叫它特雷比涅河(Trebinje River)。"

桥的两端分别矗立着一座奇怪的圆形碉堡，上面有用来架机枪的孔洞。小河千回百转地穿过肥沃的谷地。这里的葡萄、稻谷和烟草都长势良好，但周围的群山却萧瑟荒芜。即使在三伏天那么热的时候，附近一个火山口罅隙里的雪还是不化，离得这么近，以至于当地人把雪收集下来，晚上用来冰镇他们喜爱的饮料。

特雷比涅被分成了两部分。老城区古雅精致，护城河是一个吸引人的景点,遍布青苔的城墙倒映在平静的水面上。外侧的新城区时尚、整洁。不过孩子们——尤其是小姑娘们,我所能想到的就是一群花蝴蝶!那是我第一次看到身穿土耳其服饰的女性。转过一个街角,二十多个小精灵般的女孩子发现了我的相机,向四面八方散开——躲到每一个够得着的东西后面,从黑暗的街角那边看着我。她们太机警了,她们对相机的防备令我感到惊讶。多么明艳的色彩啊!这短马甲和肥大的裤子、头巾或圆形帽子,都太精致了,无法用语言形容。我多想跟她们解释啊,说服她们哪怕只拍一张照片,但那是不可能的!我必须提醒自己,黑塞哥维那和波斯尼亚直到1878年都一直是土耳其的领土,尽管现在受奥地利管辖,但依然严守穆斯林的风俗。[1]

对于任何一个到过开罗(Cairo)或君士坦丁堡(Constantinople)的人来说,特雷比涅的集市太寒酸了,清真寺也很普通;不过清真寺的尖塔,过去是用来唱祷告曲召唤信徒的,总是让人感觉不错。旅馆相当舒适,饭店也很受欢迎,许多军官坐在桌旁,以至于只是碰巧光临的客人都快没地方坐了。

"我们的车停哪里?"头儿问道。他已没有了找车库的习惯。

"噢,停在那个小花园里,那里围了篱笆,司机吃饭的时候我会叫人看着的。"

很显然,我们不是在达尔马提亚,在那里车子可以昼夜停在门口,平安无事。我们的担心驱使我们过去看,车子在树荫下停着,我们看见一个戴着红色土耳其帽的当地人拿着一根结实的棍子严肃地绕着车来回走,当好奇的小男孩们离得太近的时候,他就在他们头顶挥舞棍子。他的活儿可不轻松,因为小鬼们人数众多,而且动作敏捷。

我们离开特雷比涅的时候,一队士兵在路上行进,我们的车子被簇拥在一排排全副武装的士兵中间,感觉很奇特!这里的山上都有要塞,到处是士兵。从特雷比涅到加茨科的石子路不是就近沿着山谷里的河流修筑的,而是沿着边境线在靠近要塞的小山丘之间绵延起伏,路况维护得很好。当人们看到土耳其人的骡队,这曾是山区唯一的交通工具,就会意识到奥地利统治黑塞哥维那和波斯尼亚这 30 年来在全国各地修建了许多高级公路,具有何等的意义。南风吹过,天气很温暖,我们缓慢地沿着喀斯特地貌的山坡攀爬,前往我们今晚的住宿地——加茨科。我们没能找到一个去过加茨科的人,旅游指南也没有提供多少线索,但头儿坚信一位司机朋友的保证,说那里有一家政府驿馆,绝对可靠。

刚过山顶的一座哨所,一个手摇纺锤的女人入迷似的站在那里,身姿挺拔,像年轻的希腊女神,她的黑色羊毛外套被风向后吹动,露出了绣花的围裙。我们看到她的时候,她一动不动地站着。

"她简直像胜利女神像,对吗?"我的同伴评论道。

岩石之间有一群牧羊女正在照看她们的羊群,在我们看来,她们穿得太多了,装饰着红色带子的深蓝色及膝裙,长袖的蓝色马甲外面还套着一件无袖的白色长外套,红色的小帽子上别着白色的头巾,胳膊上挎着一个缀有红色流苏的扁袋子。一位年长一点的妇女穿着一件当地人称之为"struka"的棕色罩袍。一个身着华服像奥赛罗似的男人昂首阔步地走过来,他的红色丝绒夹克上用金线绣了花纹,头巾上插着花,让人印象深刻。

在我们无尽起伏的路途中,一次特别费力的"起"之后,我们停车从路边的桶里取水。在这荒芜的沙漠地带,水是昂贵的商品,每一滴都很宝贵。

"这里就没有地势平坦的乡村吗?"司机在换挡和拉闸的间隙问道。

"没有,这里都是山区。"头儿肯定地回答。我们继续赶路,又开始上下颠簸,看见了更多服装华丽、骑着驴子溜达的绅士。引人注目的高头大马配着黄铜制成的且缀着流苏的马具,为军营驮运物资,超过了我们。我们下坡穿过特雷比涅河上的一座三拱石桥,然后再次开始攀爬莫斯克欧(Mosko)的山丘。服饰别致的村民从小村庄一个个低矮的门廊里不断地走出来,有男人、女人和孩子。

"特雷比涅河的源头就在那山崖之下。"头儿指着那里说道。我们经过纽比列克(Neu-Bilek)的时候,又看到山坡上的白色石头上面勾画着醒目的皇家字母缩写——"F.J.I.",大约有 10 英尺长。在这片河流浇灌出来的绿洲之上,丁香和果树都开花了。

利用一小段平坦的路面,我们在公路上飞驰——砰! 一个轮胎爆了。当然没人因为损失一个轮胎而高兴,但如果这注定要发生,那没有比这里更幸运的地方了,在比列克(Bilek)镇子里,距离特雷比涅约 18 英里,在我们到达加茨科平原之前唯一一块平坦的地面上。

一群当地人闷声不响地聚集过来,既害怕又好奇地看着司机修车。他们身穿鲜艳的服装,在灰色石墙的映衬之下,构成了色彩明快的画面。只有一个敢于冒险的小女孩静悄悄地靠近身材高大的司机;同时邻近的一个阳台上,一位妇女探出身子打听消息,她倚靠着一个漂亮的曲颈瓶。公路继续延伸,一所有飞檐的土耳其式房屋矗立在转弯处,到达更高的地方之后,在一些穆斯林头巾形状的坟茔上方,出现了一座清真寺,白色的尖塔高高耸立。我们近旁高高的石墙下,一位妇女吱吱嘎嘎地转动着辘轳,从村中的井里打水灌进她那闪闪发亮的水罐。每一头路过的牲口都停下来喝上一口清凉的井水,然后继续赶路。

头儿去邮局给的里雅斯特发电报,再买一个轮胎,好让我们继续更远的行程,我们两个则去寻找更多的消遣。

"噢,快过来!"我的同伴兴奋地小声说,当时我刚卷上一张新底片。循着她的目光,我看到一对服饰非常漂亮的情侣走过来。男人,当然是走在前面,身着节日盛装,牵着他忠实的山马,马背上驮着装得满满的袋子。而那位羞涩的山村少女——她的服饰实在是太绚丽夺目了!

"噢! 你觉得她会是个新娘子吗?"康坦特女士问道,但是我忙着想拍张照片,顾不上回答。那个男人的脸色看起来很严肃,不让拍照的样子。他不是土耳其人,但他可能也对照相机有偏见。少女可能来自阿尔巴尼亚,穿着羊毛裙子和绣花围裙,长长的红色丝绒无袖外套上镶嵌了很多金饰;

敞开的夹克前襟两边都缀有巨大的银扣子，跟雪橇铃铛一样大；手腕处是蕾丝褶边；脖子上挂着金灿灿的项链，帽子上垂下金属圆片和珠宝坠子；手指上戴着许多银戒指，白色头巾上盖着四边缀有流苏的红色盖头。她的步伐轻松得像登山家一样，她的小马松着缰绳跟在后面。他们也在水井旁停下，用喝水提神，我真盼望能有个翻译。少女看起来并不反对与我们结识，因为她友好地微笑着；但那个黑皮肤的男人，她的丈夫或者父亲，催促她离开，他们很快就沿着漫长的公路走远了，远得看不见了，速度快得令人难以置信。

司机现在把空气泵收起来了，这意味着我们可以换换我们的面纱和沾满尘土的外套了。我们简直是嗖的一下就穿过了一个土地肥沃、鲜花盛开的山谷。我们爬上山坡的另一侧，看到了比列克的迷人景象，坐落于平顶的山麓之下，上方是它的要塞。一只淡褐色的"羽冠乌鸦"，头和翅膀是黑色的，毫不畏惧地飞过；路过的一辆马车上，两个土耳其妇女从她们的面纱后面盯着我们看。

这里没有路标，不过有些石头刷上了字，到底是距离，还是军事标志，我们就不得而知了。路况很好，我们在低矮的山丘之间蜿蜒起伏地行进。我们右面的天空中有一朵乌云正在形成，偶尔划过刺眼的闪电，这预示着暴风雨要来了。

"是的，那是我们要去的方向，"面对我们焦急的询问，头儿平静地说道，"你们需要把顶篷拉起来吗？"

"哦，还不用，"我们像平时一样，异口同声地回答，"这新鲜空气令人愉快。"

我们路过了许多羊群和一些小规模的牛群，看管它们的黑塞哥维那农民穿着色彩明艳的外衣。

"离加茨科还有三十多公里。"头儿回过头来说，与此同时，一只杜鹃发出悲鸣。

"那是不是下雨的预兆？"康坦特女士问道。

"恐怕是，或者要下雪了。"头儿回复道。离我们很近的地方已经能看到雪了，我们四周的原野已经变成白色的了。他告知我们，这是山口的顶峰了——特罗格拉夫（Troglav）（4340 英尺），我们拉起车篷，刚好及时躲过了雨滴。幸好我们处在降雨带的边缘，可以惬意地欣赏出现在我们右边的阿尔卑斯山脉黑山山区（Montenegrin Alps）壮美的全景，新下的雪把它染成了白色。我们下坡进入一处奇怪的褶皱岩石构成的山隘——长满了绿色的菟葵和黄色的兰花，然后穿过一个有山涧滋润的肥沃山谷，路边的山楂树开出了白色的花朵。

我们认出了我们左边的是切尔尼卡（Cernica）要塞，循着潺潺流淌的小溪上坡，我们又进入了一个山间幽谷。到达山顶的时候下雨了，但还不足以阻止我们看见加茨科平原，我们很快就驶过了平原；一片没有石头的宽阔谷地，没有被山墙或树丛分割。条条溪流纵横交错，减缓了水流的速度，在这肥沃的平原上，有些地方的庄稼已经长到 3 英寸高了；另一些地方，男人们在收割，还有人在其他地方播种。数量众多的夜莺成群结队地飞翔，一只鲜艳的黄色鸟儿，有知更鸟那么大，但翅膀是黑的，躲避着我坚持追踪的镜头。那是一只黄鹂鸟吗？越过缪斯卡河（Musica River），经过去往阿夫托瓦茨（Avtovac）的岔路，我们抵达加茨科，来到它的政府驿馆。

注释：

[1] 这是 1908 年 5 月，当年 10 月这两个省正式合并，成为奥匈帝国的同一个地区。

穿着欧洲现代服装的孩子（特雷比涅）

围在车旁的人群（比列克）

第二十二章

从加茨科到莫斯塔尔——布纳河源头

　　冰凉的雨水滴落下来，周围山上的一些积雪崩落到离我们很近的地方。我们很庆幸披上了最厚的披肩，这会儿进了驿馆无聊地躲雨，也不想脱下披肩。加茨科（Gacko）离海边有3200英尺远呢。

　　设计这所老式旅馆的人一定没长鼻子，我敢肯定。宽敞的前厅一侧摆了张桌子，很显然是吃饭用的，一进屋我们就闻到了以前某顿饭吃的洋葱的味道。在四四方方的楼梯间里，这股味道更是势不可当地扑鼻而来，也难怪——厨房门就开在这下面！即使还有另外的出口，这一个也是最常用的，而且通向所有房间，这样就可以把这气味强烈而持久地弥散到每个房间，不浪费一丝一毫。旅馆里还隐约飘着一股大蒜味。当然，客人们并没有察觉到，他们已经习惯了这种持久的气味，好像那是高山上的清新空气，而我们几乎要窒息了。头儿竟然没跟我们感同身受，因为没有他的房间了。我们戴着黑色的面纱，摸索着上楼；我走在第一个，到了楼上，我惊恐地停住了；地上躺着一条大狗，伸展着四肢，占满了整块地方。"它不会咬你的！"楼下传来喊声。不情愿地磨蹭了一会儿之后，这位狗狗终于"高抬贵脚"，让出一条小缝容我们通过。

　　门上标有"Fremden Zimmer（住宿加早餐）"的每个房间都很干净，但一点也不奢华,跟德语指南上说的一样。窗户又少又小,用的是最低档的玻璃和最便宜的木料。地板没有刷漆或打蜡,每一块大约 10 英寸宽,排列得不太紧密。每张床边有一小块磨损严重的地毯,床是铁制框架的——真让我欣慰。每张床上有一床红色棉被,不够长也不够宽,没法把自己裹紧,床单的大小跟被子很匹配,枕头里塞的是棉花;两张床垫里的弹簧还没有失去弹性。每间房都有个壁炉,但是没有火。

想不出我们的晚餐会是什么样的,还要就着洋葱味吃,我真希望那盒饼干和那瓶西梅果汁还完好地放在车里。晚餐时间,我们被安排在里屋一张不太干净的桌子旁,显然,这里是餐厅;很快,一位女子冲了进来,她上身穿着鲜艳的红白条纹水手服,领口开得很低,下身是黑色布裙子,系了一条勉强算是围裙的布片。

"Küss die Hand, gleich, bitte schön.[1]"她噼里啪啦说了一通,接着又出去了。

显然,这里生意很红火。我们耐心等待。过了好一会儿,她再次出现,带来两盘汉堡牛排和土豆,还有两份莴苣。

"Bitte schön."她一边略表歉意地说着,一边又迅速消失在门外。看来我们懂的感叹词太少了,没法对他们提出更高要求,我们保持冷静,没有说话,仔细打量着面前的丰盛大餐。

短暂的沉默之后,我先说话了:"我吃莴苣。"我们中谁也不好意思第一个吃。在陌生的国度旅行,"不要抱怨"是该遵守的好规矩。我们一开始就立下了这规矩,但是从未遇到过用它的时候,我们几乎忘记了我们曾经的决定。

"要不来点啤酒吧!"头儿兴奋地提议,开始消灭他盘子里满得快溢出来的食物,显得很有食欲的样子。啤酒上来了,味道很棒。

"你应该学着吃一点洋葱,"康坦特女士点评道,"这牛排没那么难吃。"

餐厅的另一边是"娱乐室",反正门上有个牌子是这么写的。头儿走进去看,回来汇报说,有两个男人在打台球,两个女人带着两个孩子在听乐器[2]的演奏。

"如果你住在加茨科的话,晚上也能有丰富的娱乐生活了。"听完她夫君的汇报,康坦特女士说道。

我们上楼的时候,从楼下黑黢黢的厨房里传来喊声:"Küss die Hand! Guten Nacht!"我们至少能听懂并对"Guten Nacht"[3]做出回应。

第二天早上,当我拉开窗帘,眼前出现的竟然还是和前几天一样的美景,加茨科也不例外啊。

碧蓝的天空下,白雪皑皑的山峰和青黛色的峡谷绵延起伏,一道绚丽夺目的彩虹把它们连在一起。窗前的树枝上,刚刚发出小小的嫩芽,而花园那头的醋栗花已经盛开。

有个人正穿过田野走过来,为了抵御清晨的寒风,把自己裹得严严实实,是男是女?是个女人,随着她离镇子越来越近,她把白色头巾拉得越来越紧,用来遮挡自己的脸,她的黑色斗篷下露出亮蓝色的土耳其式长裤。她经过的时候,我看到她背上垂下一长条黑色的布,上面整齐地绣着一种花纹。她是来看奥地利汽车俱乐部的赛车吗?今天,进入比赛16强的车手将从莫斯塔尔(Mostar)翻山越岭飞驰而来。前往拉古萨之前,他们会在这里吃午餐。我猜,他们的午餐会不会也是汉堡牛排和洋葱呢?

人们兴高采烈地等待着他们的到来。严格地讲,真正的加茨科镇在旅馆后的山上,大约有0.25英里的路程。但镇上至少一半的居民都早早地下山了,好在驿道旁占据一个有利的观看点。那些小女孩和特雷比涅(Trebinje)的一样,只是衣着更加破旧,但不那么腼腆了。她们光脚穿着系有皮绳的木屐;下身是纯棉长裤,在脚踝处收紧;上身是齐腰的小马夹,跟裤子的材质不一样,但颜色也很鲜艳;头上包着头巾——这样的装束在博斯普鲁斯(Bosphorus)或黎凡特(Levant)地区可能比较合适,但在这寒冷的山区，肯定不够保暖。

令我们担忧的早餐，最终被证明比我们预计的更糟。咖啡——真有创意——盛在高玻璃瓶里，已经凉了；面包，没有发好，还是酸的；奶油，不可能有！鸡蛋只是外面热了，而勺子太大，没法伸进蛋壳里。我心存疑虑地看着牙签；在另一个村子里，我们曾经看见有人这么用牙签——我能行吗？别无选择，只能入乡随俗了。撒上盐，并用牙签搅拌之后，鸡蛋变得很可口，而且可以喝了！

吃完早餐，我们聚在一起窃窃私语，这一定让人觉得很可笑。虽然谁都没有经验可供参考，但我们一致决定尽早出发。

"如果可能的话，我想在遇到奥地利车之前，先通过这条路最窄的部分。"我们接受了这个理由，没有质疑，但在心里暗笑，"我们必须小心翼翼慢慢开，他们不会料到有对向开来的车，而且路上有很多急转弯。"

就在那时，一个男人骑着一匹白马飞奔过街角，一边大声呼喊，他刚在路边停住，远处就出现了一辆小型敞篷汽车，急速驶入村子。看上去，沿路绵延几英里的每个山坡上，都有一位勇敢的骑手，车开过来的时候，他们或大声呼喊，或摇动一面蓝色的旗帜，这样一个传一个，一直把消息传到镇子里。我们不想等那些车到了之后客套一番，只想趁人群散开的时候把我们的车开出去。在镇子外面，很多女人就坐在石头地上，她们蒙着脸，只露出眼睛。牛群和驴群被赶出田地。我们的道路畅通无阻了。我们沿着蜿蜒小道曲折前行，那些骑手很有礼貌地跟我们打招呼。其中一位看到我们从反方向开过来，惊讶得把手里的旗子都掉地上了。

经过一片破败的伊斯兰墓地之后——围墙都已经残缺了，四周各个方向都散落着一些基石，我们跨越了扎洛姆斯卡河(Zalomska)，河边一座山上驻扎了一个连的士兵，他们全都冲下山来看我们。离开加茨科半个小时之后，我们已经穿过了峡谷里最窄的路段，刚过福伊尼察(Fojnica)，我们遇到了奥地利汽车俱乐部的第二辆车，一辆大型敞篷车，车里坐着一位戴护目镜的车手,他热情地挥舞着他的帽子跟我们友好地打招呼。这条世上罕有的路在石灰岩山体之间迂回曲折、绕来绕去,我们不得不一次又一次地跨越扎卢斯卡河,偶尔能看到奇特的岩层上长着一丛被修剪过的橡树,这带给了我们一丝慰藉。一簇簇有毒的绿色藜芦提示我们,这里是一片缺乏生机的土地。峭壁之上,4道瀑布飞流直下,为扎卢斯卡河提供了丰沛的水源。在这里,我们又接连遇到了4辆车。

"又看到这些路标了,真是个安慰,"温柔姐大发感慨,"这更像是正确的路。"就在我们穿出峡谷进入平原的时候,迎面出现了一座巨大的雪山,内韦西涅(Nevesinje)城里的塔楼矗立在山腰。

"这雪山是韦拉山(Velez),"头儿说着,刚好又一辆车驶过,"已经过去几辆车了?"

"这是第七辆。"——在内韦西涅城里,我们又遇到了第八辆。

"我们今天一共要爬的高度只有500英尺。"头儿说。离开加茨科后,我没有发觉任何爬山的迹象,直到内韦西涅,才驶上漫长的盘山路,翻越格拉波克山口(Grabok)。在山顶(海拔3640英尺)俯瞰,视野异常开阔,我们能看到广袤无垠的田野、峰顶积雪的山峦和内韦西涅城,还有城里险峻的道路、醒目的兵营、屋顶的瓦片,还有些锡制屋顶在阳光下闪闪发光,教堂的尖顶塔楼和高耸着十字架的白色塔尖也清晰可见。在这里,6辆车排成一列迎面驶过,其中一辆是美国产的。这个山口景色迷人,在布满青苔的山石之下,我们在桦木林中迤逦穿行,沿着海岸线下坡,进入一个幽深的峡谷,灰色的山崖上并没见到有水滴入谷底的碎石层。

我们又开始爬山了,鸟群在我们头顶盘旋,也在枝头歌唱。登上另一座山峰,我们看见内雷特瓦(Narenta)河谷半明半暗地掩映在山影之中,就在我们脚下3500英尺的地方!眺望远处波光粼粼的湖面之后,再把视线拉远一点,很快,莫斯塔尔城就出现在视野的边缘。胡姆山(Hum)环绕在我们四周,山顶比较平缓,右边是白雪覆盖的帕德维勒斯

（Podvelez）要塞。

我们到达路边这个绝佳的观景点之前，遇到了最后一辆车，第 16 辆车。从这里望向山谷，美不胜收！盘山路九曲回环地缠绕着山腰，蜿蜒而下；斯捷潘格拉德（Stjepangrad）城堡矗立于 600 英尺高的崇山峻岭之上，但还远远低于我们目前所处的高度。然而，逐渐地，我们行驶到了更低的山上，它恢复了正常比例，边沿崩塌的绝顶之上，同样被撕裂的城堡巍峨屹立在我们眼前。在这片肥沃的内雷特瓦河谷，葡萄藤枝繁叶茂，罂粟花艳丽绽放，温暖的空气中飘散着花香。"这是一座 15 世纪的城堡，"头儿从他的座位上回过头来讲解，"属于那个斯捷潘公爵（Duke Stjepan），他住在新堡，你们记得吧？他的最后一次行动是带着儿媳妇私奔。不过他被抓回来了，一直关在这里直到终老。"

我们在布拉加伊（Blagaj，发音是"Blackeye"，要把 k 发得像重音 g）村外停下，准备去探寻布纳河（Buna）的源头。我们的汽车很快就被人群围观，但是不知道这些人是从哪里冒出来的，因为只看见几座低矮的房子。路并不难找，一个穿着民族特色服装的少年带领我们——在正午的阳光下——沿着一条羊肠小道上山，路边种着石榴树作为护栏，山下是一条湍急的河流。经过一个磨坊，穿过一座彩色清真寺的废墟之后——我们跟着小向导爬上了一处断崖，一座土耳其式教堂高悬在崖壁上。可是看不到水！教堂的高墙下有一扇简陋的大门上着锁，小男孩咚咚地敲了几下门，然后停下来等了一会儿，接着再敲。守门人可能正在祈祷，或者听力很差，也可能不在家。小男孩突然神情振奋地跑开了，示意我们留在原地；在我们走得浑身冒汗之后，我们很乐意在这么一个阴凉的地方等着。

"难道只有今天早上我才怀念我的毛皮外套？"温柔姐问道，强调中带有疑虑。

"我想，在今年我们的旅行中，你不会再想要它了。"她的夫君安慰道。

就在那时,我们的小向导从山路上跑下来,使劲招手让我们过去,用手指着一座老旧的磨坊。在凹凸不平的地板上,头儿在一条条牵引木制转轮的皮带之间为我们引路,他攀着梯子爬到 3 英尺高的窗口,勉强钻出去之后,回过身来帮我们。温柔姐在梯子下面犹犹豫豫,而热情妹鼓足勇气爬了上去。艰难地钻出窗口后,来到一个屋顶花园,面朝着白色的陡峭悬崖。无数只鸽子盘旋飞舞,数百个燕子窝黏附在崖壁上。在石灰岩绝壁之下,一股激流喷涌而出,汇成一汪湛蓝清澈的潭水,然后越过层叠的山石,源源不断地倾泻而下,浪花翻滚、泡沫飞溅。这就是布纳河的源头。据说,这条河是扎卢斯卡河的下游,而扎卢斯卡河消失在 20 英里外的格拉波克山口的另一端。

回到阴暗的磨坊里,一开始我什么也看不见;看到我们饶有兴致的表情,缠着头巾的磨坊主从地上抬起一根粗糙的木头支柱,让磨盘停下来——他把一块扁平的木板伸进送料斗,向我们展示里面的玉米,然后走到敞着口的箱子边,里面是黄灿灿的细粉末。下一个送料斗里是麦子,下面磨出来的面粉看起来比玉米粉更细。这一切多么富有画面感啊——透过地板的缝隙可以看见下面奔涌的河水,3 台旋转的石磨、简陋的机械,黑旧的天花板上沾染了一道道面粉印,驼背的老人安静地等着我们离开。

我们回去的时候,我们的车还被艳羡的人群围在中间。伊斯兰墓地奇形怪状的石头旁竟然盛开着一大片黄色的野花,显得很不相称。一个黑塞哥维那农夫的夹克侧面有一种奇怪的装饰物,由 4 个银色的心形组成,每个大约两英寸宽,用链子和流苏串起来。一个银心很好理解,两个也可以解释——但是是 4 个!难道他是村里最英俊的男子?我从未觉得如此遗憾过,为我不会说他们的语言。

沿着路况不错的公路,我们穿过阳光明媚的河谷,路两旁是嫩绿的桑树;田野上土耳其女人在放羊,我们靠近的时候,她们掀起裙摆盖住头,把自己紧紧包裹起来；大兵营旁边开满了蓝色鸢尾花；在遍布堡垒的山坡下，我们愉快地从布拉加伊向莫斯塔尔进发。

注释：

[1]德语，大意是：吻手，食物都是一样的，请别客气。（译注）

[2]机械乐器（mechanical musical instmments）是指那些靠机械传动奏乐的乐器。其中多数是在传统乐器上加装上某种机械装置，代替人力直接激发乐器发声奏乐；也有一些则与传统乐器完全不同，是能自动奏乐的机器。这类乐器的动力有很多种，人力、钟表发条机构、锅炉蒸汽、水力及电动机等。如果说用传统乐器演奏手工操作，那么机械乐器就是半机械化、机械化或是自动化奏乐。（译注）

[3]德语：晚安。（译注）

布纳河的源头

第二十三章

莫斯塔尔

抵达莫斯塔尔,在内雷特瓦河岸边,我们居然找到了舒适的新式旅馆。房间朝东的窗户面对着一个绿树成荫的花园,我们的每餐饭都被送到屋外的露台。吃完晚餐,温柔姐坐在她的迷你阳台上观察过往的路人,下面就是满目苍翠的花园。她宣布:"我想我应该在这里至少待上一个星期。"

泡桐树下,8 个小女孩在玩"围着玫瑰转圈"[1]的游戏。她们唱歌的节奏完全一致,可发出的声调却五花八门,全世界的孩子都是这样。难道斯拉夫语的音节听起来很熟悉?还是仅仅因为这仪式、绕圈、停顿、拍手的样子,把我们拉回到童年,耳畔响起自己儿时的童言稚语,于是不由自主地把词念了出来。

卖柠檬汽水的摊贩捧着闪闪发光的黄铜壶,他刚一出现,就被戴着土耳其毡帽的小男孩们围得水泄不通。现在一定是土耳其学校下课的时间,一群穿着长裤的小孩欢呼雀跃地奔向喷泉。他们的衣着色彩鲜艳,就像一片盛开的郁金香。一个女人悠闲地走过,她穿着用金色丝线缝制的、华贵的深蓝色丝绸长袍,当地人称之为"jerediza"。她的遮阳伞跟她的罩袍很般配,但她那双缀着红黑色流苏的靴子却显得很不协调。另一个戴白色头巾的女人走过来朝着桥的方向拐了过去,她虔诚地双手合十,素色的穆斯林面罩上只留了很细的一条小缝让她看路。一位塞尔维亚农妇身穿白色粗麻布的扎口短裤和卷边的裙子,肩上扛着个袋子,大步流星地走过,她的头巾向后飞扬,露出她用发带束起的长发。虽然要辛勤劳作,但她比那些只能待在闺房里的土耳其妇女要令人羡慕得多。

大朵大朵的绣线菊从枝头优雅地垂下,像新娘的花环;泡桐树的蓝色钟形花朵落在地上慢慢枯萎;喷泉飞溅的水珠带来一丝清凉的感觉;雄伟荒芜的胡姆山在我们面前若隐若现,山上的条条小路像缝合的伤口,山顶的座座堡垒像它的王冠。

"看到那个从清真寺旁边走下来的女人了吗?她的打扮太奇怪了!她头顶那个尖尖的东西是什么呀?"温柔姐惊呼,打破了长久的沉默。

"那是莫斯塔尔的民族服饰。"我们下方有一个声音用英语回答。我们惊讶地向下看去,发现原来是在拉古萨遇到过的英国同伴。

"怎么回事?我以为你们这个时候应该在萨拉热窝。在这里遇见你们真是幸运!"

"是的,之前我们是计划去那里的,但是我们发现莫斯塔尔如此美妙,舍不得离开。"

"我完全理解,"温柔姐表示赞同,"现在,你们应该给我们当导游了。"

"首先,那就是那座桥,你肯定知道——"

"不,对于莫斯塔尔这个地方和这里有什么可看的,我一无所知。"

"这样更好,"对方回答,"你能有新奇的体验了。"

"那些荒凉山顶之上的光影不美妙吗?"

此时,从附近一座清真寺的尖塔上传来悠远舒缓的祈祷钟声。宣礼员向四面八方发出指令,穆斯林信徒们从集市、窄巷或高墙之间的街道深处聚集过来。

"你们不想去散散步吗?现在凉快点了。"我们一群人开始参观这个小镇。

"我最近看过的一些书把莫斯塔尔称为黑塞哥维那的首府。"热情妹说道，"我们离开的里雅斯特之后，除了斯帕拉托，这应该是我们到过的最大的城市了。城市规模倒不是它吸引人的原因。其实整个城市的占地面积并不太大，建筑一定非常密集。"

我们刚刚走上桥，就不由自主地停下脚步，欣赏如画的美景。我简直无法用语言描述这精巧的拱形结构，像一条巨龙从波涛荡漾的海面凌空飞跃，连通了两边的海岸。我听见有人说："这座桥高出水面 60 英尺，跨度达到 100 英尺，而里亚尔托桥（Rialto）[2]的跨度是 74 英尺。"这些数字对我毫无意义——它那丰满浓重的色彩、它那古老沧桑的守卫塔、它那青苔斑驳的栏杆，还有桥上那熙来攘往的人群；所有这一切构成的奇妙图景，才让我心醉神迷。

一个古代石碑上刻着"Kudret Kemeri"——意思是"全能的上帝之拱桥"。

我许下心愿："我要每天早上来这里享受美好的时光。找一张可以一览桥栏全貌的石凳休息，看着各行各业的人们来来往往、川流不息。"

沿着倾斜的桥面登上拱桥的中心，向下望去，两边是礁石林立的岸滩，中间是碧波翻滚的海面；然后我们抬头远眺，从另一个角度欣赏这座城市。"11、12、13。"旁边有个声音在数数，我扭头发问。她说："哦，我们从这里能看到 13 座清真寺的尖塔，我刚刚数了。"

那些塔多么有象征意义——它们带有露台的纤长塔尖直指蓝天！

"清真寺的绿色圆顶映衬着河畔的古树，多么有意境！我不知道我们能不能走得更近一点去欣赏。"

"那里可能是私家花园。"谨慎派提醒道。但我们还是匆匆走下大桥，直冲进集市里的狭窄街道，企盼能找到一条路通向那里。在一个有阳光穿过的拱门前，我们徘徊了一会儿。一群人坐在地上，其中一个放下他的长烟斗站起身来，一言不发地带领我们沿着一条青石路走进一座围墙被粉刷过的院落。包檐屋顶下，喷泉水流潺潺，繁茂的树枝向四周伸展，清真寺的门廊非常宽敞，廊顶下有圆柱支撑。因为我们是女人，不能进入清真寺。他停下来，脱掉鞋子，用他所知道的几个德语词汇像背数学公式一样地开始解说：

"这座穆罕默德之歌寺是莫斯塔尔的第一座清真寺，有 400 年的历史，那里是朝圣的地方——名字是穆罕默德——那里是宣教士站的地方，这里通向尖塔，"他指着一段狭长的旋转楼梯说道，接着自豪地补充，"我是宣礼员。"华丽的地毯、幽暗的光线，一个人盘腿坐在低矮的窗边研读《古兰经》，刻满岁月痕迹的围墙和摩尔式样的窗格，构成了令人印象深刻的画面。

转身离开后，我们在安静雅致的门廊里流连忘返，享受这里的宁静。参天大树的枝叶随风摇曳，透过树枝的缝隙，我们看见内雷特瓦河在秀美的群山间环绕流转。从古老石桥的那头走来一队身着民族盛装的人，看起来那么奇特、那么神秘！我们是在做梦吗？还是《天方夜谭》里的神话成真了？

我们慢悠悠地走在回去的路上，一阵美妙悦耳的鸟叫声划破了寂静。我惊讶地抬头看。"没错，这是我们那里的夜莺，"我们的英国同伴回答了我心里的疑问，"在这里，它们随时随地，甚至在铁路边的灌木丛中，都在歌唱。"

日历显示现在是 5 月，可天气却像是 7 月：碧空如洗、万里无云。山顶的台地直入云霄，刀劈似的裂谷和悬空突出的危崖投下一片片斑斓的影子，有的浅粉、有的深红、有的墨绿。我的窗前长着一株铁杉，亭亭玉立、枝条低垂，像是用来衬托山坡下公园里的山毛榉。

一位穿着肥大土耳其长裤的女人走过，手里牵着一个小孩，头上还顶着一块木板，上面放着两块还没烤的圆面包。她是要去用公用烤炉吗？土耳其长裤配上格子围裙，头上却没有戴头巾，显得有点不合时宜，但即使是信奉天主教的女性，也穿这种男性化的服装。礼拜日，她们会穿上贵重的黑色丝绸长袍。走在尘土飞扬的路上时，这些盛装的贵妇会使劲把长袍往上提，看起来很滑稽。梅杰·亨德森在他关于巴尔干的精彩著作中，对这种土耳其妇女流行的户外装束有非常生动的描述，我不可能写得更好，只能引用如下：

"你自己想象，一件非常厚的深蓝色长袍，很像托马斯·阿特金[3]穿的那种，唯独不同的是，它有将近一英尺高的巨大立领。这袍子被扔到穿着者身上，能把整个身体都罩住，包括头部；用来固定的钩子还没到喉咙的位置，刚好在鼻子下面，使高高的立领向前伸出，超过前额，就像大鸟的嘴。'鸟嘴'阴影下的开口正好是穆斯林面罩的位置，用来遮住眼睛。这大袍子被紧紧地钩住之后会完全垂下来，袖子别在背后，松散地晃动，像一对还没发育成熟的翅膀。最后穿上臃肿的、黑色或明黄色的、未经加工的大皮靴。"

那天早晨，当马车缓缓地在旅馆门前绕行的时候，一个活泼可爱的小女孩，穿着有圆点图案的黄色裤子和红色短外套，手里抓着她的黑色圆帽，悄悄骑上了马车最下面的踏板。她很有淑女风范地向后踏步下车，结果摔倒在地上，露出了她套在木屐里的光脚丫。她手里一定拿着什么吃的东西，她从地上爬起来抖动她的棉布衣服时，两只鹅伸着脖子挡住了她的去路。她发出"嘘嘘"声想赶走它们，但是白费力气，最终，她不得不紧跟在路过的大人身后才走了过去。

一位善良的穆斯林男人停住他拉着木材的马车，一匹一匹地让他的马儿饮用喷泉里的清水。卖甜品的摊贩慢慢地推着他诱人的小车进入公园，包着头巾的孩子们犹如一群蝴蝶围绕在他身旁，其中两个手上还抱着婴儿。假如其中哪个孩子很幸运地能够买得起，其余的孩子就该眼巴巴地看着他细细品味冰激凌了。

站在游客的角度,莫斯塔尔没有多少值得看的"景点";但是,这里有着美妙的风情画卷,有着无处不在的鲜活生命,有着比达尔马提亚——已经说得很多了——更加多样化、更有吸引力的服饰。还有,那具有异域特色的建筑,构成了合适的背景,犹如灵光闪现,让人联想起开罗和东方。在集市里,穿过高墙之间的街道,清真寺旁、拱桥之上,衣着鲜艳的男人、女人和孩子,在平日里聚集成群;而到了礼拜日,方济会教堂就成了让人难以忘怀的景致。士兵们身穿卡其布军服,头戴红色土耳其帽,整齐划一;农夫们的无袖夹克上绣着精美的花纹,里面是干净的白衬衣,宽松的长裤好像两个大布袋,绑腿和鞋子是白色的,头上的土耳其帽颜色鲜红;戴着面纱、身穿白色长袍的女人们,用金属圆片装饰她们的头发;这些人或站立、或弯腰、或跪坐,融合在一起,构成了一幅打动人心的画作。

这样的场景也充满温情:礼拜结束后,人群涌到阳光下,在整洁的白色街道上,人们在树荫下相互走近,友好交谈。他们并不惧怕相机——那些愉快的人;但是当我们第一次提出拍照要求时,土耳其人,甚至是男人,都在无声地摇头拒绝。

"用颜料把头发染成砖红色,这风俗太可怕了吧!"当一个这样打扮的女孩经过的时候,温柔姐评论道,"你们猜猜她帽子上那个牌子,像个标签一样垂到前额的那个,是个避邪的护身符呢,或者仅仅是个装饰,还是上面有她的名字以防她走失?"

然而,我们的注意力被音乐声吸引了。"我想那一定是'古斯勒琴',"我兴奋地喊道,"我们沿着这条街去看看吧?"

为了表示尊重,我们站在一定的距离之外观看,一位年老的乐手弹奏着这个国家的传统乐器[4];街上的人们围成一圈在跳舞;不过,啊哈!这群塞尔维亚人如此富裕,他们摒弃了传统民族服饰,穿上了文明社会的统一服装。

"哦,这是一场婚礼。"一个可爱的黑塞哥维那年轻人停下来观看这热闹的场景,嘴上说着,"那是新娘。"她没戴面纱,跟其他姑娘的装束没什么不同,而新郎肩上佩戴着一条蓝白色的宽条绶带,非常显眼。

"那个女人头上奇怪的白帽子是什么呀,像个厨师一样?"我问道,一点都没想过要压低声音,因为我们已经远离故土,从没想过有人能听懂我们的语言。但那个女人狠狠地瞪了我一眼,我下意识地道了歉。

"我觉得那是犹太妇女的帽子。"过了一会儿,我的同伴回答说,"有时候,她们会戴一种可能是衬了纸板的奇怪的圆边帽子,怎么看怎么像个平底锅。"

礼拜日晚上,军乐队会在公园里演奏,从七点半直到半夜,城里所有的时尚人士,身着最新潮的维也纳式装束,聚集在几张被别致的灯笼照亮的桌子旁。从我们的阳台看下去,简直就像舞台布景,军乐队整齐干净的服装,为这"美妙绝伦的场景"增色不少。我对那个夜晚的最后记忆是,欢快的笑声,还有军乐队演奏每段华尔兹乐曲之间停顿时的一阵嘈杂声。

注释:

[1]一种儿童游戏,大家围在一起绕圈,听到信号的时候都要蹲下。(译注)

[2]意大利威尼斯本岛上横跨大运河的最宏伟的一座桥,自中古世纪以来,它就是威尼斯城的贸易中心。(译注)

[3]哈迪·爱德华·约翰(Hardy Edward John, 1849—1920)的《托马斯·阿特金斯先生》(Mr. Thomas Atkins)一书中的人物。(译注)

[4]作者在此处写的是"national banjo",直译为"国家的班卓琴"。班卓琴当时在美洲大陆比较盛行,相当于美国的传统民间乐器。这里作者应该是用"national banjo"表示当时黑塞哥维那盛行的传统乐器。(译注)

莫斯塔尔的桥

黑塞哥维那的天主教徒（莫斯塔尔）

方济会教堂的礼拜礼式结束之后（莫斯塔尔）

两个穿着一样特色服装的男人（莫斯塔尔）

第二十四章
从莫斯塔尔到萨拉热窝

　　我们终于说服康坦特女士"继续上路"的时候,天气还是很热,烈焰般的阳光从清透无比的天空直射下来。一处土耳其式房屋的格子窗半开着,抬头望去,我们瞥见半透明面纱下的一双明眸,长长的睫毛忽闪着。穆斯林墓地里的黄色野花长得很高,没过了座座墓碑;洋槐树缀满花朵的枝条伸展到了路面上方,引来无数蜜蜂萦绕飞舞;田野的每一边都盛开着艳丽的罂粟花和野胡萝卜花。我们穿过宽阔的河谷,路边的玫瑰花将土地染成了粉红色,我们正对着阿尔卑斯山脉贝鲁尼山区(Prenj Alp),东面是白雪覆盖的维列兹山。

　　"你说白雪覆盖?"温柔姐发问了,"似乎难以置信。"她掀开她的面纱透了一口气。

　　一支满载柴火的马队由女人们引导着走下山来。接着,我们遇到一位勤劳的农妇,她快步走着,一边赶着驮了箱子的骡子,一边还摇着木制纺锤纺羊毛。欧洲花楸开花了,成群的鸟儿在我们头顶飞过——黄色的、黑色的、白色的、棕色的,五彩斑斓,让人眼花缭乱。

　　刚刚驶出峡谷,路边300英尺开外的一片田野里矗立着许多鲍格米勒(Bogomile,意即爱上帝,最早产生于保加利亚)石碑。我们走过去细看。

大多数石碑都非常大,刻着原始的符号。回到车里,我们请求头儿给我们解惑。"这名字我也是第一次听说。"热情妹一边听一边遗憾地感叹。

头儿说的大意是:鲍格米勒是南部斯拉夫人的一个宗教派别,13 世纪的时候他们背叛了罗马天主教廷,建立了这种新教。开始,他们在塞尔维亚和波斯尼亚都是受保护的,这种信仰也传播得非常快,甚至影响到了卡塔罗、斯帕拉托和扎拉。于是,残酷的宗教迫害开始了,持续了几个世纪,但是他们从未灭绝,甚至在 1876 年还有记录说 2000 多名鲍格米勒教徒从黑塞哥维那的波波沃(Popovo)地区逃到拉古萨避难。人们对他们的习惯和观点知之甚少,因为他们的历史是由他们的敌人编写的;直到现在,他们的信仰还是神秘的。在这个国家的很多地方都发现了他们形状奇特的墓碑,有些刻有原始图案,在萨拉热窝的博物馆里陈列着那些最具代表性的墓碑的复制品。其中有一块高 9 ~ 10 英尺,宽 4.5 英尺,厚度达 5 英尺,两侧都有精细的雕刻图案。据说它纪念的是一个孩子或一位鲍格米勒主教。

离开莫斯塔尔大约 16 公里之后,我们进入了内雷特瓦河谷,维列兹山雄奇险峻的峭壁(6450 英尺)就在我们的右手边。在鲜花绽放的 5 月,那些无花果、野石榴,甚至顽强生长的高大戟树也无法遮蔽布满岩石的崖壁。在我们身旁,一股碧波激荡的急流顺着层层岩石构成的天然阶梯,一路向下注入内雷特瓦河。

"那一定是施瓦策河(Schwarze)的源头了!"热情妹喊道,"现在,我们到了'伟大的峡谷'了。"对面的岩层向上翘起呈涡轮状,在低矮树丛的映衬之下,岩层卷曲的线条非常显眼;右边的山岩像错落的城堡和塔楼;在德雷赞卡(Drezanjka)河谷,我们看见积雪的山峰连绵起伏。我们自己所处的山谷相比之下显得狭小,一路上间或有崩落下来的雪块滚落到离道路很近的地方。我们看到了一个巨大的蜂窝、路边的十字架纪念碑、一片茅草屋,葡萄藤蔓从布满岩石的山坡上缠绕到屋顶。人们通常会修一堵很厚的墙来阻止雪崩。路上有结构奇特的砂岩,像一个圆拱,看上去好像轻轻一碰就会坍塌,但其实坚硬如铁。仰头望去,四面的山峰与天空交接之处形成的轮廓,像是自然之手绘制的一幅画像——圣母怀抱着襁褓中的婴儿。

穿过一段短短的隧道之后,我们接近格拉博瓦茨(Grabovica),右边又延伸出另一个峡谷, 奇妙的白云石山体使得所有的岩石看上去都充满了魔幻色彩。与深棕色山体相连的那片天空是那么的湛蓝。经过另外一个瀑布群, 我们跨过河流, 来到了铁路的另一侧。我们右边是格洛戈斯尼察(Glogosnica)峡谷,它奇形怪状的山峰和石崖,还有扭曲的岩层,是我们见过的最荒芜的景象。在我们身边,克玛蒂纳河(Komadinaquella)从山崖之下喷涌而出,在道路下方奔流,汇入在我们脚下大约 70 英尺处的内雷特瓦河。

白雪皑皑、层峦叠嶂的贝鲁尼山出现在我们面前,山脚下是碧绿的田野。景色太美了!树木的枝叶和庄稼的嫩苗在贝鲁尼雪峰反射的蓝色光线映照之下,显得更加翠绿。我们面前的河流蜿蜒流淌。在胡桃树弯曲的枝条下,我们路过了几座散落的房屋,最终拐进一个阴凉的院子。这里是亚布拉尼察(Jablanica),我们在这里享用午餐。

“还是在屋子里更凉快啊!”头儿大发感慨。但我们更喜欢户外的大自然。当紫荆木被满树的紫荆花染成粉红色的时候;当栗子花瓣在空中轻舞飞扬的时候;当花楸和泡桐被绽放的花朵装点得分外妖娆的时候;当一起盛开的猫爪花和玫瑰花令人赏心悦目的时候;当学舌鸟和黑鹂欢快地歌唱的时候——谁会想要在屋里安静地待着?我们给狗和鸡喂食,甚至也喂麻雀,我想,那些乌鸦没有飞下枝头莅临我们的“宴会”,只是因为它们不饿。

我们的黑咖啡从咖啡馆里送来了,一个缠着白头巾、穿着民族盛装的土耳其翩翩少年,小心翼翼地用托盘端着 3 个长柄小铜壶,沿着林荫道慢慢地走过来，这样的场景让我很想拍下来。考虑到我们是外国人，这咖啡没有加糖，而且倒在了杯子里。这让我回忆起童年，为我的洋娃娃准备这样的餐具就会让我心里充满快乐！

"黑塞哥维那和达尔马提亚或黑山很不一样啊！"温柔姐发现了这个细节，"有人可能会说，两个地方的山脉和石崖非常相似，但那里的山都显得那么灰暗、那么荒凉，就像月球上被焚烧过的环形山；而这里，山谷里的植被延伸到山坡上，那些最高山峰的颜色不是雪白，而是一种温暖柔和的棕色。"

"我估计这里的山体是砂岩结构，"热情妹继续说道，"很多地方跟大峡谷很像，对吧？"

"今天下午我们将翻越伊万山口（Ivan Pass），"头儿说，"海拔 3172 英尺。"

"我们现在的位置有多高？"

"才 665 英尺。"

"哦，那我们可有的爬了，那风——那里的山风——会在我们身后呼啸。我们只能指望山路不太陡峭，路途顺畅一点了。"

"我们应该会看到迷人的美景。"头儿回答说，基本不考虑那些无意义的担忧。然后，我们鼓足精神出发了。跨越内雷特瓦河——身后是景色壮美的贝鲁尼山——桥下波涛翻滚，桥上路况很好——幸好有绿色山梁投下的影子，能让我们一直在阴凉下行驶，前面的山上树木更加茂盛，还有许多瀑布，它们的水雾让空气变得清凉——终于，我们来到了河流的一个急弯处，路上出现了交叉口，路标上用拉丁文写着"普罗佐尔（Prozor）"。

"那是到亚伊采（Jajce）的直路，要翻越拉马（Rama）山谷，"头儿指着路标说，"我们可以从萨拉热窝回来的时候再去那里。他们说景色很棒。另外还有一条更近的路，经过基塞利亚克（Kseljak）和特拉夫尼克（Travnik），在瓦库夫（Vakuf）和这条路交会。"

　　我们横跨河流,然后沿着河走,几乎是朝着正东方行驶。左边是白雪皑皑的比耶兰斯尼察山脉(Bjelasnica),经过奥斯特罗瓦茨(Ostrovac)之后,我们进入了一个山坡上都是梯田的开阔河谷。在我们下方有一片石头屋顶的棚屋,一座清真寺几乎跟河面处在同一水平位置,这里是名为"西西季茨(Sisicič)"的村庄。

　　"我肯定这是我们迄今为止走过的最好的一条路,"温柔姐发表评论,"没有灰尘、没有泥泞,我们基本还保持原样。"

　　我们继续沿着河岸行进,通过一个山谷的时候,目光越过近处的山峦,我们远远看见峰顶积雪的维索西察山脉(Visocica)。我们来到一座优雅的拱形桥畔,桥对面的房子是格子结构的,有红色的屋顶和围着高墙的花园。这里是科尼察(Konjica),以前是黑塞哥维那和波斯尼亚之间的一个更大的城镇,后来成了一位土耳其统治者的领地,现在是去周围山区旅行的必经之路。我们驶过这座古桥,穿过拥挤的集市,离开了内雷特瓦河,拐进特雷斯卡尼察(Trešcanica)河谷。我们从铁路桥下经过时,我看到警示牌上用土耳其语、克罗地亚语、匈牙利语,当然,还有官方语言——德语,写着"小心"。

　　特雷斯卡尼察河是一条美丽的山涧,浪花翻滚。我们很快就过了河,开始翻越伊万山口。山路有点陡,有些石子,但让我们"忠于职守"的车子不适应的却是随后从南面刮来的风。我们在一个合适停车的瀑布边停下,绿色山坡上,一位年轻的牧羊人在弹奏鲁特琴;优美动听的旋律在幽静的山谷间回荡。一位年老的妇人,牙齿都掉光了,带着友善的微笑走到车旁,一边走一边快速地摇动纺锤。我们打着手势告诉她,牧羊人的曲子让我们很开心,很明显她对我们的欣赏表示高兴。我问她是否能给她拍照,她觉得很有趣,还很配合地摆出了姿势,她的女儿在一旁满意地看着。

　　"真高兴我们凑巧停了下来,"热情妹大声说,"这让我们能够如此近距离地接触这个地方的人,他们非常友好。"

我们继续上路,沿着盘山路向上转了两圈之后,我们回望贝鲁尼山,看到山顶升起半圆的白色月亮。山影为我们带来了短暂的阴凉,河流已经在我们下方很远的地方,波浪滚滚、滔滔不绝。我们在一条小溪边停下,用带来的桶取水,以备不时之需,这时我们看到一棵燃烧着的树!它是遭受雷击了,还是——

"噢!看啊!"温柔姐大喊。在浪花翻飞的河流尽头,巴尔拉尼(Brdjani)的白色房屋从一个缓坡后面升起,面对着嫩绿的苹果园,果树上开着粉红色的花。向上看去,白色雪线之下的山峦一片翠绿,那雄伟壮美的轮廓就是贝鲁尼山!经过祖基奇(Zukici)之后,山崖变得很近,我们和绝壁之间只剩下铁路、公路,还有瀑布。特雷斯卡尼察河向下面的峡谷奔腾而去,形成了壮观的瀑布。美丽幽深的峡谷中,树干粗糙的栗子树、白色的桦木和山毛榉枝繁叶茂。经过一个坍塌的磨坊之后,我们蹚过小溪,穿过铁路,布兰迪纳(Bradina)到了。

樱桃树开花了——我从未见过这么大的樱桃树!它们像是原始森林里的参天大树,显然是野生的,夹杂在山坡上的栎树和桤木之间。随着我们越爬越高,看到了贝鲁尼山脉壮美的全景,后面的峡谷完全被挡住了。山势宏伟,峰峦起伏,雪线之上光影变幻,蓝色、粉色、紫红色,令我们惊艳不已,以至于忘了欣赏潺潺流淌的溪水和树木繁茂的山麓。

在伊万山口的最高峰——海拔 3127 英尺,或者"961 米",路标上是这么写的——我们越过了边境线,离开了黑塞哥维那和它那雄浑壮丽的山区,进入波斯尼亚。

"这里是亚德里亚海和黑海的分界线。"头儿说道。黑海,听起来的确像亚洲的。我们开始下山,在遮天蔽日的绿色丛林间迤逦穿行,下面是青翠的山谷,清凉的空气令人心旷神怡!尽管山路狭窄,布满石子,但我们不是也得到了足够的补偿吗?

另一座雪山出现在面前。"我觉得,那是伊格曼山脉(Igman),"头儿说,但是我的注意力被一群身上染了红印的黑色绵羊吸引了,它们挡住了道路。

"你们应该看看树林里那棵巨大的樱桃树。"康坦特女士喊道。

"真是大啊!"头儿表示赞同,"它应该有两英尺半粗。"

我们绕过拉斯特里察(Rastelica)村子,那里的木制房屋是阿尔卑斯山区典型的农舍。几分钟之后,绝美的景致又映入眼帘。

"还是伊格曼山——我们离得越来越近了。"头儿说。高耸的雪峰矗立在丰饶的田野之上,多么壮观啊!我们路过塔尔钦(Tarcin),里彭尼察河(Lepenica)上有许多锯木厂。因为路况很差,我们小心翼翼地翻越了维罗瓦茨山口(Vilovac),到达帕萨里克(Pazaric),这里有一个吉卜赛人营地,这里有帐篷、篝火,浑身黑乎乎的孩子们成群结队,构成了一幅温暖的画面。

寸草不生的山峰和布满石子的山路已经在我们身后了,波斯尼亚是欧洲森林覆盖率最高的国家之一。极目远眺,四周全是绿色的广袤田野和一直延伸到山顶雪线的茂密森林;我们进入了波斯纳(Bosna)河谷,很快就来回两次跨越了它的一条支流,苏耶维纳河(Zujevina)。我们路过了哈季奇(Hadzici)的大型锯木厂和克里扎尼耶(Krizanje)的小酒馆,这里有一条路通向亚伊采,我们一路疾驶而去。

这里所有村庄里的房屋看起来有两种截然不同的风格,一种低矮、方正,有格子窗和高悬的飞檐,我们很快就意识到,这是土耳其式的;另一种房子属于基督徒,指向天空的三角形屋顶斜边非常陡,似乎担心不够陡就不足以凸显其差别。横跨波斯纳河之后,我们看到了7英里之外萨拉热窝的迷人风光,但我们拐进了伊利扎(Ilidze)美丽的公园,在泽尔热兹尼卡河(Zeljeznica)畔,有很多夏日旅馆、露天的饭店,还有令人兴奋的温泉浴池。

在远离城市的浮躁、喧嚣、灰尘和热浪的地方找到一家好旅馆,简直像到了天堂一样!这些从地下汩汩冒出的含硫温泉有 136 华氏度,在罗马帝国时代就已经很出名了。树上的花朵散发出诱人的香气;月光洒向我们挂满藤蔓的露台,微风拂过,树影婆娑;夜莺的歌声在寂静的夜空回荡。"这里,我也要多待一阵。"康坦特女士这样宣布,没有人反对她。

第二天早上,悠闲地吃完早餐之后,我们开车去萨拉热窝观光。我们即便待在车里,也觉得很热,真是奇怪。林荫路从头至尾都种着 4 排栗子树,但是因为过度使用,路上灰尘很大,路面也不够平整。萨拉热窝给我的第一印象是一个令人失望的现代城市。过去的 30 年里,在奥地利政府的统治之下,传统的秩序被抛弃了,欧洲化取代了亚洲风情,这是一次可悲的"成功"尝试。

"这是博物馆。"我大声说,"应该有意思吧!"

在邮局旁,温柔姐和我站在人行道上的一小块树荫里等着,头儿去找管理员——因为博物馆关着门。费了不少时间,不过他终于找到了。我们登上 3 级台阶,来到一个访客入口。很少有博物馆对我如此充满诱惑。凉爽、整洁、安静,从闷热嘈杂的马路进入这样的环境,本身就能令人放松下来。这些小小的房间有古老式样的天花板、木家具和窗帘,还有或躺、或坐、或站的农民塑像。每一个都配有详细的标签说明,做工精致,衣着的质地和刺绣也是经过精挑细选的,所有的塑像都栩栩如生、趣味盎然,集中反映了波斯尼亚和黑塞哥维那的传统服饰和风俗。天然的珠宝、古老的腰带和马甲;刺绣、马具和木制纺锤;压花的银柄短枪、剑和刀;木头杯子、镰刀柄和磨具都刻有特色图案;各种各样的家用器具,甚至还有村庄模型,一切诠释人们传统和现代生活的东西,都汇集在这里。其他展品还包括:散落着青铜器物的史前墓葬遗址;鲍格米勒墓碑的纸质拓片;排列成美丽图形的鸟类标本;嵌在纸上的蘑菇标本配有说明标签;还有一个植物标本图谱,制作精良。我们在这里一直待到中午,觉得饿了才回旅馆吃午餐,然后在正午最热的时候休息了一个小时。每个人都十分肯定地告诉我们,这个季节这么热是不正常的。

好在我们也没有温度计可看，不过在阴凉处也一定超过了 100 华氏度。阳光火辣辣的，我们在向导的带领下前往景点游览，我注意到当地人都特意走在路边狭长的树荫下，于是我向他们学习。

"萨拉热窝有超过 200 座清真寺，但最近颁布了一条法令，禁止基督徒进入。"我们只好老老实实地待在外面，远远地看一眼那个照例有喷泉的阴凉庭院和里面形形色色的男人们。

不过，我们的向导带我们去了一个塞尔维亚或希腊教堂，一个阴凉的院子把它和繁华的街道隔绝开来，院子里有一个提供各种露天服务的凉廊。墙上的基督名号在彩色的光线下看起来有些奇怪。教堂里面阴暗狭小，镀金的圣像、柱子很多，窗户很少，这些都让我们感受到明显的俄罗斯风格。

我们参观了新建的市政厅，从顶层的窗户看出去，能够饱览城市全貌。但对于西方游客来说，萨拉热窝最有意思的地方是集市和精彩不断的街景。一个商贩托着一个大圆盘卖樱桃，尽管我很喜欢吃水果，但那些樱桃看起来又生又硬，味道一定不好。一群穿着长裤的少女好奇地盯着我们一直看，她们脸上的面纱滑落了一半。有一个集市在地下，非常凉爽舒适。一个露天市场正对着两层箱子似的小摊位，每个摊位都非常低矮，摊主盘腿坐在地板上，头巾都几乎碰到顶。一位裁缝在楼下忙碌，他楼上是位木匠；最边上是一位鞋匠，他楼上是卖黄铜的商贩；衣着破旧的卖主把自己的柴火捆扎得稳稳当当；一个男人走过，他背上的筐里装着的、脖子上和胳膊上缠绕着的，都是各式各样的麻绳；另一个商贩头上顶着装满爆米花的托盘；长着长长羊毛的绵羊被赶到集市里，羊羔趴在牧羊人的颈项上，真像地下墓穴里出土的《耶稣善牧图》[1]。

谷物市场里，也是一片多姿多彩的奇妙景象，很多买家在闲逛，一些围在称重机旁，在派头十足的农夫们的指挥下，各种不同的种子被倒进排成长列的无数麻袋里。水果蔬菜市场总是很吸引人,但是在烈日的炙烤之下,它们已经显得没有生气了,也就没有什么新奇的诱惑吸引我们驻足流连了。我们很高兴又回到车里,逃离石板路和粉刷过的闷热房屋,回到波斯纳河那头,我们凉爽安静的歇脚地。

注释:

[1]耶稣将羊羔背在颈上的形象,在罗马地下墓穴(殉道者墓窟)被发现,有壁画和雕像等。(译注)

内雷特瓦河谷里一群对我们的车感兴趣的人

黑塞哥维那儿童（亚布拉尼察附近）

内雷特瓦河谷

（在伊万山口遇到的）"命运女神"之一

博物馆里的木制纺锤（萨拉热窝）

阿尔卑斯山脉贝鲁尼山区

萨拉热窝风光

不期而遇的土耳其少女（萨拉热窝）

伊利扎的旅馆

第二十五章

从伊利扎经特拉夫尼克到亚伊采

　　傍晚日落时分,海面被染成红色,太阳从金色变成柠檬色,然后变成橘红色;鲜艳璀璨的夕阳映照着婀娜、嫩绿的树梢。夜晚的月光如此醉人,我们走出屋外来到公园,穿过幽暗的小径和开阔的空间,我们循着一片蛙声走到池塘边。

　　远处,一家灯火通明的本地"卡瓦那"(咖啡馆)里传出愉快的交谈声,狗熊低沉的咆哮声提醒我们已经接近动物园了。我们往回走,来到挂满藤蔓的凉廊;令我们感到惊奇的是,夜晚花园里的空气变得如此清凉宜人,却没有露水凝结。

　　在宽敞露台的凉棚下,我们倾听夜莺的浪漫歌声。优雅的啼啭,像是在询问它的伙伴:"你睡着了吗?"然后是温柔的啁啾、可爱的颤音、欢快的旋律,周而复始,乐此不疲。

　　早晨,我窗下的大花园一片荒芜,徒有其名,没有生机勃勃的景象,只有草地的边缘泛着绿色。而在我们从萨拉热窝回来的那天下午,我怀疑自己是在做梦,使劲地揉了揉眼睛,波斯尼亚的气候多么奇特啊!芭蕉树发芽了,长到了 3 英尺高;天竺葵、向日葵、鼠尾草、紫罗兰,甚至玫瑰和灯笼海棠都破土而出,含苞待放——这又是阿拉丁神灯的魔力吧!我不知道园丁们是什么时候开始工作的，总之，早上六点半他们就已经在花园里了——但是在 8 点到八点半之间他们都不见了，可能是喝咖啡去了。他们素色的头巾、红色的马夹、宽宽的腰带、肥大的黑色长裤和绣着花纹的绑腿，还有尖尖的鞋子，使他们非常显眼，点缀着花丛。他们用喷壶一遍遍地从就近的喷泉里取水，浇灌每一株花草。

暖洋洋的阳光下，一群金翅雀一闪而过。我听到布谷鸟特有的清脆叫声，当它安静地飞进树丛时，我看见它的尾巴上有拇指样的白色花纹。黄鹂不停地发出笛子般的叫声，一大群喜鹊叽叽喳喳。蜜蜂似乎跟人们太友好了，它们在房间里飞进飞出，享用门外餐桌上的甜点。

自从进入奥地利以来，我还没有适应当地的问候方式。我打开门拿我的鞋子，"吻您的手"，走廊上有个人问候道；有人敲门，我说"请进"，又听见"吻您的手"，早晨的咖啡送来了；打扫卫生的女服务员在我进出的时候，不但说了"吻您的手"，还这样做了；找给我钱的出纳、开门的门童，甚至擦洗台阶的小女孩，在我经过的时候，都会蹦出一句"吻您的手"，直到这荒谬的问候语让我窘迫得浑身发抖。我也觉得很尴尬，我接受了这么多的问候，却连一句"不客气"都没说过，真是太失礼了。我从没学过该怎么回应这样的问候。

房间里的各种提示都用德语、匈牙利语、斯拉夫语和土耳其语注明。不光是火车站的名字，还包括各种大大小小的时间表，用古老的斯拉夫字母和现代的罗马字母两种文字印制。

自从离开拉古萨，我们没有看过一份报纸，这可能是我们觉得离家太远的原因之一。到处都有各种日报，但大多是斯拉夫语、土耳其语或匈牙利语的。

伊利扎本地是不是没有女人？我非常疑惑。我只在乡村马路上见过一个。那天下午她路过，穿着直到脚踝的黑色裙裤和木屐，低领口的无袖黑色夹克，里面是纯白的衬衣，袖子卷了起来，头上包着白色的头巾，边沿是淡蓝色的。

在欧洲邮寄包裹非常方便,我想给维也纳的一位朋友寄点东西,于是决定自己一个人去趟邮局。公职人员应该懂德语吧,可能还懂英语。在午餐时间快到的时候,我溜了出去,结果发现邮局中午 12 点到下午 2 点关门;预留了充足的时间,我在下午 4 点的时候再次前往,在门口的台阶上遇到了邮局局长。他很有礼貌地说"吻您的手",然后打开门锁,我等着他踱入办公室。他很严肃地盯着维也纳的简单地址看了许久,然后在他的地址簿里翻查维也纳郊区,但没有找到。

"可是,这个——地方没有邮局啊!"

"哦,不。"我回答说,"我能肯定有,但也许邮件是从维也纳的大邮局转发过去。"

他终于决定接收这样一个包裹,然后把它翻过来。

"但是没有封口啊!"

"噢!可以封口啊?"

"是的,最好封上。"

"那您能帮我封上吗?"我问道。

"当然可以。"他无比谨慎地拿起一大根红蜡和一盒火柴,开始给包裹的两端封口。此时,又进来了 3 个人,在等候的时候,他们饶有兴致地看着这显然很少见的一幕。

"请在这里签上您的名字。"他指着那个地方并看着我签名。接着,他走到屋子那头的大天平上称重,到一个柜子里拿必要的标签,到一个抽屉里拿收据簿,然后回来。他非常从容镇静地处理这一切业务——或许有点烦琐。这跟我们美国那紧张忙碌的邮局是天壤之别啊!

结完账后,他起身时又说了一遍"吻您的手",我走出邮局,后面 3 位等候者站在那儿盯着我看。

傍晚时分,天气凉爽,我们沿着两边长满栗子树的林荫道走了大约两英里,来到伊格曼山脚下,从岩石缝隙间流出的几条溪流汇聚成了波涛滚滚的波斯纳河。政府在这里放养鲑鱼,很有意思。我们看到了处于各种阶段的鲑鱼,从鱼卵到接近一磅重的大家伙。当然,就像温柔姐所断言的一样,这些鱼都是同种类的,这让人们有借口进行大量捕捞。回去的路上,天气变得更加凉,我们加快了步伐。

喇叭形的忍冬花散发出香气,提示我们快到旅馆外围的公园了;亭亭玉立的中国木兰绽放出优雅的紫红色花朵,在随风摇曳的菩提树枝的衬托下,像是仙境里的奇花异草;松树在白色小路上投下羽毛状的影子,忍冬藤——源自美国弗吉尼亚的攀缘植物,缠绕在门廊边,让我们感觉离家很近。

加茨科、莫斯塔尔和伊利扎的旅馆都由政府经营。我们发现,我们在从加茨科到莫斯塔尔的路上遇到的那位向我们热情挥手的赛车手,竟然是这里的负责人。他好奇地询问我们这些美国人是怎样一路开车来到伊利扎的,并请求我们向家乡的人们宣传这里舒适的设施。他的殷切关照让我们非常感动,在我们离开之际,他把我们的车装饰得像是要去参加尼斯狂欢节的巡游花车,还为我们提供了非常有价值的整个波斯尼亚的路况信息,甚至为我们订好了在特拉夫尼克将要吃的午餐。

我们向亚伊采进发,穿过苏耶维纳河,在克里扎尼耶酒馆旁驶上右边的那条路,很快就置身于地势起伏的山区,山上是绿色的森林、果树和庄稼。我们到达一处几乎垂直的山崖,我这才意识到我们是在翻山越岭,我们沿着盘山路绕了4圈才进入里彭尼察河谷。这里的房子有的是砖瓦结构,有的是木头的,屋顶是一块长长的木板;粉刷成白色的炉子孤零零地立在屋外,或者在屋檐下的角落里,非常显眼。这个村庄的耕地养护得很好,没有裸露的石块,哦,除了路面上;波斯尼亚式马车的轮距如此之窄,以至于我们车子某一侧的轮子不得不始终轧在尖锐的石块上。

我们沿着里彭尼察河行驶,来回两次横跨河流之后,到达基塞利亚克。在这里,我们看到很多酒馆,一家土耳其式简陋驿站,一家叫"施瓦布"的旅店,看上去引人注目;不过我们直接驶过了,没有下来看。很快,路拐了个弯,变得更加平坦、宽阔,在格罗米亚克(Gromeljak)跨过了福伊尼察河。我们停车拍照,这里有一座典型的乡村清真寺,尖塔是木制的。

道路沿着河岸延伸,我们左边是白雪皑皑的弗兰特尼察(Vratnica)山脉。在这个气候宜人的地方,一个村庄紧挨着另一个村庄。我们到达热奥瓦茨(Jehovac)村,伊格曼山的美景已经在我们身后了,我们旁边是弗兰特尼察山,面前是被积雪覆盖的弗拉希奇山(Vlasic);布里斯罗夫斯科(Breslovsko)村子里有成片的枫树、白桦和橡树树林;然后我们到了别拉罗瓦茨(Bjelalovac),一群穿着白色衣服的男人,包着红头巾,扎着红腰带,样子很特别,在一家土耳其驿站前游荡,在我们经过时跟我们打招呼。每隔半公里就有一块木头的公告牌,不过有些牌子上的图案已经看不清了。篱笆是用树枝搭建的,走来走去的猪身上绑着两根木棍,长约 12 英寸,连着一条带子,以防它跑进田里。

"你们猜猜那个女人是怎么让那么浅的桶盛住水的?"温柔姐大声说。当时我们遇到一个穿长裤的女人,快步如飞,双肩上扛着一根直杆,两头挂着吊桶,桶里的水向外溢着。

我们驶过科季察河(Kozica)的时候,路面上长满了青草。这里的女人赶着耕牛犁地,她们穿着裙子而不是长裤;男人们跟我们打招呼的时候,脱下了他们的土耳其帽或头巾,而不是戴着。这也许是因为我们看上去像天主教徒。

在布索瓦察(Busovaca),制作土砖坯看来是很重要的产业。我们又来到了铁路边,这铁路是连通萨拉热窝的另一条线路。我们横跨拉什瓦河(Lasva),来到河的左岸,经过一个大型锯木厂,院子里堆放着很多木料;然后进入了一个狭窄的山谷,两侧的群山森林茂密,山体上偶尔有石灰岩或砂岩。在狭小的空间里,只有河流、铁路和公路穿过;很快,山峰退到身后，缓坡上出现了农场和果园，鸟儿欢唱、温度宜人，天空中飘着朵朵白云，白雪皑皑的弗拉希奇山依然高耸在我们面前。我们来回跨越蜿蜒的拉什瓦河，公路宽阔平坦。河边的条条小溪上矗立着一些小型水磨。这些波斯尼亚特色的机械，被搭建成像箱子一样的小棚屋，高高地架在几根木桩上，几个结实的小轮子在水面下水平转动。每台水磨的破旧程度都不一样，它们吸引我不停地举起相机，每一台都显得比上一台更有魅力。我们路过了一片粉刷成白色的房屋，尖尖的屋顶是由长木板搭建的，在屋脊横梁的两端都有十字架；更加简陋的房子是土砖砌的，或者是顶上盖着石膏板的茅草屋。

弗拉希奇山靠近多拉茨(Dolac)的这一面怪石嶙峋，似乎离我们很近。我们又一次横穿拉什瓦河，黄鹂从身旁掠过。我们看见河道中央有一辆土耳其式马车，上面挤满了女人和孩子，他们艳丽的服装像罂粟花丛一样绚烂。拉车的马匹一定非常享受这清凉的河水！女人们透过她们的丝质面纱直勾勾地盯着我们看。

不久，山顶上那砌有围墙的特拉夫尼克的古老城堡映入眼帘。据说，这城堡是在 14 世纪由波斯尼亚王特弗尔科(Tvertko)二世下令建造的，尽管随着它的主人变来换去，它被焚烧过许多次，但座座城楼依然屹立不倒。

跨过湍急的拉什瓦河，缓慢地穿过拥挤的集市，我们到达小镇的尽头，在我们的旅馆门前停下。天气很热，我们刚下车就感觉到了滚烫的石板路散发的热量。头儿竟然还失望地说："你们没看到我们刚才经过的墓地吗？就在路边不远的地方。我们只能在午餐前抽时间去看看。"

我很想到集市上去拍照，于是我们出门了。坐在车里的时候一点也不觉得距离远，但在正午的烈日下拖着沉重的脚步往前走，感觉就大不一样了。我觉得我们永远也到不了那彩色的清真寺了，但旅游指南上说我们应该去看看。

不过街上的人们倒值得一看。一个吉卜赛家庭坐在人行道上的阴凉角落里;3位农妇结伴向市场走去;几个缠着头巾的男人围坐在支有凉篷的桌子旁;一个卖某种东西的商贩一手拿着个大水罐,另一只手里提着很沉的篮子,头上还顶着一个长方形的盘子。一个像花蝴蝶一样的小姑娘跟着她面带微笑的哥哥放学回家,我碰巧挡了她的路。集市基本上被废弃了,但彩色清真寺凉廊里的桌子上堆满了各种蔬菜和水果,鲜艳诱人。这个清真寺与众不同,三面都有带顶的凉廊,在凉廊遮阳伞似的飞檐下,摆了很多小货摊;因为阳光实在太强烈了,简直要把那些钉子、铃铛和奇形怪状的工具烤化了,更别说摆出来的各种糖果和奶酪了。清真寺外墙上的那些图案,比在车里不经意瞥见的时候更好看,因为距离产生美,让生硬的色彩显得柔和了。

茂盛的橡树下,那些建有穹顶的波斯尼亚贵族的坟墓确实很有意思。这些墓碑不是常见的伊斯兰头巾的式样,其顶部的形状类似高耸的土耳其帽,插着一个圆柱形状的东西;一块雕刻的石板隔开了坟墓,支撑石头穹顶的柱子有简单而精致的柱头。穹顶的各个柱子之间用铁丝网和厚重的金属栅栏围起来了,以防盗墓贼的侵扰。照例,旁边很近的地方就有喷泉,源源不断地喷出水来。特拉夫尼克曾经在400多年的时间里一直是波斯尼亚的首府,直到后来政府机构迁移到了萨拉热窝。

"你们知道吗,我们已经走到旅行指南最后一页的地方了。"吃完一顿美味的午餐之后,我们正在准备下午的路线时,温柔姐问道,"我们下一步该干什么呢?"

"也许,再往回走一遍!"热情妹大胆提议。

我们驶上离开特拉夫尼克的林荫路,两旁是古老的白杨树。我们沿着垂柳拂岸、蜿蜒流淌的拉什瓦河行进,路过一个长满青苔的喷泉,一个长发的伊斯兰修士坐在旁边,然后我们来到"神圣的穆罕穆德·伊斯梅尔·巴巴"之墓。不过我们停下来并不是要缅怀这位大人物,而是要看看那棵非同一般的大杨树，直径有 9 英尺，差不多有 400 岁了，它巨大的树干伟岸挺拔，树枝都有普通树干那么粗。

再远一点的地方，在路右边，有几块鲍格米勒教徒的墓碑，风化严重，但很奇特。旁边一户民居里的人全家出动，站在他们门口的阴凉处，若有所思地看着我们，直到我们离开。他们肯定是天主教徒，因为女人们没有戴面纱。他们会不会属于那个曾经受迫害的鲍格米勒教派呢？即使在移动的车里，也非常温暖，我们甚至有些羡慕那个卷起裤腿站在水中修理篱笆的农民。路上有很多景致吸引我们的注意力，可是，我们刚刚停下来等待牛群被驱赶着通过，紧接着又是一群羊，甚至有猪群朝我们走过来，还有长长的马队，每六七匹驮着重物的马被拴在一起。

山谷越来越狭窄，山坡上树木茂密，一片片的苹果树和樱桃树鲜花盛开，芬芳扑鼻。经过戈尔斯（Goleš）车站，山势变得更低了，开阔的原野上竟然没有村庄，我们开始翻越科马尔（Komar）山口。在第一圈盘山路上，我们看到了一整天都横亘在我们面前的弗拉希奇山被积雪覆盖的另一面山麓，我们停下到路边的民居讨水喝。3 个衣着独特的农民悠闲地从开着的门走出来，打着哈欠——很明显，我们打扰了他们午睡——这些健壮的家伙对我们的车很感兴趣。另一个人从上方的窗户懒洋洋地往下看，那显然是一扇落地窗。

顺着盘山路又绕了两圈，高度上升了很多，我们到达了山顶（3090 英尺），一共用了 1 小时 40 分钟，包括停车的时间。从特拉夫尼克（1150 英尺）到这里的距离是 22 公里，或者 13.75 英里。到奥伯吉（Oborgi）的下山路非常陡，这里的铁轨像是齿轮和齿条，不过公路倒是维护得不错，石头很少，我们很快就到了树木繁茂的亚布拉（Jablan）山谷。过了奥伯吉之后，我们正在欣赏湿地草丛中闪耀夺目的金盏花，突然遭遇了极其猛烈的沙尘暴，以至于我们不得不停下来。最终，我们戴上防风镜（如果披上衣服会发热）低下头，在遮天蔽日的沙尘中继续前进。

我敢肯定,在这个令人愉快的 5 月的早晨,整个村子的人一定刚从瓦库夫的集市上回来,因为我们遇见了很多人;男男女女的土耳其人和天主教徒,他们骑着、赶着或牵着他们的骡子。一个男人一边驱赶着他的羊群回家,一边忙着编织袜子,他引人注目的大头巾和他正在做的事情完全不般配。当我们到达瓦库夫,尤尔巴什河(Urbas)畔的一个小镇时,人潮涌动,色彩斑斓,人更多了,我们费尽千辛万苦才穿过集市和村子,继续我们的行程。

在这里,我们转向北方,沿着风光迷人的河流行驶,景色变幻无穷,它有时在树木茂盛的山峦之间流淌,而后又汇聚成宽阔奔腾的洪流,在多哥诺维奇(Dogonovci)附近形成瀑布,到达维纳茨(Vinac)附近的悬崖之下又掉头回流。山顶上那些若隐若现、杂草丛生的废墟,到底是大自然的杰作还是中古时代的人类遗迹? 我们驶过了数公里,空气变得清新一点了,看到亚伊采了,在圆锥形的山上,城市掩映在树木和花园之间。

越过普利瓦河(Pliva),经过河畔一座座古朴精巧的磨坊,驶过狭窄的通道,一眨眼我们就到了亚伊采的旅馆门口。

一座典型的乡村清真寺（格罗米亚克附近）

像花蝴蝶一样的小姑娘（特拉夫尼克）

彩色的清真寺（特拉夫尼克）

贵族的墓(特拉夫尼克)

墓旁的喷泉(特拉夫尼克)

古老的白杨树(特拉夫尼克附近)

鲍格米勒教徒的墓碑

波斯尼亚的一座天主教徒的农舍

波斯尼亚的一个天主教徒家庭

第二十六章

亚伊采

　　我想这是我们经历的最热、最脏的一段行程,不过我们依然很开心,而且可以想见,如果气温不这么反常的话,该有多么完美!吃完晚餐,我们还不是太累,于是出门沐浴如水的月光;外面的街道很狭窄,两侧楼房小格子似的阳台悬空伸出;一个包着头巾的人坐在喷泉旁边;我们穿过一个看上去原始粗犷的中世纪式样的城门;跨越湍急的河流;走下一段漫长、古旧、颜色灰暗的台阶——来到两条河流的交汇处,普利瓦河倾泻而下,汇入下方 100 英尺处的尤尔巴什河,涛声震天。奔腾咆哮的水流激荡着巨大的水花,在我们周围四散飞溅,声音震耳欲聋。头儿居然还觉得不过瘾, 又顺着长满青苔的倾斜台阶往下走了几步——而我们,自然必须跟着——到达瀑布下面的一个地方。借着满月洒下的光辉,我们看见波浪激荡翻滚的河水猛然跌入巨石嶙峋的黑色深渊。这场景简直无法形容。

　　早晨的阳光坚定了我们再次去河边的决心, 我们来到了瀑布上方咔嗒作响的磨坊旁边。如此绝妙的画面,还能带来实际效益,看起来多么难以置信!巨大的轮子黝黑、潮湿,缓慢、沉重地旋转着;水流从轮子上的每块小木板之间涌出,然后渐次落在下面的横木板上,溅起层层浪花;岸边每一块伸向河面的岩石上,都有一棵树或灌木伸展着枝条。那些更小的支流上有小型的水磨,水流被卷起时,像是新娘的面纱。

一个四角的连拱式钟楼矗立在山腰,这是意大利风格的。在颜色暗沉的波斯尼亚式房顶之间,它看起来很奇怪、很不协调。就在城门里面一点,清真寺的尖塔周围环绕着许多土耳其式房屋;清真寺旁长着一棵伦巴第杨树,紧挨着一个八角塔,树下的喷泉流水潺潺。这构成了美妙的画面。尤尔巴什河对岸的小村庄科什尔克(Kosluk)同样景色迷人。依山而建的低矮房屋层层叠叠、屋檐高悬,是日本风格的,非常可爱。

与所有这些美景相比,这里的旅馆实在令人失望;足够舒适,富丽堂皇,坐落于尤尔巴什河畔的悬崖之上,但是没有露台或阳台,也没有花园,从房间里看不到风景,因为窗户都太高了。对面的整个山坡植被丰富,下面是云杉,上面是山毛榉;茂密的树林间有很多弯弯曲曲的羊肠小道,但没有一条公路。

一天下午,路上有一匹奶油色的马快步走过,它脖颈低垂、鬃毛飘飞;一个身着便装、戴着红色土耳其帽和腰带的男人在它身旁同样快步走着。我想到年少时听过的故事:绿色的山坡上,一匹阿拉伯战马和它的主人在斑驳的树荫之间曲折穿行。

星期五,我们在外面散步,遇到了许多土耳其女人,尽管天气热得仿佛能熔化一切,她们依然把自己包裹在厚重的黑色外套和白色头巾里;不过这是一个星期里唯一的一天,她们被允许自由出门,全家人一起穿过对面的公园去墓地扫墓,她们中有些人怀抱着大眼睛的婴儿。

"你们想看看伊斯兰女人的闺房吗?"我们的导游问道,"也许女士们会觉得很有意思,我妻子今天下午可以带她们去。"

于是,大约下午4点钟,我们跟着一位亲切的德国主妇,从旅馆出发走了不到半个小时,来到一扇门外。推开门进去,我们走过铺着鹅卵石的院子,踏上几级歪斜的台阶,来到二楼的走廊,地板上的破洞大到可以伸进一只脚。这里有 3 个或 4 个绿色的大柱子，一个或两个小柜子，还有挂衣服的钉子。一边是男人的房间，舒适整洁，有一个巨大的炉子，一个摆放了土耳其书籍的玻璃书柜，窗户下面是一张几英寸高的沙发椅，上面盖着一块毯子。推开走廊上的另一扇门，进入了女人的房间。首先是一个厨房，里面的家具包括一个黏土砌的大台子，上面有一个铜火盆和黄铜咖啡壶；门背后挂着各种夹钳和铁制工具，天花板被烟火熏得黑乎乎的，而且满是窟窿。女主人邀请我们进入起居室，她身穿褪色的印花长裤，头上的棕色头巾遮住了每一缕头发，她热情地接待我们。她只剩下一颗发黑的牙齿，但并没有因此而羞于露齿微笑。

一台手织机占了房间很大的一块地方，用来织一种白色棉布，在东方非常流行；此外，还有一个陶土砌的炉子，两张盖着毯子的低沙发椅，角落里的一个柜子里放着床褥，晚上铺在地上。女主人的黑色大罩袍和出门戴的面纱挂在角落里的一个钩子上。

一个两颊有深深疤痕的年轻女人走了进来，几经恳请，她才给我们看了她的针线活。"没有人指导，她自己设计图案和针法，用金色的线和鲜艳丝线绣头巾、毛巾和餐巾，作为她的嫁妆。"我们的导游翻译道。这就是著名的伊斯兰女红——金线绣，正反面是一样的。

"她多大了？叫什么名字？"

"维迪吉娅。哦，大约 20 岁。她不确定。她们从来不知道自己的年龄。她们没有记录——她们不会读写。她是女主人的女儿。"

这时，又一个脸色苍白、骨瘦如柴的女人走了进来，穿着难看的印花裤子，但头上戴着一顶小红帽，上面缀着金色的金属圆片和小颗的珍珠。

"她是女主人的继女。"我们被告知，"那个紧紧地跟着她的是她的小女儿。孩子的父亲是一位教士，6 个月前去世了。"她们都心怀恐惧地望着相机，用手指着我们马甲上的绣花，问是不是我们自己绣的。

土耳其女人一星期梳一次头发，梳头发次数太多被认为是邪恶的！那个年轻女孩的脸上长着可怕的痈疮，在她允许一个男人给她看病之前她可能就会死——她已经病得很严重了。很难相信，还有成千上万的女人生活在这种可怕、愚昧的环境之中。我们离开的时候心里发凉，为这些被遗忘的生命，为她们无助的悲惨命运。对于男人来说，伊斯兰教可能非常好，的确，有些阶段确实极好无比！但是对女人呢?!

一天晚上，从高处传来一阵隐约而陌生的音乐声，我们被吸引到窗前，在黑暗中探出头去，又听见了，那是9点钟的祷告报时，宣礼员在清真寺尖塔的小阳台上走来走去，向四面八方的祷告者发出召唤。那声音洪亮有力、饱含深情。在远处，声音听起来更加低沉，离得越远，声音越轻；另外，人们还没有入睡，寂静的夜晚也还未降临，夜莺在不停地唱着情歌。

皎洁如水的月光和夜莺动听的歌声让我无法入眠。我倚着窗帘，望着下方远处奔流的河水，陶醉在这绝美的夜色里。重复的叽叽喳喳，再一声颤音，然后是更高的音调——然后，听到相同的回应之后，这位夜莺歌手更是热烈欢唱，那歌声仿佛天籁之音，节奏如疾风骤雨，旋律甜美动人！夜莺什么时候才睡觉？它们在奔腾的河流之上，整日整夜地歌唱。

接近傍晚的时候，顾不上炙热的温度，我们沿着普利瓦河行驶，路过了水流湍急的河段，也路过了碧绿平静的河面，还有岸边长满黄色鸢尾花的湿地，那里有成群的金翅雀和喜鹊，然后我们来到了距离亚伊采大约6英里远的湖边。我们停下来在湖畔餐馆喝了杯咖啡，悬空伸向水面的游廊看起来如此凉爽宜人，固定在台阶上的箱子里的鲑鱼看起来如此鲜嫩美味，于是我们决定在这里吃晚餐。几个男人撑着本地特有的小船经过，他们红色的土耳其帽为碧绿的湖面增添了一抹艳丽的色彩。薄暮渐浓，我们在暮色中回到亚伊采。

那天晚上，大瀑布将为我们点上灯。"我不知道这样会不会有意义，不过我觉得我们应该试试——其他游客好像都很期待。"头儿说。于是我们下山走到河边，然后过桥到对岸，来到公园里正对着大瀑布的一顶大帐篷边。帐篷里面是花园里的一个椅子，唯一的座位，我们耐心等待。沉默不语的人们三三两两地沿着小路下到岸边的草地，我们觉得大部分都是外国游客。很快，一束柔和的象牙色灯光被打在水花飞溅的瀑布上，灯光表演开始了。确实非常美妙，持续了大约半个小时，有各种不同的灯光效果，不只是照亮了奔流直下的瀑布，还照亮了山顶小镇里的堡垒，还有河两岸每个观景点上衣着艳丽的人们。

一天，我们上山参观古堡，它于1528年被土耳其人占领。除了古老的墙垣和丛生的杂草，没有什么可看的；不过，在这里俯瞰城市、河流和毗邻的山峦，景色很美。我们只扫了一眼被围在中间的小镇子，里面有工厂和磨坊；为了既能利用这里难得的水力资源，又不破坏亚伊采的自然美景，这镇子建在城市边上一处隐蔽的悬崖背后。

圣卢克(St. Luke)教堂的钟楼旁边是地下墓穴的入口。我脑海里浮现出罗马地下墓窟的场景，有些犹豫要不要沿着陡峭黑暗的楼梯去到地下深处；但是导游举起了明亮的火把，头儿在我身后等着下去，我只得顺着破旧的楼梯步履蹒跚地走下去，很快就来到一个在坚硬的岩石中开凿出来的形状不规则的墓室。这里显然是早期天主教徒进行礼拜的一个洞穴教堂，也是他们的墓葬所在地。这些墓穴、穹顶、祭坛和壁龛的制作，还有雕刻的纹饰，都技艺精湛。下面还有一个更加粗糙简陋的地穴。不知道是什么年代开凿的，但是在更早的一个墓室里，有一面墙上雕刻了赫尔沃耶(Hrvoja)的纹章，斯帕拉托市场上的八角塔也是以他的名字命名的，他死于1415年。

亚伊采最壮观的场面是礼拜日早上，城里所有人都会去天主教堂，然后聚集在市场上。连续晴了24天之后，昨夜的一场大雨使天气变得凉爽，让人感觉精力充沛，我们沿着高墙之间的陡峭山路下山，去方济会教堂。噢！我们到得不够早，都进不去了。集会的人们把每个门口都挤满了，他们虔诚地做着礼拜;听到"礼",他们就高举双臂并张开两手,听到"拜",他们就跪下前额触地。空气非常闷热,让我几乎无法待在距门口 6 英尺的范围之内,因为拥挤的人潮带来的热量蔓延到了那里,不过他们的衣着都很整洁,白色的外套显得很凉快,尽管那是羊毛质地的。

在教堂里,男人们解下了红色的头巾,把一端甩过左肩。走出教堂来到阳光下,他们把头巾重新缠到头上,一致的动作构成了有趣的画面。礼拜仪式结束后,一些女人围着祭坛再次跪下祈祷。我们进去看托马森维奇(Tomasewitch)的遗骸,他是波斯尼亚最后一个国王,1493 年被土耳其人残忍地处死。他躺在一口玻璃棺内,下面有块木板刻着他的名字。

跟着人群,我们走过阴凉的街道,来到市场,在这里,我的胆子越来越大了。显然,这些善良的人并不排斥照相机,他们像孩子一样摆出各种姿势。我旁边有人帮我翻译,我手忙脚乱地换着胶卷,几乎还没来得及抬头表示感谢,就有另一个更有意思的形象出现了。

这些场景令人十分愉快;人们自己很乐意跟他人亲切交谈,女人与男人看上去更加平等,当然,男人很多时候会公开表示对女人的爱慕之情。一个卖炸饼圈的男孩把饼穿在棍子上,声称他的饼甜而不腻。一些女孩子在买鞋,另一些拿着棉布。西班牙犹太妇女戴着那种特别特别的帽子,让她们显得与众不同;很多吉卜赛人依然干着他们的传统行当——乞讨。女人们佩戴着大量饰品,有珠宝、项链、带扣、戒指和头饰;她们脖子上挂着的链子下面通常坠着一个椭圆形的小盒子。男人和女人的衣服袖子上都有挑花和刺绣,脚上穿着装饰有珠串的鞋子。希腊教派的女孩子们让长长的发辫自然垂下;而罗马教派的则把发辫盘起来。一位女士穿着黑色丝缎的土耳其长裤,合身的短外套,戴着黑色的包头帽,显然来自上流社会。城里的男人们穿着黑色丝质长裤,裤腿到了膝盖以下变成深红色而且收紧了,在尖尖的鞋子上面又散开来;系着黄色或红色的腰带;柔软的白色绣花衬衣外面套着镶有红色穗子的蓝色短外套;戴着流行的红色土耳其帽,显得仪表堂堂。年长的男性系着更有趣的宽腰带,戴着引人注目的头巾。

"我太累了、太热了——我们回旅馆休息吧!"温柔姐用楚楚可怜的语调说道。于是我们"回旅馆",结果这天剩下的时间我们一直在"休息"。

亚伊采的小磨坊

瀑布上面的普利瓦河

从外面看亚伊采的城门

从里面看城门

一周出门一次的土耳其妇女（亚伊采）

土耳其儿童（亚伊采）

方济会教堂门口（亚伊采）

华丽的红色和金色服装

礼拜结束后来到集市（亚伊采）

缀着金属圆片的项链和头饰

一对波斯尼亚情侣（亚伊采）

装饰有珠子和刺绣花纹的外套（亚伊采）

正在吃午餐的农民（亚伊采）

亚伊采的一个新式商店

第二十七章

从亚伊采到巴尼亚卢卡——在去波斯尼亚诺维的路上

"巴尼亚卢卡(Banjaluka)。"头儿重复着,有一半是对他自己说的。

"这个名字听起来多么有亚洲的感觉!"

"就像博卡拉(Bokhara)、贝尔格莱德(Belgrade)、布加勒斯特(Bucharest)一样,对我而言,它们意味着精致的地毯和刺绣,我知道的也就这么多了。"

"那么,我们明天继续上路,去巴尼亚卢卡。离这里只有48.5英里,这段路很出名。"

我们离开令人留恋的亚伊采城和它那美丽壮观的瀑布,天气凉爽,阳光明媚,我们穿过城门,沿着尤尔巴什河向北行驶。一棵修剪过的橡树下有一条石头长凳,经过它没多远,我们最后一次回望亚伊采。就在狭窄湍急的河流上方,城堡巍然屹立,城墙一直延伸到山腰,挡住了低矮的民房,清真寺的尖塔、巨大的白色方济会教堂和修道院,掩映在树木和花园之间。

路况非常好,没有一点尘土,樱桃树和胡桃树带来了阴凉,洋槐和山楂绽放着白色的花朵。穿过河流,奶油色的石崖越来越近,广袤的田野已经看不见了,我们进入了峡谷。金雀花垂下的黄色花枝蔓过了有棕色纹理的山石;花楸长在它该长的地方。经过一棵高大的山毛榉之后,前面的铁桥通向一条曲折的隧道,我们下车点燃灯笼[1]。两个微弱的光点出现在远处,标示着隧道的中心。我们很高兴在这有回声的黑暗隧道里没有遇到任何东西。

我们刚出隧道口,一个男人飞快地脱下他的外套罩住马头,以免他的马看到我们而受惊。对面过来的人群速度都很快,我们按响喇叭提示,小心通过。沿路放了很多盛满水的水槽,以供路过的人和牲畜洗涮、提神。

这里的山崖非常陡峭,我们通过一小段隧道进入了第二个峡谷,我们左边的小瀑布上方有一个小磨坊,瀑布波浪翻滚地汇入尤尔巴什河的激流之中。溪畔的每一寸泥土上都长满了高大的山毛榉和洋槐、菩提树、枫树、柳树和散发着香气的胡桃树,遮住了石头山峰下方的崖壁。成熟的树木已经开花了,地上落满了黄色、紫色、白色的花朵,像是在参天大树之间铺上了地毯。

尤加尔河(Ugar)在我们右边流淌,直到路的尽头,又从我们左边流向奥玛斯科(Omarsko),那里的景色摄人心魄,巨大的灰色山崖笔直地矗立在前方,仿佛挡住了去路。驶过层峦叠嶂的峡谷,我们看到山顶上残破而宏伟的博卡克(Bočac)城堡,我们旁边的酒馆——中途休息区,每天都有很多从巴尼亚卢卡到亚伊采的赶路人在走了45分钟之后,在这里歇歇脚。

山崖逐渐变得低些了,安吉诺赛洛(Aginoselo)开阔、明媚的乡村风光在我们眼前展现,农庄散布在碧绿的田野之中。接着,前面隐约出现了另一座山,我们急速下坡,依然沿着奔腾的尤尔巴什河行驶。我们离山石嶙峋的崖壁很近,因为没有别的空间了。胡桃树和菩提树为我们遮挡阳光,铁线莲在低矮的灌木丛中缠绕蔓延,很多鸟儿在飞翔、啼鸣,我们头顶就是高耸的山崖。我们遇见了路过的村民,穿着引人注目的奶油色羊毛外套,系着镶嵌了金属圆片的皮带。我们一直等着,直到他们下定决心赶着马群安静地经过。

　　突然,山顶上出现了一座瞭望塔,紧接着,第二座、第三座,它们是别具风格的克鲁帕(Krupa)城堡遗址的一部分,城堡主体位于悬崖的另一面。但我们没看到能停车的地方。

　　在一个宽阔山谷的尽头,出现了另一座城堡,城墙上爬满了藤蔓,那是兹维察伊城堡(Zwecaj-Grad),它扼守着特耶什诺山谷(Tjesno)的入口,这里是我们所见过的最荒凉的地方。崖壁离我们如此之近,突兀的山石几乎挡住了去路,我们右边的巨大山洞里回荡着我们的车轮声,这声音倒带来了一丝安慰——至少对我而言——我们终于穿过了这幽深的山谷,跨过尤尔巴什河,进入亚盖尔(Jagare)和卡拉诺瓦茨(Karanovac)。一个从集市里出来的女人帽子上插着孔雀羽毛,她好奇地看着我们。我们又一次横跨尤尔巴什河,在驶过巴尼亚卢卡漫长、无趣、凌乱的街道之后,我们很快就在旅馆入口拐了进去。

　　想象一下,七叶树栽种得如此密集,一丝阳光都透不下来,低矮的树枝都被剪掉了,好让人们能够在树荫下舒适地行走;想象一下,这些树上盛开的花朵和鸟儿的歌唱;想象一下,凉爽的树荫下摆上了铺着亚麻桌布的小桌子;想象一下美味的鲑鱼、新鲜的龙须菜,还有咖啡带来的清凉滋润!巴尼亚卢卡用这一切来迎接我们。又能在室外吃饭了,真是令人高兴!

　　我们怀念奔腾咆哮的尤尔巴什河的美景吗?一点也不。身着新奇服装的女人们吸引了我们的注意力;乡村马车咔嗒咔嗒地从旁边驶过;一个卖橘子的小贩慢慢地走过来,两只手臂上各拐着一个浅篮子。我问他能给他拍照吗?他兴奋得脸都红了。他长得并不算英俊,他像一个16岁的少女一样娇憨地咧着嘴笑,露出了黑乎乎的牙齿。真奇怪,这里没有苍蝇或其他讨厌的昆虫——至少没看到。

　　巴尼亚卢卡地处平原,街道宽阔,路旁的洋槐和栗子树正处在盛花期,让人行道显得既阴凉又美丽。有人经常为这些树木浇水,走在凉爽的树荫下令人舒适惬意。

"我从没听说过这里有要塞,但旁边那条路的尽头看上去像是有古城墙。你们不想沿着那条路走过去看看吗?"

一半不情愿地,我们离开了凉爽的树荫,在明亮耀眼的日光下走了一小段路,拐过一个街角之后,透过树枝的缝隙,看到了古老的堡垒和一大片移动的红色土耳其帽。那会是什么?我们走近发现,成百上千的年轻村民身穿节日盛装站在兵营门前,衣服上有绣花图案和层层叠叠的金属圆片,非常华丽。这场面真壮观——显然是征兵仪式。他们有的站在一起,有的在打球,有的在大树下的草地上闲逛,构成了奇妙的光影效果。只看见两个女人,而且都是上了年纪的。这一经历让我们对这个小城的印象有所改观。"必须承认,这个地方没有它的名字那么具有东方色彩。"那天晚餐之后,热情妹评论道。

"这里没有风景,没有什么可看的,只有舒适、凉爽和树上飘来的花香。"

"也许是我们变得挑剔了。"温柔姐说。

"如果在去莫斯塔尔、亚伊采或者萨拉热窝之前我们先到了这里,我们肯定会更欣赏这里的。"巴尼亚卢卡显然在飞速发展,具有令人浮躁的繁华气氛。古老的传统迅速消亡,已经难觅踪迹。城里的年轻人穿上了难看的现代服装,成片的现代建筑对喜爱这里美景的人来说,是残酷的考验。不过,还是有很多乡民——上帝保佑他们——穿着缀有流苏的长裤、羊皮外套和短马甲,系着艳丽的腰带,驾着古朴精致的马车,把他们编织的篮筐运进城里。

在巴尼亚卢卡,没有夜莺在湍急的河流上空歌唱而让我们难以入眠。但是,清晨,我们被另一种奇怪的声响吵醒,因为这里的工人并不介意早上7点就开始工作。如果有篱笆需要维修,不管它是在窗户下还是在外面,6点之前工人们就开始敲钉子了,之后的一个小时一直热火朝天地干活。不过,我们今天本来就打算早起,因为我们对波斯尼亚北部的路况没有把握。

事实上，我们的地图上没有标示前往普里耶多尔(Prjedor)的路线。

今天也是巴尼亚卢卡的赶集日，在我们出发之后，我们彻底相信了这一点，因为路上有成群结队的男女从我们对面走过来。他们的服饰跟我们以前看到的又不一样了，前面和袖子上有绣花的白色长袍，由珠子串起来的宽腰带，背后还挂着一个缀着珠子和深色流苏的袋子。头发中分并顺滑地梳到耳后，披到脑后的白色帽子里，帽子上有一块整齐的十字绣。有的人头巾的边沿是深红色的，有的人系着深蓝色的围裙，男人和女人看起来都干净利落，女人们这样打扮，跟身着厚重装束的亚伊采农妇比起来，显得修长、苗条。

在附近的一个十字路口，我们拐向左边，因为路标上清楚地写着"去往普里耶多尔"，在洋槐和山楂树下，间或有几株白桦，我们驶上起伏不平的山路。麦田周围是枝条搭建的篱笆或低矮的灌木丛，这一切都笼罩在淡淡的蓝色雾霭之间，美不胜收。道路弯弯曲曲，但路面平整，这样的景色比起昨天满眼的崇山峻岭，更让我们放松。阳光炙热，但空气清新。在一片枝条低垂的白桦林里，树下潮湿的土地上，整齐地生长着大量的蕨类植物。沿路分散着一些被茅草覆盖的农舍。

"这乡间小路多好啊！"温柔姐大发评论，"比那些尘土飞扬的公路舒服多了！"

"你们有没有注意到，离开巴尼亚卢卡之后，我们没看到一座土耳其式房屋？"热情妹问道。

"这一定是一个天主教教区，我估计。"温柔姐回答道。

一条条暗渠让我们想起了家乡的路。我们心存疑虑地看着它们，它们看起来很不安全；尽管盖板吱呀作响，但我们都安全通过了。远处田里有一个女人牵着马犁地，她的黄色头巾在阳光下分外耀眼；云雀在歌唱，头顶有一只苍鹰在盘旋，喜鹊振翅飞过；在伊万耶什卡(Ivanjska)车站附近，我们又一次跨越铁路。

库科维察(Kukovica)山口的路很陡，但还算短，比起这么久我们走过的所有地方，这里乡村的整体感觉更像威斯康星[2]。为了确认这一点，我们回想起那些星罗棋布的湖泊，还有许多小溪，让大地变得碧绿。一片树丛中有一个巨大的天主教堂，旁边没有房屋，但周围有棚子和摊位，摆着桌椅，看来这里是一些分散村落的中心地带。男人们赶着牛马辛勤地耕地；房屋看起来维护得很好，人们生活富足；我们看到谷仓旁的空地上有绵羊、牛、马、山羊、火鸡、小鸡、鸭子和鹅；在路上的一个急弯处，我们迎面遇上了一头黑色的大水牛和它的小牛犊。

左边的一条路通向奥玛斯科，我们经过基卡洛瓦茨(Cikalovac)，这里的樱桃树上挂着青色的果实，野玫瑰竞相绽放。洋槐树的枝条上缀满芬芳宜人的白色花穗，那轮廓多么优雅！一座尖塔从树顶升起；装饰着格子的房屋隐藏在高高的围墙之内；身上沾着指甲花汁液的孩子们出现了——科佐拉茨(Kozorac)到了。

这个不规则的土耳其式村庄尽头矗立着巨大的天主教堂，多么不协调啊！我们遇到了几群行动迟缓的水牛，但奇怪的是，它们并不害怕汽车。进入柯佐拉克之后，路面变得更加凹凸不平、更脏更旧。嫩绿的果园在我们两侧绵延，身着欧式服装的男人们正在养护它们。工人们也穿着现代服装。广阔的田野里，南面吹来的微风让沉甸甸的麦穗低下了头。

一个男人站在路中间使劲挥舞他的头巾。我们停下来，头儿下车察看。一座小桥垮塌了，我们必须涉水过河。我们下了车，更愿意步行过去，但几个壮汉在石头上搭起木板，为我们的车准备了相对安全的通道。沿着陡峭的河岸驶入烂泥滩，在快速流动的水中冲上木板，技术高超的司机把车安全地开到了对岸。我相信，如果有必要的话，这车能够驶上国会大厦的台阶！

"你们注意到那些男人缠着格子花纹的头巾了吗？"我们继续愉快地上路，热情妹问道，"看上去像方格花布。"

"不,我没有注意,我在看车。"温柔姐坦白地说。

在普里耶多尔,我们又来到铁路旁,再一次跨越它,我们横穿这个布局凌乱的小镇,路过它的教堂、3座清真寺、土耳其式民居,还有一个很漂亮的旅馆。道路沿着萨纳河(Sana)蜿蜒地穿过平原。一幢幢楼房二层的格子窗旁都缠绕着葡萄藤;荚蒾花在路边盛开,无疑是野生的;刚过布里兹察尼(Brezicani),我们又一次跨过铁路。对面过来一队人,惊慌失措的农民大声呼喊让我们停下来,然后仔细地解下马具,把马牵到旁边的田野,安静地站在那里等我们经过;但路两边的排水沟让路面变得很窄,他们卸下的车厢完全把路堵上了。不过他们很快意识到了这一点,回来把车厢往后拉。

"后面还有其他车吗?"他们焦急地问道,显然误以为我们是奥地利汽车俱乐部的先导车。我们再三保证让他们放心,与此同时,那些马的耳朵一动都没有动,在田野里平静地望着我们。

在德拉戈提亚(Dragotinja)附近,我们再一次横穿铁路,路况好一点了,这让我们有一丝兴奋。阳光更猛烈了,天上看不到一朵云。我们右边是绿色的山坡和低矮的树丛,浅浅的萨纳河就在我们身旁。道路看起来像是英式的行车道;我们交替穿过开满鸢尾花、金凤花的黄色花海和麦田。农舍下面是牛棚,上面一层是一家人居住的地方。

巨大的木筏在河面漂流,很有画面感;站在前面的男人们拿着桨,后面有个人掌舵,湍急的水流推着他们前进;船中间偶尔有为乘客准备的树枝编的遮阳伞。在波斯尼亚诺维,我们越过萨纳河,它在这里汇入乌纳河(Una),我们下车在一家干净的小旅馆吃午餐。

注释:

[1]应该是指隧道里挂的灯笼。(译注)

[2]指美国威斯康星州,作者的家乡。(译注)

从亚伊采到巴尼亚卢卡,在尤尔巴什河谷向北行驶

卖橘子的小贩

巴尼亚卢卡的征兵仪式

羊皮外套（巴尼亚卢卡）

波斯尼亚北方人的装束（巴尼亚卢卡附近）

帽子的后面

帽子的前面

第二十八章

离开波斯尼亚——普利特维采湖群

波斯尼亚诺维(Bosnisch-Novi)距离克罗地亚边境很近，那里有一条路几乎垂直通向正北方的阿格拉姆；但是因为要先去普利特维采湖群(Plitvica Lakes)，我们咨询能不能在晚上赶到比哈奇(Bihač)。

"哦，当然，路况不错，有一位很尽职的汽车司机每天都经过克鲁帕前往乌纳河谷。"

这话听起来令人鼓舞。我们决定走这条路线。

清真寺的庭院里一般都有一株美丽的古树。根据区域不同，可能是高大挺拔的柏树、枝条舒展的梧桐或菩提树、巨大的橡树或优雅的棕榈树；通常都被养护得非常好，并在喷泉旁向人们回报以斑驳、凉爽的树荫。诺维(Novi)的清真寺里有两株参天的菩提树，枝条伸展着越过寺顶，但可怕的噪声和卷起的尘土让我们对这里的印象大打折扣。一辆汽车[1]轰隆隆地沿着公路慢慢驶过，当地人似乎并未受到惊扰——那只不过是每天的工作职责——"一位尽职的汽车司机"——他们自豪地补充。

我们很清楚，这种宽轮距的大家伙介于囚车与蒸汽车[2]之间，能够在山间激流的石头河床上畅行无阻，不会让乘坐者觉得太颠簸，我们并不认为这种车带路一定能够保证路况良好；但我们还是愉快地踏上我们自己的旅程。

宽阔、苍翠的乌纳河谷酷热无比,几乎难以忍受;随着我们的行进,车辙越来越深,石头也越来越大;不过路标保养得很好,标示非常清楚。我们左边是树木茂盛的山坡,右边是乌纳河奔腾的河水;几辆马车接连超过了我们。男人们头上戴着软边帽或草帽,这让我们感觉到正在离开东方。

在一个叫奥托卡(Otoka)的土耳其村庄,我们停在桥上拍摄一座磨坊;刚刚穿过前往科钦(Cozin)的铁路,我们遇到了一辆盖着篷布的马车,上面载了很多男人,后面坐的女人被篷布严严实实地遮住了。看到汽车时,男人们都跳下马车,而可怜的女人只能蜷缩在一起,直到害羞的马儿安静下来。我想即使马车翻了,她们也不会挪动一下,而是毫无怨言地滚进沟里——这就是命运!

经过珀德弗兰(Podvran),克鲁帕和它的城堡映入眼帘。我们又一次跨越乌纳河,沿着蛇一样弯曲的河流向右拐了个大弯;很庆幸,我们超过了停在这里等客的北上的公共汽车。在层峦叠嶂、满目苍翠的封闭山谷里,热量集聚,崎岖的路上布满石子。农民们排着队缓慢行进,打着红色和蓝色的伞遮挡阳光。树木茂盛的山坡逐渐变成了灰色的石崖,巍峨陡峭;一路上河水都近在咫尺。

从克鲁帕到比哈奇的道路最近刚刚修整过,以避免在德雷诺沃(Drenovo)山口长距离地爬坡。这个山口位于一个美丽的峡谷之中,碧绿幽深的河流在巨大的山岩和茂密的森林之间静静流淌。凉爽的山影之下,开满了从未见过的不知名的野花,粉色的、白色的、黄色的;但是路面——这路面足以让可怜的汽车司机悲叹!峭壁渐渐退到身后,但河流两岸依旧是断崖高耸。山口处的座座险峰令人印象深刻;然后河面变宽了,河中间有一个淤泥构成的奇怪小岛。

在垂直于乌纳河的一处山崖上,与公路相连的桥梁和门楼旁边,矗立着一座巨大的建筑,好像是法式城堡,有倾斜的屋顶和指向天空的尖塔,四周围着高墙。在这荒无人烟的旷野上,它显得奇怪、不合时宜,我想知道它的历史。

"它很可能是经过修复的。"头儿肯定地说,"附近一定有个村庄,越过山峰,我看到了清真寺尖塔的顶部。那是布雷科兹察(Brekozica)吗?"

在珀克伊(Pokoj),我们离开了群山环绕的峡谷,驶上一条直路,穿越平原前往比哈奇。我们左边是屹立于高处的索科拉茨(Sokolac)城堡,远处的地平线上是普列施维察(Pljesevica)山脉。

比哈奇的旅馆非常简朴,但很整洁,食物也很棒。谁会要求比红点鲑鱼、新鲜蔬菜和甜香蛋糕更好的美食呢?我的房间在前面,是个套间,有两扇窗户,标价是48美分一晚。确认地上没有大地毯、小地毯,甚至一块油布也没有,但地板是认真擦洗过的,亚麻织物很干净。黄昏时分我们出去散步,在开满鲜花的栗子树下,沿着林荫路走到一片古老的伊斯兰墓地,这里所有的墓碑都整齐地直立着,刷成了白色,给这个美丽、阴凉的公园带来了一道别样的风景。空气清凉宜人,弥漫着白色洋槐花的芬芳。我们头顶的树梢上,一只夜莺尽展歌喉,纵情欢唱。

到比哈奇的游客相当少,陌生人走过时,男人们会摘下帽子,小女孩会讨人喜欢地问候:"吻您的手。"3辆小马车经过旅馆。前面一辆坐着两个男人,年长的缠着头巾,年轻的戴着土耳其帽。后面两辆马车的车篷前严严实实地挂着白色的蕾丝帘子;狭小的前座上坐着两个孩子,女人们则挤在后座。

一位年轻的土耳其绅士从一所紧密格子结构的房子出来,走到我窗户对面的庭院里,穿着英国式样的灰白色衣服。但是,他的土耳其帽暴露了他的真实身份。当他往街上走时,险些撞上一头拐进同一个门口的奶牛,奶牛平静地踱进了他刚走出来的那所房子,走的是同一扇小门。

不到5点,乡村马车就咔嗒咔嗒轻快地经过我的窗前。为什么他们要给已经很吵的车子加上铃铛?难怪我们的大小喇叭和汽笛怎么响都没用,最终只能靠司机尖厉的口哨声才能穿透喧嚣。

比哈奇,我们在波斯尼亚停留的最后一个城市,位于普列施维察山脉脚下,清晨,我们开始一点点翻越这条山脉。青翠的山谷里,牛群在嫩绿的草地上吃草;梓树和鲜花盛开的洋槐排列在道路两侧。驶下山坡,穿过浅浅的小溪,我们又爬升到更高的地方,这里还是布满良田的平原,男人们在耕地;然后我们拐上树木茂盛的山坡,高处空气清新、景色非凡。到达泽加尔(Zegar)的原始森林时,空气变得清凉;这里的一幢新建筑里全是士兵;没过多久,就到了扎瓦列(Zavalje),这是我们进入克罗地亚后经过的第一个村庄。

我们注意到了服装的变化。女人们穿着深色的裙子,纯白的罩衫外面套着黑色的无袖丝绒夹克,有的绣上了金色花纹;戴着黄色的头巾,越鲜艳的越好看。

"我们要爬那些山吗?"司机指着屹立在我们面前的雄伟山峰,不经意地问道。

"是的。"头儿回答,"但是要从更低的地方开始爬。"

我们正在普列施维察山脉东侧的高地上,四周是乱石密布的荒原和沼泽,不足以为那么多的羊群提供牧草。农民们朝我们露出微笑,脱下他们红色的克罗地亚帽礼貌地打招呼。

到巴列瓦茨(Baljevac)的时候,我们飞驰而过,只注意到了一个典型的山区村庄,一座座圆木结构的房屋,有些刷成白色,屋顶是长木板搭建的,只有一块歪斜不整的木板插在一个黑乎乎的洞里代替烟囱。

在一条石头路上,拐过一个街角,我们看到了奇妙的场景。6男6女围成一圈,举着一块巨大的白布;中间一个背着粗筐的女人跪着;一位老妇人看上去笑得很开心,两手各拽着一个小孩。

"他们一定是在筛玉米。"头儿说。

"多么富有色彩和动感啊!"热情妹大喊。

还有些女人提着奇怪的桶子从村里的喷水池取水；自制的一匹匹土布被搭在篱笆上漂白。

在彼得罗夫塞洛(村)(Petrovoselo)，我们在一个标着"去往普里博伊"的路标处向南拐，随着我们越爬越高，路况有所改善；石头少了，没有深深的车辙了。这里男人的流行服饰看来是白色的长外衣和长裤，蓝色的无袖外套，红色的帽子。我们怀念波斯尼亚人鲜艳的编织腰带，因为这里的男人不扎腰带。

在山口的顶峰附近，我们停车冷却发动机。鸟儿在不太茂盛的桤木和落叶松枝头歌唱；在巨大的山岩之间，一只布谷鸟在啼叫。男人和女人在用最原始的方法剪羊毛：用膝盖和一只手按住挣扎的羊，他们用另一手剪下大卷大卷的羊毛。

普里博伊高出海平面 2200 英尺，有一片排列不规则的房屋、一个邮局和一个路边喷泉。

"现在，我们还有 25 英里要走。"头儿说道。我们离开了通向戈斯皮奇的公路，向右拐，朝正西方行驶；在十字路口依然向右走，看到了褐色的耕地和翻滚的麦浪，景色宜人。农舍散布在路边，一个巨大的天主教堂优雅地矗立在树林旁。山坡上的灌木丛看上去很奇怪，像是被修剪到了一样的高度。是被动物啃成这样的，还是被砍去当柴火了？

随着我们离目的地越来越近，道路变成了平坦的林荫大道，我们在高耸入云的桦木林里迤逦穿行，透过摇曳的树叶，我们看到了波光粼粼、瀑布飞溅的普利特维采湖群，湖水是孔雀蓝色的。

这里美得简直令我窒息！如果这些美丽的湖泊不是隐藏在克罗地亚的群山之间，它们早就名扬世界了。铁路上方最近的地方是奥古林(Ogulin)，在四十多英里之外；奥古林距离阿格拉姆 71 英里。这里地处茂密的桦木林深处，高出海平面 2000 英尺，四周青山环绕，19 个形状各异、大小不等，水面高度也不同的美丽湖泊通过水幕和瀑布相连，每一个湖泊都有自己的颜色。这里没有对自然景观的人为破坏,只有一条条便道聚集到清澈的湖边,并延伸到更高处的观景点。这里也是鸟类的天堂,空中回荡着它们愉快的歌声。

这里的植物种类多得叫人叹为观止。看起来我们栽培的很多多年生植物都源自这里:色彩艳丽的耧斗菜、矢车菊属的花,不只有矢车菊,还有蕊心深红带着穗边的那种;铃兰;更像紫苑花的蒲公英;当然,还有紫罗兰和长在各个阴凉处的羽扇豆;明黄色的芸薹花和蓝色的半边莲;那不勒斯大蒜和类叶升麻;大得惊人的繁盛的银莲花;金盏花和蓝蓟;粉色的剪秋罗;玫瑰色的薄荷,看上去像我们那里的夏枯草,但是花朵差不多有一英寸长;一簇簇艳丽的黄色绒毛花;还有牛角花,也叫百脉根;极其漂亮的硫黄色的桂竹香;产自我们那里的粉色仙翁花;花朵像玫瑰花的拳参,它有14个英文名字——"病人的港湾"可能是最令人愉快的一个;舞鹤草,也叫两叶铃兰,跟我们那里的加拿大五月花一模一样;北车前长长的花瓣是亮粉色的,让人想起一只诱人的羊角香蕉! 不像我们那里颜色暗沉、像小珠子一样的花,这种另类的北车前花令人赏心悦目。这里有蓝色花枝上繁花盛开的风铃草;轻灵的牵牛花长着纤长的银色叶子;色彩浓烈的蓝色鼠尾草;鲜艳的紫巢菜;紫草,也叫蜡花,绽放着奇怪的黄色钟形花朵;三叉的金链花,也叫三花金雀花,香气袭人;粉红色的芸香草和兰花;密密匝匝的黄色凤仙花;耀眼的兰花和精致的绿色玉凤花;一种奇怪的小花从叶子的纹路中开出,花朵低垂,像是朱兰黑藻;优雅的白色头蕊兰,奇异的粉色军兰,还有最让人眼花缭乱的,像昆虫一样的各种对叶兰——有蜘蛛形的、蜜蜂形的、果蝇形的。它们的名字最为贴切。

我花了好几个小时搜寻新物种;森林里的每一寸草地似乎都隐藏着奥秘,等待人们的探索。桦木成了瀑布的画框,我们脚下是繁花似锦,野花的种类太多了,我放弃了去弄清它们的名字——我问:

"你在这一小块大约 4 平方英尺的土地上看到了什么?"

我的同伴把目光从远处的美景移向地面,全神贯注地观察。"噢,我发现男人们在这里砍过柴。"

我哈哈大笑。我没注意到那些木屑。

"还有别的吗?"

"除了杂草,什么也没有。"他很肯定。

我弯腰捡起好几根纤巧的褐色和绿色的兰花细枝,拿到他面前让他欣赏。

"一点也不好看。它们看上去就像趴在茎上的黑虫子!"但其实它们非同一般,值得他去欣赏。

最奇怪的是,在这偏远的森林里,竟然生长着美洲列当,也叫斯阔根,除了在家乡的林子里,我还从未在其他地方发现过它。巨大的桦木,直径有三四英尺,斜躺在它们被砍倒的地方;如果是倒在水里,它们的表皮下面很快会长出一层亮晶晶的银色细绒毛。地上长满了种类繁多的蕨类植物,仿佛给瀑布缀上了流苏,非常漂亮;铁线蕨在微风中摇曳;奔流的瀑布旁悬挂着常春藤和茂盛的青草。

云杉和边上的笑靥花,还有雏菊和天竺葵,点缀着旅馆旁的土地,和四周的荒野形成了鲜明的对比。这栋楼由阿格拉姆的一群绅士建造,他们轮流管理。旅游旺季还没到,除我们之外,一对心事重重的新婚夫妻是仅有的客人。我们知道克罗地亚人非常爱国,坚持使用他们的母语——但我们还是没有料到他们在这里使用母语。房间的标志、通知、时间表,甚至菜谱,全是用斯拉夫语印制的。唯一能拿到的一瓶液体上标着我们不认识的名字"Jamnicka Kiselica";但是味道就像我们的波兰泉水[3],令我们很满意。整个旅馆里只有点餐员能听懂德语;载我们横渡科什亚克(Kosjak)湖的船夫只会克罗地亚语,我们想沿着湖岸进入睡莲盛开的水潭,不得不全靠打手势跟他解释。

码头上的公共浴室建在水里,如果有人想在开阔的湖里游泳,就必须跳下木头隔板;但是清澈的湖水看上去很有诱惑力,大早上就有很多人跳下去,欢快的尖叫声说明他们心里很高兴。

后来,岸边的吉卜赛营地点起了篝火,火上架起了一口巨大的锅——这个大家伙跟浪漫可扯不上一点关系;吉卜赛女人穿着她们鲜艳的长袍,动作麻利地把干净的白布铺展在灌木丛和小树上,很有画面感。

一天早上,在半梦半醒之间,我听见一阵令人难忘的音乐声——合唱歌曲,只有三四节——越来越近,然后消失在远处。傍晚我又听见了这醉人的乐曲;我望向窗外,看到从田里回来的男男女女,肩上扛着耙子和铲子。他们明黄色和白色的头巾或红色的帽子在落日的余晖下闪耀。他们的颂歌既不悲伤也不低沉,而是充满了快乐和兴奋;他们健步如飞,终日劳作之后却没有显出一丝疲劳。一群人经过之后,另一群接着唱——每一群人似乎都等到一个特定的时刻开始唱——所以一遍又一遍地混音、合唱,再混音,构成了和谐的曲调。

注释:

[1]应该是早期的公共汽车。(译注)

[2]早期的汽车是蒸汽驱动的。(译注)

[3]应该是指在美国盛行的"Poland Spring"牌子的矿泉水,始创于1845年,由雀巢公司生产。(译注)

行驶在乌纳河谷

透过我们旅馆的窗户看到的普利特维采湖群

普利特维采的瀑布之一

第二十九章

去阿格拉姆和马堡

这一天风和日丽，我们依依不舍地离开了美丽的普利特维采湖群，离开了那些奔腾咆哮的瀑布、群鸟和野花，还有广袤的森林——转而向北行驶，前往阿格拉姆。

岩石密布的山坡上长着稀疏的灌木丛，我们没有走通向萨波斯基（Saborski）的路，而是选择了直达德雷兹尼克（Dreznik）的路线。我们沿着科拉纳河（Korana）行驶，它从湖群流向大海。路上尘土飞扬，散布着一些石头，拉着空车的马群和牛群望不到头。勤劳的农民用桶在河里取水，再费力地运上山；陡峭山坡上的每一块田地都被精耕细作，科拉纳河是唯一的灌溉水源。

一座尖顶的教堂矗立在我们面前的小镇里，德雷兹尼克到了。有时我们可以在大树的阴凉下行驶，但按照规矩，公路两边是不种树的，阳光毫不留情地直射下来。

在通往拉科维察（Rakovica）的岔路口附近，手里还忙着编织的牧羊女朝我们灿烂地微笑；在我们快速通过时，一个赶着牲口的人局促地跟我们打招呼，他的白色衣服外面套着一件羊皮外套，系着精心装饰了铜钉的腰带。一棵粗壮的菩提树为一所简陋的木头房子提供了阴凉；一座山坡上的墓地里有很多奇怪的木头十字架；羽翼丰满的云雀和黑白相间的麦鹟，融入了不断变换的景色之中。

经过拉克维卡之后，有一片稀稀拉拉的农舍，其中一所房子外面有几个农民在吃早餐，或者，应该说是他们的第二顿饭；因为现在已经九点半了，他们是在日出时吃第一顿饭的。难怪他们一天要吃 5 顿饭！我们继续前进，在岩石和蕨类之间，间或出现麦田，路旁的一口井边围着石头，一群孩子站在井前；男孩们脱下了红帽子，小女孩们弯下腰行传统的屈膝礼。

"这画面多么有趣啊！"热情妹喊道。

附近的一些女人背着缀有长流苏的袋子，是背包的式样，从腰带开始盖住整个背部。在山顶的蜿蜒道路上继续行驶，我们进入布里德佐瓦茨（Bredzovac），在这里拐了个长长的弯，再次来到科拉纳河畔；这里的水量变大，波涛滚滚，但依然保持着独特的蓝绿色。又看见背着扁桶的男人和头顶水盆的女人从下方 200 英尺的河边取水，然后运上来。

我们穿过矗立着破败城堡的斯兰基（Slunji），通过一座小岛横跨河流，岛上有些别致的磨坊，我们从水花飞溅的瀑布顶端驶过，然后沿河而下，来到河流左岸，前往维尔尤恩（Veljun）。粉红色的山楂花开了，蕨类长到了一英尺高，但叶子只展开了一半。田里青翠的大麦和嫩绿的小麦刚刚开始结穗；褐色的土地上，每 4 头耕牛被排成一行犁地；景色比较单调，但总有值得观察的飞鸟、能叫得出名字的树、远处令人惊叹的教堂尖顶，或者，去跟一位咧着嘴微笑的牧羊人打招呼。5 岁以下的孩子都只穿着一件外套。一见到我们，车夫就把马车赶到田里或沟里，但不会说话的动物其实并不害怕我们——是它们身后的农民们害怕。

"又有一家人围在筵席旁！"热情妹大声说。所谓"筵席"，就是木板中间摆着一个盛食物的碗，边上放着一块面包。不用摆放碗盘，也不用洗碟子，一定减少了很多家务！我们驶过布拉加伊的学校，男孩子们挥动深红色的帽子，同时爆发出惊呼，我们挥舞手帕以示回应。

过了维尔尤恩，我们顺着笔直的山坡一路滑行而下，瞥见路边的一个吉卜赛营地，教堂庭院里精致的十字架，还有小溪边黄灿灿的鸢尾花。我们要去科尔恩亚克（Krnjak），每隔几公里就出现的路标让我们确信，我们离那里越来越近了。我们停下车好让6辆马车通过，一个四方的小窗户里出现了一张微笑的脸庞。

"你有没有发现，我们在克罗地亚没看到一只英国麻雀？"热情妹发表评论。

"是的，我没看到。"她的同伴回答道。

"你觉得——"

就在此时，一群英国麻雀叽叽喳喳地从路上飞过——我们只得面面相觑。路边的沟里长满了金凤花和牛眼菊；草地上，亭亭玉立的蓝铃花低垂着头，鸢尾花一片金黄；鲜红的罂粟花在麦田里随风摇曳；小溪两旁的桤叶荚蒾——这一切都让我们赏心悦目，直到我们抵达肯亚克，路标上显示是卡尔洛瓦茨（Karlovac），我们要在这里吃午餐。

穿过拉多尼亚河（Radonja）上的一座铁桥，我们又来到科拉纳河畔，刚过图西洛维茨（Tusilovic），一群小男孩在一个磨坊储水池里玩水，让我们很羡慕；因为公路上泥土裸露，灰尘很大，坑坑洼洼，而且没有树荫，酷热难耐。在一条小路上，野玫瑰和粉色的三叶草带给我们些许安慰，我们看到了卡尔洛瓦茨的第一道风景——路上聚集着许多身着盛装的农民，又是赶集日。我们只得以爬行的速度经过郊区的莫斯坦涅（Mostanje）、尤比尼亚（Ubinja）和拉科瓦茨（Rakovac）去往卡尔洛瓦茨；因为街上挤满了赶着羊、猪和牛群回村子的人们。穿着艳丽服饰的本地人，坐马车或步行的——显然对正午的热浪并不在意——非常专注地做着自己的事情。一些女人佩戴着精致的项链或层叠的金属片，另一些穿着心形的束胸衣，上面缀满了亮晶晶的金属片；头饰用很奇怪的架子支撑着；裙子上绣着红色或蓝色的十字绣；整体效果令人惊艳。

在拥挤的旅馆里能得到楼上房间的安静与凉爽,真是谢天谢地!

"是的,热得不正常,"旅馆老板说,"已经持续两周了,我们希望能快点变天。"

透过背阴的窗户,我们望向人群,有一两次我胡乱地按下相机快门,捕捉人群里不同寻常的画面;但天气太热了,我实在不敢出门拍照。我们在这里一直休息到下午3点,然后出发去阿格拉姆,只有36英里远。

穿过具有东方韵味的鞋子市场,越过宽阔的卡尔帕河(Kulpa),跨过铁路,我们在第一个路口向右拐。在动物、马车和人群构成的迷宫里,我们不得不缓慢行进,经常要停下来;不过道路其实很宽,可能不够平坦,但周围的乡村风光很迷人。广阔的草地在我们身边延伸,长满了金凤花和三叶草,麦田里还有罂粟花;天鹅绒一般的鸢尾花将沼泽染成黄色;宿营的吉卜赛人让丛林变得鲜活。一群鹅全体一致地发出"嗞嗞"声表达它们的不满,张开翅膀朝我们扑过来。它们都很勇敢!

我们穿过马兹里亚基(Mrzljaki)、亚兹瓦茨(Jazvaci)和皮塔什(Petasse),这几个小村庄位于生机盎然的平原之上;经过去往克拉西琴(Krasic)的岔路口之后,我们跨越了库普季纳河(Kupcina);没过多久就进入了亚斯特雷巴斯科(Jastrebarsko)。这是一个布局紧凑、让人感觉舒适的小镇子,有一个漂亮的公园和许多商店。

离开亚斯特雷巴斯科,我们下山进入一个森林茂盛的峡谷,通过峡谷之后再次驶上宽阔平坦的道路,在群山之间穿行。天空被云朵遮蔽,快到克林卡什洛(Klincaselo)的时候,一场小雨让我们身心舒畅——足以洗去灰尘,又不至于破坏美景,很快我们就看到了18公里外阿格拉姆的教堂尖塔。经过拉科夫波托克(Rakovpotok)之后,在一个十字路口,我们驶上右边的路,穿过斯图平克(Stupink)和卢茨科(Lucko),那里长长的井架让我们想起意大利——雨停了。

通往所有大城市的道路肯定都破坏严重、崎岖不平,这条也不例外;

255

农舍的花园里盛开着深红色的芍药花;边上是一些快要凋谢的白色花朵;野玫瑰粗壮的花枝和象牙色的花朵融合在一起。匆匆驶过布拉托(Blato)和雷米蒂涅茨（Remetinec）——穿过萨瓦河（Save）——我们抵达萨格勒布,也叫阿格拉姆,外国人这么称呼它。

我们很惊奇地发现,这里,克罗地亚的首府,是个魅力四射的城市,公共建筑很多;有一个非常有特色的集市广场,城郊有一条林荫大道,还有很雄伟壮观的教堂;不能不提到这家绝好的旅馆,集中展现了所有文明进步的成果,我们吃到了一种只在萨瓦河里才有的特殊的鳟鱼。一天中午,在阴凉的露台上吃午餐的时候,一个邮递员走到我们的桌前,他胳膊上随意地挂着一个包装完好的大汽车轮胎,他递给头儿一沓单据,问这个轮胎是不是给他的。是的,几天前发电报要的。付完账之后,这位勤劳的邮递员把沉重的轮胎滚上楼,送进了我们的房间,我们又一次对邮寄包裹带来的便利大加赞赏。

阿格拉姆显得很现代,原因之一可能是 1880 年的地震,那次地震毁坏了大半个城市。山区还保留着一些古典风格,不过建于 13 世纪的圣马可教堂的屋顶上用鲜艳的瓦片勾勒出了这个省的纹章,看上去是新弄的。附近是克罗地亚总督府,或"巴恩(昂)"的官邸——古老的斯拉夫语称谓多么有趣啊! 市中心建于 15 世纪的哥特式大教堂两个宏伟的尖塔在近 10 年里修缮过两次。旁边是堡垒似的大主教宫,每个角落都矗立着圆塔。

克罗地亚人为这座城市给学生提供的受教育机会而深感自豪。弗朗西斯·约瑟夫大学(Francis Josef University)和它的化学实验室、自然历史博物馆、农业协会和南斯拉夫科学学会(这个时候还没有南斯拉夫这个国家,应为南部斯拉夫),坐落于各种精美的建筑之间;还有高质量的预科学校——克罗地亚任何情况下都提供的教育。商店、道路指示牌,甚至高档戏院里的表演,都是用本地语言,其他语言行不通。尽管从政治上说,现在克罗地亚是匈牙利王国[1]的一个省,但两个民族互相憎恶,就好像不同种族的邻居之间只能竞争似的。

繁华的街上总有足够多的乡下人给这个城市带来个性：女人们穿着百褶裙或镶短边的裙子，戴着许多珠串和鲜艳的头巾；而男人们——缀着流苏的、宽松的白色半长裤配高筒靴，系着长围裙，无袖绣花夹克，无边的小软帽——杂乱无章，用语言难以形容。

一只胳膊下夹着一把红色的伞，一边肩膀上搭着一个绣花的袋子，这些农民经常会整夜在最近的市镇游荡。也许他们是有点好奇；如果到了下一个夜晚，还是禁不住城市灯红酒绿的诱惑，他们会找一个方便的沟渠容身，直到能够继续踏上回家的路。我们看到了许多这种不好的现象，而且被告知，性情温和的克罗地亚人特别迷恋这种休闲娱乐。

阿格拉姆真热。即使到了晚上 9 点空气也不怎么清凉，我们非常向往北方。于是两天后我们离开了克罗地亚首府，沿着萨瓦河谷驶向萨莫博尔（Samobor）。路况不错，但道路狭窄，没有树荫；屋顶上奇特的瓦片图案非常扎眼，有的是日期，有的是男人的名字，通过摆成的巨大的字母显示出来。很多吉卜赛人正在迁徙的路上，一个小男孩和小女孩在浅浅的水塘里欢快地给猪洗澡——也许准备卖猪——我们在萨莫博尔看到了最后一个有特色的市场。这里农民的衣服是雪白的，衬托着鲜艳的刺绣、头巾和珠串。

路过鲁茨（Luc）、亚兹比那（Jazbina）和波德弗尔克（Podvrk）之后，我们到达布雷加纳（Bregana），离开了克罗地亚，进入施蒂里亚（Styria）。房屋的风格马上就变了，也看不见漂亮的服饰。这里的人们身穿黑色紧身印花长外衣，不定型帽子取代了艳丽的克罗地亚头巾。近两个月来，我们看到的都是富有变化的古典服饰，这种向所谓的文明服装的转变，真是个剧烈的冲击。

不过路况好多了，我们行驶在河边的松树和云杉之下，有无边无际的各种野花相伴，这让我们萎靡的精神得到了补偿和恢复。雷彻斯坦因

(Reichselstein)城堡旁边的农舍粉刷着不同的条纹和粗糙的图案,我们在兰恩(Rann)横穿萨瓦河,这里一座低一些的城堡有3座圆塔,正面爬满了葡萄藤,引起了我们的赞叹。

在格克菲尔德(Gurkfeldt)——一条房屋、商店和教堂林立的又宽又长的街道——我们向右拐,再次沿着萨瓦河谷行驶。这条河长期以来都是克罗地亚、斯洛文尼亚和波斯尼亚的界河,此处的河面宽阔、平静,水上漂着独特的木排,两端都有男人在拉纤。纽斯坦因(Neustein)城堡矗立在右边的一片高地上;左边的河岸覆盖着香气袭人的草木,粉色的忍冬花攀爬在枯枝和荚蒾树构成的篱栅上;苹果园之间是三叶草地,夹杂着一些开花的豆类植物——这是一条可爱的蜿蜒道路,天上白云朵朵,空气无比凉爽。我们穿过一片山毛榉树林和一条长满洋槐、充满甜香味的林荫大道;行驶在云杉和羽叶松下;过了拉度瓦(Radua),河畔开满野花,河岸成了"花岸",我们停下车,就为了采几朵花;然后,我们路过维霍沃(Verhovo)和霍特姆斯奇(Hottemesch),那里屋顶的茅草上青苔斑驳。

在施泰因布鲁克(Steinbruck),我们离开萨瓦河,穿过它的一条支流——萨恩河(Sann),然后沿着它一路行驶,到达齐里(Cilli)。萨恩河看上去也是适合运输木排的水路,它浪高、流急、水深,两岸的山上长满参天大树。田野里鲜艳的蓝色鼠尾草映衬着天空的颜色,洋槐花的香气扑鼻而来。

"这是我喜欢的那种路!"康坦特女士感叹。这是一条乡间小路,平坦、阴凉,在一个个小山丘之间曲折环绕,有时会延伸到一座农舍门口。我们经过几条通往密林深处的迷人小径,路过被鲜艳的花朵装点得绚丽多彩的敞开的窗户,终于,我们进入了鲁姆巴德(Romerbad)气势恢宏、闻名遐迩、栽满栗子树的林荫大道。我们沿着蜿蜒的河流愉快地行进,惊奇地注意到有些干草覆盖的屋顶上立有木头十字架;另一些房子前面建有类似拱门的架子,上面有葡萄藤。道路转弯处耸立着一座有"洋葱形"尖顶的白色教堂,引人注目;跨越河流之后,我们看到了右边的塔法(TufTer's)城堡废墟。

德国人把这个避暑胜地建造得多么好啊！这里的弗兰茨·约瑟夫皇家浴室旁，高高修剪的洋槐树环绕着美丽的花园；森林里有许多显眼的小路；如果谁有雄心想爬上陡峭的胡姆山（Humberg，海拔 1920 英尺），就请便吧！

不一会儿，树木茂盛的山坡上出现了一道带垛口的城墙，依然守卫着一座坍塌的城堡。那是奥博—齐里（Ober-Cilli）的遗迹，通过萨恩河上的一座收费桥，我们进入齐里城。这里是古罗马皇帝克劳狄乌斯（Emperor Claudius，公元 54 年）建立的殖民地之一，但没有留存一丝那个伟大时代的痕迹。博物馆里收藏了一些古罗马时期的文物，但这里的魅力在于美丽的郊区、河畔小径和山区风光。在茁壮茂盛的栗子树树荫下，我们在铺了鹅卵石的地方吃午餐，非常享受两层高的庭院围墙对我们的庇护。

在齐里，我们离开萨恩河，向北行驶，穿过用珂汀河（Kotting）水浇灌的稗草种植园，阿尔卑斯山脉的施泰纳山（Steiner Alps）依然覆盖着白雪，景色壮观。再次驶上路况优良的道路，而且暂时躲开了一直炽烈的阳光，真是令人欣慰！

"不管怎样，我的旅游指南的页数比你的多得多。"正当我鼓足勇气准备回应的时候，那厚厚的装订在一起的书页险些掉落下来，这引起其他人的哄笑。

"这副模样的书！"康坦特女士嘲讽道。

"你为什么带着它？"头儿询问。

"为了夹植物标本。"我坦率地回答，然后这个话题结束了。

在霍恩埃格（Hohenegg），北边绵延不绝的深蓝色山脉把广袤的峡谷封闭起来，我们向右拐，驶上一条宽阔、没有尘土的公路，前往戈诺比兹（Gonobitz）。经过坐落在毗邻山峰上的施特斯坦恩（Sternstein）城堡，道路两旁种上了苹果树，沿着一条潺潺的溪流，蜿蜒地穿过森林。我们飞速驶过一个更加开阔的山谷，近看是绿色的山峦到了远处迅速变成了蓝色；过了特潘涅(Tepanje)，浓厚的云朵在树木繁茂的山坡上投下紫色的影子；阴影里一座白色教堂的纤细塔尖指向天空。

从普雷洛吉(Preloge)到温迪施—法伊斯特里茨(Windisch-Feistritz)的路段，每一座山峰都景色宜人。农舍花园里带花边的石竹花让我们觉得很熟悉——各种鲜花、老鹳草、灯笼海棠、雏菊、仙人掌，还有角落里的夹竹桃，把屋子的窗户映衬得非常漂亮。

经过科茨彻(Kotsch)的时候，我们已经离开了云朵的遮蔽，阳光照耀着广阔的山谷，在圣尤尔班山(St. Urban)的孤峰脚下，我们匆匆驶过沃豪(Wochau)壮观的林荫大道，两边是古老的菩提树——穿过两排伦巴第白杨之后，进入了马堡(Marburg)。

注释：

　　[1]奥匈帝国是当时的奥地利帝国与匈牙利王国组成的联盟，匈牙利国王与奥地利皇帝是同一个人。匈牙利享有很大程度的立法、行政、司法、税收、铸币等自治权，但在外交、国防、汇率等对外事务方面则与奥地利协同一致，统一由帝国的中央政府处理。（译注）

卡尔洛瓦茨附近的农民

一个波斯尼亚磨坊

阿格拉姆的市场

克罗地亚农妇

一个克罗地亚农民

阿格拉姆的圣马可教堂

伊利卡大街（阿格拉姆）

克罗地亚马具

第三十章
马堡—格拉茨—塞默灵

现在我们进入了一个有多条道路可供选择的国家，头儿花费更多的时间研究地图，寻找沿途值得看的景点。有时他会彬彬有礼地问："我们今晚在哪里住宿呢？"——期望有人能突发灵感提到一个沿路最有趣的地点。有一次温柔姐发自内心地回答："我想那样会很好，如果你能找到小河边的一间小旅店，周围全是树；一个整洁、安静的地方，除了我们没有其他人，当然，要有美味的食物。"

"他们不能养鸡，因为鸡群早上太吵。"热情妹补充道，"而且——"

"我猜，那个旅店必须在一个花园里，远离尘土飞扬的公路，没有瀑布打破宁静！"头儿语带讽刺地打断了她的话。

"而且窗帘必须很厚，足以挡住早晨的阳光。"温柔姐平静地继续说着，半认真的样子。

"噢，我认为我的想法和你们的差距太大，难以达成一致。"头儿以最终拍板的语气说道，"我们真正想要的是一所宏伟的教堂、一座壮观的城堡、一处历史遗迹、一幢古典建筑、一幅名画——其他还有什么要紧的？"

"但是明天晚上我们会在山上，对吧？"他的同伴提出质疑，一副抛开一切世俗荣耀的样子。

"是的,但我觉得我们可以在格拉茨(Gratz)吃午饭。"他眼里闪耀着光芒,对其他人来说,这预示着将要看到何等的"风光"。

第二天清晨,教堂的钟声让我很早就醒了,然后听到了石板路上的脚步声,我冲向窗户,看见了略带中世纪风格的生活场景,在这个乏味的年代,它显得特别迷人。一个多小时里,男人和女人、教士和修女、小男孩和小女孩,举着大大小小的漂亮旗帜,排成纵队缓缓地穿过马堡的街道,整齐地唱着颂歌。

"那是什么?"我问小女佣。

"这是游行。"她庄重地回答,"今天是星期一——他们将坚持一周。"

"那这是为了什么?"我追问。

"这个月是玛利亚月。"她因为我的无知问题而惊讶地看着我。

在宽阔的德劳河(Drau)上方,也叫德拉瓦河(Drave),出现了马堡红色的屋顶,掩映在随风摇曳的绿叶之间;宽敞的林荫道旁种了4排栗子树,每一座砌着围墙的小花园里,蔓草和灌木都郁郁葱葱。古朴的市场留存着岁月的痕迹,新建的城市公园里有鲜花盛开的草地和阴凉的小径,看上去有点像为了供城市使用而保留下来的真正的乡村。

平坦的公路上种着成行的苹果树,葡萄园、三叶草地、果园和蛇麻草种植园交替出现在道路两边,我们愉快地向北行驶。低矮的山坡上覆盖着一片树苗,粉刷了石灰的房子从阴影下显露出来,宽阔的屋顶上盖着干草或瓦片。温度适宜——阳光普照但空气凉爽——所以我们又穿上了外套和防水风衣。在斯特里克维茨(Strichowetz)附近,我们遇到了往工厂运货的马车,拉着一大车捆扎好的高粱。这条路上的圣祠很漂亮;其中一座刷成粉红色的灰墙已经褪色,掩映在玫瑰色的山楂树树枝下;另一座缠绕着野玫瑰和忍冬藤。

穿过穆尔河(Mur),我们停下来给一座17世纪的城堡拍照,它旁边有一座附属教堂,在这里我们第一次领略了阿尔卑斯山脉施万贝格山区

(Schwanberg Alps)的景色。难以控制采一捧野花的诱惑,花儿实在太多了——紫色的飞燕草和金凤花,黄色和白色的雏菊,野胡萝卜花,还有一种高达 12 ~ 20 英寸的蒲公英;浅粉色和淡紫色的山萝卜属植物;所有的花朵都绽放在深深的草丛之间,在微风中摇曳。不过平坦笔直的道路太有诱惑力了,我们很快就继续上路。飞速驶过克莱因瓦格纳(Kleinwagna),再次横跨穆尔河,只扫了一眼莱布尼茨(Leibnitz),我们匆匆赶路——让我们惊讶的是,竟然遇到了一辆汽车! 对此极不习惯,我们很不冷静地放慢了速度,直到它绝尘而去!

"在这个平原上曾经有一个古罗马城市,弗莱文索温斯(Flavium Solvense),"头儿说道,"在莱布尼茨附近,人们发现了很多文物残片和碑文。那一定很有趣——"

但我们持久的沉默给这个建议泼了一大盆冷水,我们继续沿着穆尔河谷前进,爬上一道小山梁后下坡到达维尔东(Wildon)避暑胜地。我们驶上一条陡峭的上山路,再滑行下山,来到凯纳赫河(Kainach)畔;山峦退到身后,男人和女人们正在田里锄地。农舍的墙上刻着古朴的铭文,一个个巨大的字母, 都是:"Gem ü tliches Heim(德语:舒适的住房)""Froliches Heim(德语:幸福的家庭)"——房屋旁边都立着高高的柱子,柱子顶端都有一棵灌木、小树或一面旗子。这些柱子一直放在这里,表示对德国皇帝的敬意,但只不过是普通的五朔节花柱。一所房子前面有一块牌子,上面写着:

F. J. S.

1879

I. H. S.

一个巡回马戏团经过;骆驼看上去很疲惫,但它自己早已习惯了,对轰隆隆驶过的我们不屑一顾;猴子们做着鬼脸,在笼子里吱吱叫;不过很明显,整个动物团队已经非常适应汽车了。

天边聚集着朵朵白云，施万贝格山上还有雪。经过拉茨多夫(Ratts-dorf)和列登(Ledern)的时候，我们小心地缓慢行驶，因为这里的人口如此稠密，两个村庄几乎连在了一起。道路变得崎岖、泥泞，我们遇到了去野外训练的炮兵连；格拉茨是施蒂里亚的首府，有一支 5100 人的卫戍部队。这是穆尔河畔一座令人愉快、有吸引力的小城市，我相信每个住在"大象旅馆"的人都会感觉非常舒适；而且这里有很多游客感兴趣的景点，至少够看 3 天。

不过，那天我们不是观光客；我们直接加入了"只坐车的人"的行列——我们没有去博物馆和艺术馆消磨时间，或是登上有"无限风光"的险峰。我们在阴凉的露台吃了午餐，食物令我们非常满意；只有头儿，不知疲倦、无所畏惧，出门参观这个小城。

他一回来就无比兴奋地报告，除了一个非常现代化的市政大厅和博物馆，还有一座建于 16 世纪，被称为乡间别墅或大厅庄园的建筑，正面是文艺复兴时期的风格，很漂亮。"旁边是军火库，建于 1644 年，保存非常完好，就像新的一样，里面装满了那个时代的武器。宫殿里有一个独特的螺旋状楼梯，建于 1500 年，教堂里有 6 座精致的象牙浮雕，是 16 世纪意大利人的作品，雕刻着彼特拉克[1]的'胜利'所描绘的场景。"

头儿停下来喘口气的时候，我们几乎想建议他快点继续说。"这里有两个图书馆——一个在约翰博物馆里，大约有 140000 册藏书，包括一批很少见的书；另一个在大学里，有 190000 册藏书。除了有 1750 名学生的卡尔·弗兰茨大学，这里还有一个技术学院；在历史与工业博物馆里，有很多古老的施蒂里亚房屋，有 1564、1577、1596 和 1607 年的，装修得很好，还有腓特烈三世(Emperor Frederic III)[2]的旅行马车和波兰国王斯特凡·巴托里和他的妻子乘坐的双人轿舆。你们知道的，他死于 1586 年。在这栋建筑的另一边是关于施蒂里亚现代艺术的展览，非常棒。"

此时我们已经后悔得无言以对了。"从施洛斯伯格山(Schlossberg)眺望,风景绝美,崩塌的要塞、茂盛的野花,美极了。这要塞是 15 世纪为了抵御土耳其人而建造的,1809 年,为了守卫那里,一支 500 人的奥地利军队与 3000 名法国士兵浴血奋战了 4 个星期,最终要塞被法国人炸毁了。"

"我在旅游指南上读到过。"热情妹插话道。

"等我们离开的时候,你们可以看到山上巨大的钟表刻度盘。"为了满足自己, 头儿继续说着, 他用谴责的目光瞪了一眼那个插嘴嘲弄的家伙,"但是我们某天一定要回到格拉茨,从容地享受这里绝佳的旅游资源。"

"是的,等到凉快以后的某一天。"康坦特女士表示赞同。

"现在出发去山区!"热情妹开心地说。我们离开格拉茨,前往塞默灵(Semmering)。我们几乎朝正北行驶,靠近河流,今天是 5 月 25 日,女人们在阳光灿烂的田野上堆干草垛。长长的一串串卷曲的刨花挂在乡村酒馆的门旁;这是一种古老而奇怪的酒馆传统。穿过穆尔河,我们进入一个更狭窄的峡谷,苹果树下有一条很好的自行车道。我们遇到了健壮的驮马,颈上套着精致的马具,配有鲜艳的长条饰布,还嵌有黄铜饰物。

过了佩高(Peggau)之后,路况变得很糟——很多车辙和石头;河对岸的拉本施泰因(Rabenstein)城堡是一座沉寂的普通建筑。不过,普范贝格(Pfannberg)遗迹则并非如此,它的四方塔和八角主楼矗立在森林深处。我们沿着一条种着栗子树的美丽道路进入弗龙莱腾(Frohnleiten),发现这里是一个迷人的小景区,有一条条整齐排列的小路通往被森林覆盖的山峦。而且空气里飘散着云杉的甜香味,灰色的石崖直插碧空,更远的山峰上还有白雪。峭壁越来越近,罗滕施泰因(Rothelstein)的断崖在我们右边若隐若现。

经过米克斯尼茨(Mixnitz)之后,我们好奇地寻找"美国城堡",确认是一所舒适的四方形房屋,有朝阳的露台、引人注目的树木,当然,还有蜿蜒的穆尔河谷沿途的美景。

在佩尔内格(Pernegg)上方,树木茂密、层峦叠嶂的山坡包围着我们;

铁线莲手指状的叶片互相交错着从路边的杂草丛中伸出；雪山离我们越来越近。在布鲁克(Bruck)，我们注意到一座15世纪的哥特式教堂和有开放式凉廊的古老的公爵宫殿，它建于1505年，被称为科梅塞豪宫。

在这里我们越过穆尔河，然后离开了它，沿着米尔茨河谷(Mürz)上山。路过卡普芬堡(Kapfenburg)，那里有一根漂亮的五朔节花柱比大门还要高；经过哈芬多夫(Hafendorf)之后，路况有所改善，因为运送沉重货物的马队少了；我们穿过一个更加宽阔的山谷，上坡前往圣马赖恩(St. Marein)。数不胜数的伏牛花、花楸和梨树鲜花怒放；山坡上有零散的房屋；驶过金德贝格(Kindberg)又长又宽、没有树荫的街道；穿过瓦特贝格(Wartberg)，在横跨米尔茨河的一座山上，矗立着利希滕格(Lichtenegg)城堡的废墟；我们来到离河岸很近的皮希尔(Pichl)城堡的塔楼旁。

我们在坡度非常和缓的山路上一点点爬升，到达米特恩多夫(Mittendorf)的时候，惊讶地发现我们已经高于海平面1935英尺了。格拉茨海拔1135英尺，马堡880英尺。山谷还是很宽阔，被青松遍布、直指天际的高山包围着，绵延不断的各个村庄让道路充满生机。山上的云杉树之间有奇怪的黄色线条，这是剥去树皮的树干(将要成为电线杆)躺在那里，准备顺山势滑到河里运走。

我们路过朗根旺(Langenwang)，破败的霍亨旺(Hohenwang)城堡在我们右边。在米尔楚施拉格(Murzzuschlag)，白色的丁香花和马栗花竞相绽放、令人惊艳；经过施皮塔尔—雷滕格(Spital-Rettenegg)之后，我们又进入了一片苹果树花海。我们离开铁路的时候，施泰因豪斯(Steinhaus)车站在我们下方，我们开始向塞默灵山峰冲刺。空气冰凉，山麓上白雪斑驳；不过路况很好，坡度是精心设计的，拐过最后一个急弯，我们抵达位于塞默灵山口最高处(3520英尺)的潘汉斯旅馆。

山峰能够让人更加接近天堂吗？或者，人们只是看上去接近了？鸟儿的歌声更加甜美吗？树木更加青翠碧绿吗？野花更加摇曳多姿吗？空气中弥漫着更加浓郁的凤仙花和冷杉木的诱人芬芳吗？或者，这一切只是想象？我斜倚在阳台上俯瞰美妙的景色，忍不住问自己这些问题。远处雷声滚滚，我只能听见一条小溪在青草依依的小山丘之间蜿蜒流淌——那是去维也纳的方向，也是我们明天的行程。人可不可以一直住在山上？从一座山峰飞跃到另一座！

"你们记不记得我们游览达尔马提亚时的疑惑？"那天晚上，在温柔姐悠闲地翻着她的图文日记时，她问道。

"没错，我记得很清楚。"热情妹肯定地说，"我们还提到在黑塞哥维那和波斯尼亚只会有匪徒和石头堡垒！想想看，从我们离开的里雅斯特才过了大约 6 个星期，准确地说，46 天——"

"我们走了 2253 公里，1408 英里，"头儿在他的笔记本里查找并补充道，"在 35 个镇子住宿过。"

"你们回忆的时候，脑海里出现的第一个画面是什么？"温柔的探询者继续问道。

"我不知道。"热情妹回答，"在扎拉的那个美好的星期五，我想象着不会再有比莫拉基的人群更壮观的场景了，但是又想到了采蒂涅的黑山军人！"

"还有莫斯塔尔。"她提醒道，"黑塞哥维那人戴着柔软的白色面纱，穿着奶油色的服装在古桥上游走的时候！"

"还有亚伊采。"我继续说，"在方济会教堂——男人和女人的服饰多么丰富多彩啊！还有成千上万的人们！可能那才是最难忘的景象。如果一个人蒙住双眼从美国出发，只看这 4 个城市，他一定会觉得付出的辛苦都是值得的！"

"你们忘记了我们看过的绝美风景？"贵夫人纠正道，"在韦莱比特山脉第一次看达尔马提亚的日落？还有拉古萨的里维埃拉和博尼法乔海峡？翻越洛弗森山进入黑山你们肯定没忘，还有，就在几天前从伊万山口眺望阿尔卑斯山脉贝鲁尼山区,还有——"

"停、停。"我喊道,"它们中我一个也没忘记,还有其他更多的也都没忘。不可能把人物和风景跟艺术中的肖像画和山水画相比较。我的脑子里装满了各种画面。提到特雷比涅这个词——我看见穿着长裤的土耳其女学童从各个方向飞进我的相机镜头;特拉夫尼克——去往热闹集市的路旁那些建有穹顶的奇特坟墓;亚布拉尼察——美丽的花园,身着盛装的土耳其人为我们调制并送来咖啡;加茨科——透过洋葱气味看到的雪山;莫斯塔尔——女人们种类繁多的别致服装;伊利扎——树木的芬芳和月光,还有许多夜莺;亚伊采——一条奔腾的河流上空有更多的夜莺。"

我们彼此对视,心照不宣地陷入回忆。每一个令人陶醉的场景、每一个快乐的日子,都在我们的记忆中有它自己的位置,我们带着最大的满足回想有趣的经历、美妙的场景、特别的人们,这一切让此次在巴尔干西部达尔马提亚、黑山、黑塞哥维那和波斯尼亚的公路汽车之旅精彩不断。

注释:

　[1] 彼特拉克(1304—1374),意大利诗人、学者,欧洲人文主义运动的主要代表。(译注)

　[2] 腓特烈三世(Friedrick III,1415—1493),神圣罗马帝国皇帝,1452—1493年在位。(译注)

马堡的游行

格拉茨的市场

行驶在塞默灵

译后记
多山多水又多灾多难的美丽巴尔干

刚刚开始翻译时，只几句对景色的描绘，就让我对巴尔干心驰神往，暗暗盘算着有没有可能自己什么时候也去看看；却又担心，一百多年来不断发生的战乱，是不是已经让女作家笔下的山水变得面目全非？

在翻译阶段接近尾声的时候，恰逢巴尔干地区遭遇百年一遇的洪水。当年令女作家心醉神迷的萨瓦河谷，洪水滔滔、泥流滚滚。洪水引发的泥石流多达数千起；而更令人担忧的是，那里还有大约 12 万枚未被排除的地雷，不知将会被洪水裹挟到何处。当地的一位领导人表示，这起洪灾带来的损失，甚至超过了 20 世纪 90 年代末的波黑战争。

那里是一片多山多水的美丽土地，而百年来却也一直多灾多难。人祸与天灾轮番来袭，让那里的山水、那里的人民，饱受摧残。这恐怕是女作家不曾料到，也不愿看到的。

2014 年也正是第一次世界大战百年纪念。因为萨拉热窝事件引燃了"一战"导火索，巴尔干这片美丽的土地也从此背上了"欧洲火药桶"的恶名。其实，如果没有丑陋黑暗的政治和满嘴谎言的政客，又何来火药桶？

从"一战"到波黑战争，这片土地已经承受了太多的罪责与创痛，但它依然默默地滋养着那里千千万万或热爱它或伤害它的人们。

漫长的百年,偌大的世界,难道容不下一个半岛的安宁?

沧桑岁月,物是人非。唯一不变的,也许只有那湛蓝清透的天空和那洁白缥缈的白云。

但愿历尽磨难的美丽巴尔干,从此能一切安好!

虽然不是第一次出版译作,但依然难掩兴奋。这是我参与译言古登堡计划的第一个项目。"让经典在中文世界里重生",将沉睡百年的优秀外文图书介绍给中国读者,意义深远。我能够有机会参与其中,甚感荣幸。

翻译过程并非一帆风顺,其他合作译者先后退出,只剩下我一人独自面对十余万字亟待完善的初稿。几经延期,终于完成了终稿,电子版上线了。半年之后,在译言古登堡计划和中国青年出版社的大力支持下,又推出了纸质版,在此深表谢意!

另外,特别鸣谢梁雁女士,她义务帮忙校对了译稿的大半内容。

最后,感谢一直支持我的家人!

李浚帆

2015 年 4 月

（京）新登字083号

图书在版编目（CIP）数据

1908，漫行巴尔干/［美］哈钦森著；李浚帆译. —北京：中国青年出版社，2016.1

ISBN 978-7-5153-3957-3

Ⅰ.①1... Ⅱ.①哈...②李... Ⅲ.①游记—巴尔干半岛

Ⅳ.①K954.09

中国版本图书馆CIP数据核字（2015）第279468号

出版发行：中国青年出版社

社　　　址：北京东四十二条21号

邮政编码：100708

网　　　址：www.cyp.com.cn

编辑电话：(010)57350508

责任编辑：李茹 liruice@163.com

门 市 部：(010)57350370

印　　　刷：北京中科印刷有限公司

经　　　销：新华书店

开　　　本：710×1000 1/16

印　　　张：18.25

插　　　页：9

字　　　数：240千字

版　　　次：2016年2月北京第1版第1次印刷

定　　　价：49.80元

本图书如有印装质量问题，请凭购书发票与质检部联系调换

联系电话：(010)57350337